zu Klampen

Harold Werner

Partisan im
Zweiten Weltkrieg

Erinnerungen eines polnischen Juden

Aus dem Amerikanischen
von Michael Haupt

zu Klampen

Erste Auflage 1999
Dietrich zu Klampen Verlag GbR
Postfach 19 63, D-21309 Lüneburg
© für die deutsche Ausgabe bei zu Klampen Verlag
© der Originalausgabe bei Columbia University Press, NY
Titel der Originalausgabe:
Fighting Back. A Memoir on Jewish Resistance in World War II.

Druck: Clausen & Bosse, Leck
Umschlagentwurf: Groothuis & Consorten, Hamburg

Die Deutsche Bibliothek – CIP-Einheitsaufnahme:
Werner, Harold:
Partisan im Zweiten Weltkrieg :
Erinnerungen eines polnischen Juden / Harold Werner.
Aus dem Amerik. von Michael Haupt.
1. Aufl. - Lüneburg : zu Klampen, 1999
Einheitssacht.: Fighting back <dt.>
ISBN 3-924245-82-7

Inhalt

Arno Lustiger

Vorwort

Harold Werner ist einer der unbesungenen Helden des jüdischen Widerstands in Osteuropa. Mit seinem Buch hinterließ er uns das Vermächtnis, in der Auseinandersetzung mit den Verleumdern der Opfer des Holocaust und den Verleugnern des jüdischen Widerstands nicht nachzulassen. Sein Lebensbericht ist eines der wichtigsten und emotional aufwühlendsten Selbstzeugnisse über den Kampf der Juden gegen die Nazis und ihre Kriegs- und Vernichtungsmaschinerie. Dem phänomenalen Gedächtnis des Autors ist es zu verdanken, daß er seine Erlebnisse und die seiner Waffenbrüder und Leidensgenossen auf eine lebendige aber unpathetische Weise beschreibt, die unmittelbar in Bann zieht. Darüberhinaus ist es Harold Werner gelungen, zahlreiche zeithistorische Aspekte aufzuzeichnen, wie z. B. die Lebensbedingungen der polnischen Juden sowohl in ländlichen Gebieten als auch in der Großstadt Warschau, die Verfolgung der Juden unter der deutschen Besatzung, die Geschichte des Antisemitismus weiter Kreise der einheimischen Bevölkerung Ostpolens und deren Komplizenschaft beim Holocaust sowie die heimtückischen Morde polnischer Bauern, Polizisten und nationalistischer Partisanen an jüdischen Kämpfern. Werners Bericht ist *oral history* im besten Sinne – Geschichtsschreibung also nicht nur »nach Aktenlage«, sondern aus dem vollen Leben.

Das Buch hat eine spannende Vorgeschichte. Im Juni 1981 fand in Jerusalem das erste Treffen von Überlebenden des Holocaust und des Widerstands statt. Mehrere Tausend Juden aus der ganzen Welt kamen dort mit ihren Landsleuten und ehemaligen Waffenbrüdern zusammen. In vielen Veranstaltungen wurden sie u. a. begrüßt: vom Staatspräsidenten Jitzchak Navon, vom Vorsitzenden des Weltverbandes jüdischer Widerstandskämpfer Stefan Grajek, von Eli Wiesel, Simone Veil, Gideon Hausner, Samuel Pisar, Gerhard Riegner, Jehuda Bauer, Chajka Grossmann, Jitzchak Arad, jeder Name ein

Programm. Die Teilnehmer wurden vorab gebeten, Erinnerungen aus dem Krieg für dieses Treffen aufzuzeichnen. Harold Werner legte den von ihm verfaßten ausführlichen Bericht dem Chefarchivar von Yad Vashem, Dr. Schmuel Krakowski, vor. Werner hätte sich auf der ganzen Welt keinen besseren Empfänger seiner Memoiren aussuchen können: Dr. Krakowski war Major und Militärhistoriker der polnischen Armee und dann Chefarchivar des Jüdischen Historischen Instituts in Warschau. In gleicher Funktion war er jahrzehntelang in Yad Vashem tätig und verfaßte in dieser Zeit unzählige Essays und Bücher, u. a. das Standardwerk über den bewaffneten Widerstand der polnischen Juden.[1] Gemeinsam mit Prof. Israel Gutman arbeitete er an dem Buch über den ständigen Konkurrenzkampf der Polen und Juden um den Primat des größeren Leidens, Opfers und Widerstands während der deutschen Besatzung.[2]

Im Rahmen der Recherchen für meine Bücher und Essays wurde ich im Archiv von Yad Vashem auf dieses Manuskript Harold Werners aufmerksam gemacht, auf den 39-seitigen Erlebnisbericht *Episodes of a Member of the Jewish Partisan Resistance Group in Poland during World War II*. Auch der weltberühmte britische Historiker Sir Martin Gilbert, Autor des Standardwerkes *The Holocaust*[3] und mehrerer historischer Atlanten, wie z. B. *Endlösung*[4], las den Bericht im Yad Vashem-Archiv und suchte dessen Verfasser in den USA auf. Bei einem weiteren Treffen bat er ihn eindringlich, ein Buch mit seinen Erinnerungen zu schreiben. Er verfaßte dann auch das Vorwort zur amerikanischen Erstausgabe.

Harold Werner verließ Polen bald nach dem Krieg und emigrierte über ein DP-Lager bei Düsseldorf in die USA. Mit seiner Ehefrau Dorothy hatte er drei Söhne; eine Geflügelfarm in Vineland, New Jersey, bildete die Existenzgrundlage für die Familie. In späteren Jahren wurde Werner von seinen Söhnen mit Fragen bestürmt, warum sich die Juden nicht gegen den Massenmord gewehrt hätten. Als die Söhne alt genug waren, erzählte ihnen der Vater bei Pessach- oder Thanksgiving-Festen von seinen Kämpfen. Damals waren die falschen Thesen von der angeblichen Passivität der Juden Allgemeingut.

Im Jahre 1986 erkrankte Werner an Hautkrebs und mußte sich einer langwierigen, schmerzhaften und am Ende doch erfolglosen

Therapie unterziehen. Auf dem Krankenbett begann er seiner Frau Dorothy seinen Lebensbericht zu diktieren. Es war ein Wettlauf mit der Zeit. Harold Werner hat in den letzten zwei Jahren seines Lebens alle Kräfte mobilisiert, um sein Werk zu beenden. Gemeinsam mit seinem Sohn Mark hat er ein Kapitel nach dem anderen lektoriert. Zwölf Tage nachdem Mark seinem Vater mitteilte, daß das Manuskript fertig und druckreif sei, starb Harold Werner am 4. Dezember 1989.

Während meiner Forschungsarbeiten in New York im Jahre 1993 fiel mir Harold Werners Buch in die Hände. Ich las den atemberaubenden Bericht im Laufe einer Nacht und beschloß in letzter Minute, eine kurze Zusammenfassung in meine Publikation über den jüdischen Widerstand,[5] die bereits gesetzt war und bald in Druck gehen sollte, aufzunehmen.

Zu meiner Überraschung erwähnt Werner in seinem Buch auch die Brüder Jurek, Janek, und Abram Pomeraniec aus Wyryki, sowie ihre Schwester Cesia und ihren Mann Franek Blaichman, die Seite an Seite mit ihm gekämpft haben. Die Partisanenbrüder waren bei Kriegsende 19, 16 und 12 Jahre, die Schwester Cesia 21 Jahre alt. Ich war mit ihnen seit Jahrzehnten befreundet, denn wir lebten bis 1948 im DP-Lager Zeilsheim und später in Frankfurt. Keiner von ihnen hat mir gegenüber je von jenen heldenhaften Taten berichtet. Jurek war Träger der höchsten militärischen Auszeichnung Polens, des Grunwald-Kreuzes. Er starb vor 15 Jahren in Frankfurt, ohne seiner Frau und seinem Sohn viel über seine Zeit als Partisan erzählt zu haben. Janek, Cesia und Franek leben heute in New York. Abram meldete sich als 17jähriger freiwillig bei der israelischen Armee und lebt heute in Tel Aviv. Er war, ein Kind noch, engster Mitkämpfer und Vertrauter des Kommandanten Chiel Grynszpan. Diese legendäre, großartige Gestalt des militärischen Widerstands der Juden Polens ist am 22. Januar 1999 in Rio de Janeiro gestorben. Der Familie Pomeraniec danke ich für die nachträglichen Informationen und für einige Fotos.

Mit Sicherheit hat Harold Werner seinen Kindern die Tatsache zu vermitteln versucht, daß es an ein Wunder grenzte, daß die Juden wegen der äußerst widrigen Umstände überhaupt Widerstand leisteten und zwar schon zu Zeiten, als von einem allgemeinen, nichtjüdischen Widerstand nicht gesprochen werden konnte. Es gab nämlich zahlreiche Hemmnisse, die dem organisierten bewaffneten Widerstand im Wege standen. Die Verfolger und ihre Kollaborateure wandten raffinierte Mittel der Täuschung, Lüge, Desinformation, Erpressung, Sippenhaftung und des individuellen und kollektiven Terrors an, um den Widerstand von vornherein zu unterbinden. Die schreckliche Not und der Hunger wirkten auf die Juden, vor allem angesichts der großen Macht und der Erfolge der Deutschen an allen Fronten des Krieges entmutigend. Die Nazis nährten darüber hinaus durch entsprechende Andeutungen und Maßnahmen die Hoffnung, daß Juden, die kriegswichtige Arbeit verrichteten, von der Verfolgung oder Vernichtung verschont bleiben würden. Außerdem liefen die Uhren von Juden und Nichtjuden anders. Während letztere, unterstützt von ihren diversen Exilregierungen, den Krieg aussitzen und damit Vergeltungsmaßnahmen der Besatzer vermeiden konnten, mußten erstere, bedroht von der allgemeinen Vernichtung ohne Rücksicht auf die Kriegslage, sofort reagieren.

Die Bildung von Partisanengruppen unterlag spezifischen Bedingungen. Im Gegensatz zur nichtjüdischen Bevölkerung hatten die Juden niemanden, der sie moralisch und materiell unterstützte oder ihnen Waffen lieferte. Sie waren vollkommen auf sich allein gestellt und sahen sich nahezu unüberwindlichen Hindernissen gegenüber, um überhaupt am Leben zu bleiben. Schon die Entfernung vom Ghetto wurde mit der Todesstrafe geahndet. Diese Schwierigkeiten hatten christliche Widerstandskämpfer nicht, denn sie konnten sich frei bewegen und im Falle einer Verwundung bei Freunden oder Verwandten genesen. Auch die Beschaffung von Waffen, ohne die man, wenn überhaupt, in keine Partisanengruppe aufgenommen wurde, erwies sich in den meisten Fällen als ein riesiges Problem. Von Juden verlangte man auf dem Schwarzmarkt exorbitante Preise für Waffen – wohlwissend, daß sie keine Alternative hatten. Wer zu den Partisanen ging, wußte, daß er seine Familie nicht nur schutzlos zurückläßt, sondern aufgrund der Sippenhaftung dem sicheren Tode ausliefert.

Zudem mußte der jüdische Partisan in spe gegen Vorbehalte der eigenen Umgebung ankämpfen, die glaubte, daß durch Widerstandsakte die»Sicherheit« des gesamten Ghettos gefährdet würde.

Als riesige Hürde muß auch der Mangel an Führungskräften und militärisch ausgebildeten Juden angesehen werden. Jüdische Intellektuelle wurden besonders hart verfolgt und schon früh getötet. Jüdische Offiziere wurden in deutschen Kriegsgefangenen-Lagern festgehalten, einfache jüdische Soldaten zu Tausenden ermordet. Ca. 800 jüdisch-polnische Offiziere wurden vom sowjetischen Geheimdienst 1940 in Katyn und in Starobielsk erschossen.[6] Sie alle fehlten nun als Organisatoren des Widerstands. Nur in Warschau gelang es ehemaligen Soldaten der polnischen Armee, den *Zydowski Zwiazek Wojskowy* zu bilden – den Jüdischen Militärverband, der am Aufstand dort einen entscheidenden Anteil hatte.

Die Juden Osteuropas waren hauptsächlich Städter. Sie hatten keine Kenntnis vom Leben in den Wäldern und waren deshalb auf die Gunst und Hilfe der Bauern angewiesen. Die Ukrainer und Balten empfingen die deutschen Truppen zum großen Teil mit Begeisterung, dienten in eigenen Freiwilligen-SS-Verbänden, die sich bei der Ermordung von Juden hervortaten, oder als brutale Wachen in KZs und Vernichtungslagern. In ganz Polen konnten die deutschen Besatzer auf die klerikal-faschistischen Traditionen von Teilen der Gesellschaft vor dem Kriege anknüpfen.

Die jüdischen Partisanen in den Wäldern Ostpolens hatten wenige Freunde, dafür aber zahlreiche lebensgefährliche Feinde. Zu ihnen zählten vor allem die deutschen Verbände, wie SS- und Sicherheitspolizei und die Sicherungsdivisionen der Wehrmacht mit ihrer Feldgendarmerie. Gefährliche Feinde waren auch – neben den einfachen Banditen und Marodeuren in den Wäldern und der *granatowa policja*, der polnischen Vorkriegspolizei – die Angehörigen der *Narodowe Sily Zbrojne* (Nationale Streitkräfte, eine Partisanenmiliz der ultraradikalen polnischen Rechten). Diese zählte 1944 über 70.000 Mitglieder. Der erste Einsatzbefehl des Kommandeurs der NSZ, Ignacy Oziewicz, postulierte den Kampf gegen »revolutionäre und kriminelle Banden und Minderheitenverbände«. Damit waren in erster Linie linke Polen und Juden gemeint. Bei der »Sonderaktion Nr. 1« im Oktober 1942 töteten die NSZ-Leute Tausende von versteckten Juden und Hunderte von linken Partisanen und entflohenen sowjetischen Kriegsgefangenen. Die NSZ-Verbände kollaborierten teilweise auch mit der deutschen Besatzung und mas-

11

sakrierten Verbände der linken *Gwardia Ludowa* (Volksgarde). Noch nach 1945 ermordeten sie Hunderte von polnischen Juden. Die *Armia Krajowa* (Heimatarmee – AK) stand formell unter dem Befehl der polnischen Exilregierung in London. Sie zählte über eine viertel Million konspirative Mitglieder, darunter 10.000 Offiziere, und verfügte über ein großes Waffenarsenal. Ihr Kommandeur, General Stefan Rowecki, verweigerte dem jüdischen Widerstand in Warschau – bis auf wenige Pistolen – jegliche Waffenhilfe. Nach dem Aufstand im Ghetto kämpften die überlebenden Juden im polnischen Aufstand von 1944 als Angehörige der AK mit. Einige mußten sich als Christen tarnen, weil die antisemitischen Elemente der AK zahlreiche Juden ermordeten, auch wenn sie in ihren eigenen Reihen kämpften. Dies stand im Gegensatz zu den Richtlinien der Abteilung für jüdische Angelegenheiten der AK, die von Henryk Wolinski geleitet wurde und den Kontakt zwischen dem jüdischen und dem polnischen Untergrund hielt. Jedes Zusammentreffen jüdischer Partisanen mit der AK in den Wäldern war zunächst lebensgefährlich.

.   Nur bei der Untergrundarmee der linken *Gwardia Ludowa* (Volksgarde – GL), hatten die jüdischen Partisanen eine Chance auf Hilfe, tätige Solidarität und Waffenbrüderschaft. Die GL war aktiver in die Kämpfe gegen die deutsche Besatzung und die Wehrmacht involviert als die AK. 1944 wurde sie auf Befehl des polnischen Nationalrats in *Armia Ludowa* (Volksarmee – AL) umbenannt. In nur einem Jahr, zwischen Januar 1944 bis Januar 1945, führte die AL 1.500 militärische Operationen durch, an denen viele jüdische Partisanen beteiligt waren. Mehrere autonome jüdische Partisanenverbände schlossen sich später der AL an, weil diese durch Fallschirmabwürfe Waffen, Sprengstoff und Versorgungsgüter vom *Polski Sztab Partyzancki* (Polnischer Partisanenstab) erhielt. Mehrere Kommandeure der AL waren Juden, die teilweise unter christlichen Pseudonymen kämpften und auch fielen. Jüdische Partisanenführer erhielten aber auch militärische Ränge der AK und später der polnischen Armee. Allein in Polen operierten 28 jüdische Partisaneneinheiten. In 100 Ghettos Polens gab es Untergrundorganisationen und teilweise Aufstände.

Eine Besonderheit des jüdischen Widerstands waren die Familienlager, die von den Partisanen unterhalten und beschützt wurden. Das größte Familienlager, in dem neben den Partisanen 1.200 jüdische alte Männer sowie Frauen und Kinder lebten, wurde von Tuwia Bielski und seinen Brüdern Asael und Zusia gegründet und befehligt. Nechama Tec hat diese heldenhafte jüdische Rettungsaktion akribisch aufgezeichnet.[7] Auch die Partisaneneinheit Werners bewahrte viele Juden vor dem sicheren Tod. In meinem Buch *Zum Kampf auf Leben und Tod!* berichte ich über 17 dieser Familienlager mit ca. 7.000 alten Menschen und Kindern. Die jüdischen Partisanen mußten für ihre Schutzbefohlenen nicht nur gegen den Feind, sondern auch gegen die höheren sowjetischen Kommandostellen ankämpfen, da nach deren Meinung Zivilisten angesichts der harten Versorgungslage und den strengen Sicherungsvorkehrungen eine Last waren, die die Mobilität der Partisanen behinderte.

Trotz der widrigen Umstände gab es ca. 30.000 jüdische Partisanen in Polen, im Baltikum, in Weißrußland, in der Ukraine sowie mehrere Tausend in Frankreich, Belgien, Italien, Bulgarien, Griechenland und Jugoslawien. 150 sowjetischen Juden wurde die höchste Auszeichnung des Landes, *Held der Sowjetunion*, verliehen, 50 polnische Ghetto-Kämpfer wurden mit dem Tapferkeitsorden *Virtuti Militari* geehrt, darunter Pinkus Kartin, ehemaliger Offizier im spanischen Bürgerkrieg, der per Fallschirm über Warschau abgesetzt wurde, um den dortigen Widerstand zu organisieren. Von vielen von ihnen blieb keine Spur, es sei denn in den Berichten der SS und Polizei. Reuben Ainsztein schätzt die Zahl der Juden, die in den verschiedenen polnischen Partisanenarmeen wie AK, AL und Bataliony Chlopskie kämpften, auf 5.000. Weitere Tausende sind auf dem Weg zu den Partisanenlagern gefaßt und ermordet worden.

Einige anerkannte Wissenschaftler haben mit ihrer Darstellung der angeblich passiven Juden während der Schoa dazu beigetragen, die jüdischen Opfer zu verleumden und deren Widerstand zu negieren. Hannah Arendts Buch über den Eichmann-Prozeß in Jerusalem[8] löste einen langjährigen weltweiten Streit aus.[9] Bruno Bettelheim verbreitete unhaltbare Thesen darüber, wie sich Juden »richtig« hätten verhalten sollen.[10] Sowohl Arendt als auch Bettelheim beriefen sich ausdrücklich auf Raul Hilbergs Forschungen und auf sein ansonsten sehr verdienstvolles Standardwerk.[11] Alle drei Propheten der angeblichen schuldhaften jüdischen Passivität konnten Großdeutschland rechtzeitig vor Kriegsanfang verlassen und mußten deshalb ihre den europäischen Juden zugedachten Gebote nicht selbst einhalten. Einige Passagen aus ihren hier zitierten Veröffentlichungen sprechen für sich:

Bruno Bettelheim: »Millionen von europäischen Juden, die nicht rechtzeitig flüchteten oder untertauchten – oder das nicht konnten – hätten wenigstens als freie Menschen gegen die SS marschieren können, statt zuerst zu Boden zu kriechen, dann zu warten, bis sie zu ihrer eigenen Vernichtung zusammengetrieben wurden und schließlich selbst in die Gaskammern zu gehen.«

Hannah Arendt: »Die Rolle der jüdischen Führer bei der Zerstörung ihres eigenen Volkes ist für Juden zweifellos das dunkelste Kapitel in der ganzen dunklen Geschichte. Wohl sind diese Dinge nicht unbekannt gewesen, aber die furchtbaren und erniedrigenden Einzelheiten dieser Arbeit sind erst jetzt in Raul Hilbergs grundlegendem Buch *The Destruction of the European Jews* so zusammengestellt worden, daß sie ein einheitliches Bild ergeben.«

Raul Hilberg: »Vorbeugende Angriffe, bewaffneter Widerstand und Racheakte kamen in der Geschichte des jüdischen Exils so gut wie nie vor...
Während der Katastrophe von 1933-1945 waren Fälle aktiven Widerstandes rar und ohne Bedeutung. Vor allem waren sie aber, wann und wo immer sie auftraten, Aktionen des letzten (niemals des ersten) Augenblicks...
Denen, »die nicht mehr mitmachen« wollten, standen die vielen anderen gegenüber, die noch am Leben hingen. Die Aktivitäten im Ghetto und das Denken der Insassen kreisten vor allem darum, sich am Leben zu halten...
Zum ersten Male auch stürzten sich die jüdischen Opfer – gefangen in der Zwangsjacke ihrer Geschichte – physisch und psychisch in die Katastrophe. Die Vernichtung der Juden war somit kein Zufall...«

Hilberg belegt die jüdischen Kämpfer in Osteuropa mit dem pejorativen Terminus »Waldjuden«, um die Bezeichnung »Partisan« nicht benutzen zu müssen. Vierzehn Mal und sehr ausführlich zitiert Hilberg in seinem Hauptwerk den Generalkommissar für Weißrußland Wilhelm Kube, darunter aus dem Brief an dessen Chef, den Reichskommissar Ostland Hinrich Lohse, vom 31. Juli 1942. Hilberg hat seinen Lesern allerdings den ersten Absatz dieses Briefes vorenthalten, der folgendermaßen lautet:

Betreff: Partisanenbekämpfung und Judenaktion im Generalbezirk Weißruthenien
Bei allen Zusammenstößen mit den Partisanen in Weißruthenien hat es sich herausgestellt, daß das Judentum sowohl im ehemals polnischen als auch im ehemals sowjetischen Teil des Generalbezirks mit der polnischen Widerstandsbewegung im Westen und mit den Rotarmisten im Osten Hauptträger der Partisanenbewegung ist.

Kaum ein Holocaust- und Widerstandsforscher hat sich mit den militärischen Aspekten der Partisanenkämpfe beschäftigt. Harold Werners Buch macht deutlich, wie wenig darüber bekannt geworden ist, weil es in Westdeutschland sehr wenige Bücher zu diesem Thema gibt. Das 1993 erschienene, von Jörg Paulsen übersetzte und herausgegebene Standardwerk von Reuben Ainsztein[12] stieß hierzulande auf nur geringes Interesse. Wenn überhaupt über jüdische Partisanen berichtet wird, so wird die Anzahl der von ihnen getöteten Feinde als Gradmesser ihrer (mangelnden) Effektivität angegeben. Der *body count*, der dazu ausschließlich aus deutschen Quellen gespeist ist, ist etwa bei Hilberg die einzige Note, die er an jüdische Aufständische und Partisanen zu vergeben hat. Man sollte aber bedenken, daß *ein* entgleister Munitionszug ohne viele Tote dem Feind größeren Schaden zufügte, als Hunderte gefallener Soldaten. Die Offensive der Partisanen im Raum Lublin im Frühjahr 1944, mit 95 Zugsprengungen und weiteren unzähligen Angriffen auf Eisenbahnen, Stationen, Stellwerke sowie hundert Aktionen gegen Polizei- und Wehrmachtseinheiten, hat der Heeresgrupe Nordukraine derartige Verluste eingebracht, daß die deutsche Kriegsführung den Großeinsatz »Maigewitter« befehlen mußte, der dann allerdings auch in einem Fiasko endete. Mitte Mai 1944 wurden für den Großeinsatz »Sturmwind« mehrere Infanterie- und eine Sicherungs-Division der Wehrmacht, ein SS-Polizeiregiment, das Kalmücken-Kavallerie-Korps und Flugzeuge der Vierten Luftflotte zusammengezogen. 30.000 bestens ausgerüstete Soldaten traten zum Vernichtungsschlag gegen 3.000 Partisanen an, die den deutschen Truppen schwer zusetzten und später den Belagerungsring sprengen konnten. Auch Chiel Grynszpans Partisanen nahmen an den Schlachten um Janow und Parczew, wie auch an Sabotageakten und an zahlreichen Kampfhandlungen teil.

In meiner Kritik gegen die Thesen Hilbergs schrieb ich in einem Essay im *Spiegel*:[13]

»Kein jüdischer Widerstandskämpfer wiegte sich je in der Illusion, daß er und seine Waffenbrüder das mächtige Dritte Reich besiegen könnten. Das Credo der meisten von ihnen war: Wir kämpfen und sterben für die Ehre des jüdischen Volkes, für einige Zeilen in den Geschichtsbüchern. Hilberg radiert diese Zeilen aus und verscharrt alle Opfer, ob Widerstandskämpfer oder nicht, ins anonyme Grab des Verschweigens und des Vergessens. Er beschwert mit seinen Beschuldigungen die ohnehin von Überlebens-Schuldkomplexen schwer beladene Existenz der wenigen am Leben gebliebenen Widerstandskämpfer, anderer Überlebender und die ihrer Familien.«

Das Schwarzbuch[14] über den Genozid an den sowjetischen Juden ist von Stalin verboten worden. Erst in der 1994 von mir herausgegebenen ersten vollständigen Fassung kann man die herauszensierten Texte lesen; ich ließ sie kursiv setzen, damit die Leser erfahren, was Stalin zu unterschlagen wünschte. Beispielsweise wurden mehrere Textstellen über die Mithilfe der einheimischen Bevölkerung beim Massenmord an den Juden gestrichen. Im Bericht über Bialystok fiel die folgende Passage der Zensur zum Opfer:

»Jeder der miterlebt hat, unter welch schrecklichen Bedingungen die jüdische Bevölkerung unter dem Hitlerjoch gelebt und wie heldenhaft sie gegen die deutschen Henker gekämpft hat, der begreift, welch bedeutenden Beitrag die Juden zur Zerschlagung des deutschen Faschismus geleistet haben.«

Ist die Verleugnung des jüdischen Widerstandes *auch* seitens sowjetischer Zensoren nicht merkwürdig? General Rola-Zymierski, Chef der Obersten Heeresleitung bei der Provisorischen Regierung Polens in Lublin schrieb anläßlich der Gründung des Verbandes jüdischer Partisanen in einem offiziellen Brief vom 21. Juli 1944 an den Vorsitzenden, Oberstleutnant Gustaw Alef, unter anderem:

»Ich begrüße mit Freude die Gründung des Verbandes jüdischer Partisanen. Alle Völker Europas haben unter dem barbarischen Nationalsozialismus gelitten, aber keines von ihnen so viel wie das jüdische Volk.

Von den Juden, die am Leben blieben, sind Tausende in die Wälder gegangen, um mit der Waffe in der Hand, Schulter an Schulter mit ihren polnischen Partisanen-Brüdern, gegen den gemeinsamen Feind zu kämpfen.

Die Juden, die in der Überzeugung die Waffe ergriffen haben, daß sie den Tod besiegen werden, haben damit das Banner der Menschenwürde hochgehalten.

Die heldenhaften Verteidiger des Warschauer, des Bialystoker und anderer Ghettos, Partisanen der Einheit des Hauptmanns Chiel Grynszpan, dessen Tapferkeit und Hingabe an die Sache der Freiheit ich selbst während einer Inspektion von Partisanen-Einheiten in den Wäldern von Parczew feststellen konnte, die Kämpfer von solchem Rang, wie Sie, Oberstleutnant Alef, Major Temczyn, Major Margulies, so unvergeßlich schöne Gestalten wie Niuta Teitelbaum, Hanka Szapiro und Major Skotnicki, die in dem ungleichen Kampf fielen – das alles bezeugt, daß das jüdische Volk auf seine Partisanen-Söhne stolz sein kann. Das polnische Volk wird die Juden – Helden des Kampfes für die Freiheit Polens – niemals vergessen...«

Bataillonskommandeur Oberstleutnant Gustaw Alef, der 1942 aus dem Warschauer Ghetto flüchtete, kommandierte später große Partisaneneinheiten der AL. Major Dr. Michal Temcyn war als Chefarzt Mitglied des Generalstabs der AL. Major Wiktor Margulis organisierte das konspirative Sanitätskorps der AL. Niuta Teitelbaum war unerschrockene Stadtpartisanin, die im Kampf in Warschau im Juli 1943 fiel. Ihr wurde postum das Grunwald-Kreuz verliehen. Hanka Szapiro gründete die polnische Widerstandsformation *Zwiazek Walki Mlodych*, Jugend-Kampfverband, deren Mitglieder der *Gwardia Ludowa* angehörten. Sie fiel im Kampf nach einem Feuergefecht im März 1943 in Warschau. Aleksander Skotnicki war vor dem Krieg Universitätsdozent und Reserveoffizier. Nach der Ermordung seiner Frau und seines Sohnes im Ghetto ging er nach Ostpolen, wo er als Bataillonskommandeur der AL unter dem Pseudonym „Zemsta"-Rache im Parczewer Forst kämpfte. Er fiel am 16. Mai 1944 beim Durchbruch einer Panzereinheit der Waffen SS-Division „Viking".

Die hohe Meinung des Generals Rola-Zymierski, die die Kritiker der Juden widerlegt, wurde allerdings von großen Teilen der Bevölkerung nicht geteilt. Fast alle jüdischen Partisanen haben früher oder später Polen verlassen müssen, weil ihre Sicherheit dort nicht gewährleistet war. In den meisten anderen Ländern hätte man sie als nationale Helden geehrt und ihren Einsatz gewürdigt. Bis heute aber dürfen Antisemiten und Klerikalfaschisten in Polen ihre rassistischen Thesen in Büchern, Zeitungen und sogar im katholischen Rundfunk verbreiten. Dem Buch Harold Werners wünsche ich deshalb weite Verbreitung, auch im Nato-Land Polen.

Nachweise

1 Shmuel Krakowski, *The War of the Doomed. Jewish Armed Resistance in Poland 1942- 1944*, London 1984.

2 Israel Gutman/ Shmuel Krakowski, *Unequal Victims. Poles and Jews during World War Two*, New York 1986.

3 Martin Gilbert, *The Holocaust. The Jewish Tragedy*, London 1986.

4 Martin Gilbert, *Endlösung. Die Vertreibung und Vernichtung der Juden. Ein Atlas*, Reinbek 1982.

5 Arno Lustiger, *Zum Kampf auf Leben und Tod!. Vom Widerstand der Juden 1933-1945*, Köln 1994.

6 Arno Lustiger, *Rotbuch. Stalin und die Juden*, Berlin 1998.

7 Nechama Tec, *Bewaffneter Widerstand. Jüdische Partisanen im Zweiten Weltkrieg*, Gerlingen 1996.

8 Hannah Arendt, *Eichmann in Jerusalem. Ein Bericht von der Banalität des Bösen*, München 1986.

9 Siegfried Moses (Hg.), *Nach dem Eichmann Prozess. Zu einer Kontroverse über die Haltung der Juden*, Tel Aviv 1963.
F. A. Krummacher (Hg.): *Die Kontroverse. Hannah Arnedt, Eichmann und die Juden* (25 Essays), München 1964.

10 Bruno Bettelheim, *Aufstand gegen die Masse. Die Chance des Individuums in der modernen Gesellschaft*, München 1964.

11 Raul Hilberg, *Die Vernichtung der europäischen Juden*, Frankfurt 1990.

12 Reuben Ainsztein, *Jüdischer Widerstand im deutschbesetzten Osteuropa während des Zweiten Weltkrieges*, Oldenburg 1993.

13 *Spiegel* vom 15. März 1993.

14 Wassili Grossman/Ilja Ehrenburg, *Schwarzbuch. Der Genozid an den sowjetischen Juden*, Arno Lustiger (Hg.), Wandsbek 1994.

Mitteleuropa am 31. August 1939

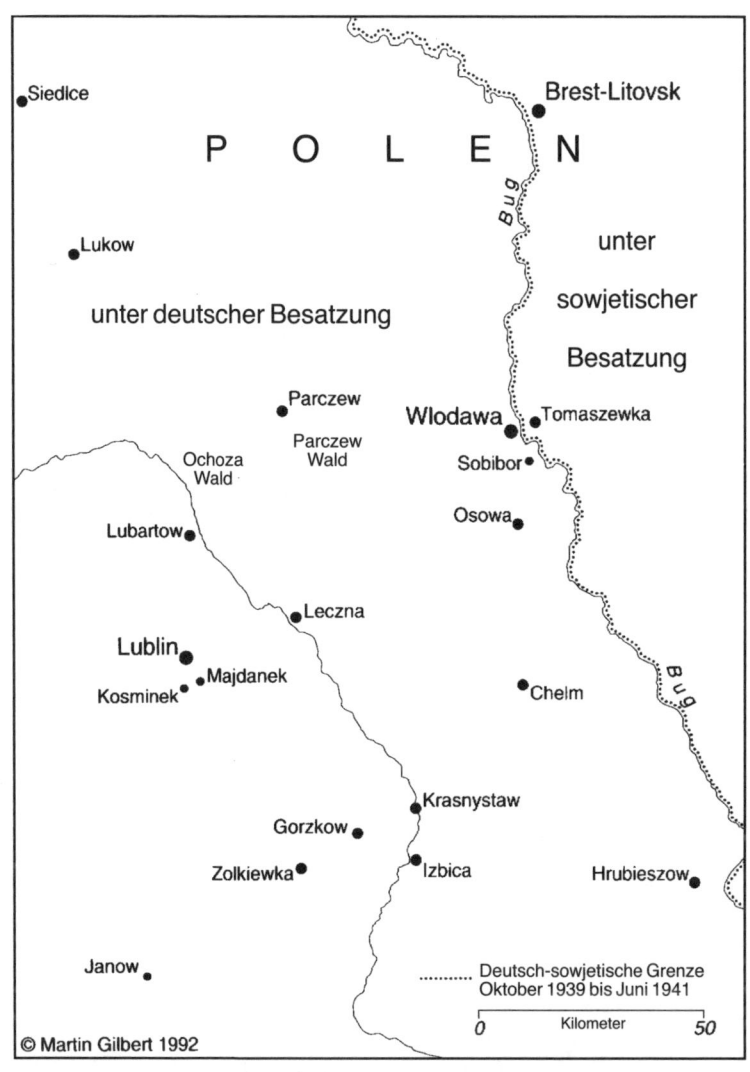

Zentralpolen unter deutscher und sowjetischer Besatzung

Harold Werner

Partisan im Zweiten Weltkrieg

Widmung

Dies Buch ist jenen mutigen jüdischen Widerstandskämpfern gewidmet, die im Zweiten Weltkrieg in den Wäldern Polens gegen die Deutschen kämpften.

Es ist zugleich meiner Frau Dorothy gewidmet, die mir seit 41 Jahren liebevoll und treu zur Seite steht, und ohne deren Hilfe ich das Buch nicht hätte schreiben können. Und ich möchte meinen Söhnen, Sidney, Mark und Robert, für die Ermutigung danken, mit der sie mir bei der Niederschrift geholfen haben.

Einleitung

Ich bin ein Überlebender des Holocaust. Geboren und aufgewachsen unter dem Namen Herschel Zimmermann entging ich der Vernichtung der Juden nicht in einem Konzentrationslager, sondern in den Wäldern Ostpolens. Dieses Buch erzählt die Geschichte meiner Erfahrungen und Erlebnisse während der Kriegszeit.

Ich habe es aus verschiedenen Gründen geschrieben. Zunächst, weil meine drei Söhne mir oft genug bohrende Fragen gestellt haben. Zu Beginn des Zweiten Weltkriegs lebten in Polen drei Millionen Juden, das waren zehn Prozent der Gesamtbevölkerung. Warum, so fragten sie, haben sich nur so wenige gewehrt, als sie für den Abtransport zusammengetrieben wurden? Warum gingen die Juden in die Lager wie die Schafe zur Schlachtbank? Auf diese Frage gibt dieser Bericht zwei Antworten. Die erste bezieht sich darauf, wie Juden in Polen vor und während der Kriegszeit behandelt wurden, wobei meine Erfahrungen sich nicht von denen anderer polnischer Juden unterscheiden. In der polnischen Bevölkerung grassierte der Antisemitismus. Schon vor dem Krieg war es durchaus an der Tagesordnung, Juden zusammenzuschlagen oder auf andere Weise zu mißhandeln. Während des Krieges dann führte der Judenhaß in der Bevölkerung zu massenhaften Razzien und Tötungsaktionen.

Damit soll Nazideutschland nicht entlastet werden. Für den an sechs Millionen europäischer Juden begangenen Völkermord tragen allein die Nazis die Verantwortung. Aber die polnischen Juden konnten sich nicht darauf verlassen, daß eine freundlich gesonnene Bevölkerung ihnen helfen würde, wenn es ihnen gelänge, den Gaskammern und Krematorien zu entkommen. In Dänemark und zum Teil auch in Holland oder Frankreich konnten die Juden auf nachbarschaftlichen und mitmenschlichen Beistand rechnen, in Polen aber war die Bevölkerung so haßerfüllt, daß viele bereitwillig mithalfen, die Juden zum Abtransport zusammenzutreiben oder sie gleich an Ort und Stelle umzubringen. Meine Erinnerungen an jene

25

Zeit zeigen, wie schwierig es war, den Deutschen ohne Unterstützung aus der Bevölkerung zu entkommen oder Waffen für den Widerstand zu organisieren.

Und solche Unterstützung, das soll nicht verschwiegen werden, gab es durchaus. Neben Pakula, Kornila und Polaschka, auf die ich in meinem Buch zu sprechen komme, gab es noch viele andere nichtjüdische Polen, die ihr Leben riskierten, um uns zu helfen. Die Überlebenden des Holocaust sind jenen aufrechten Polen, die aus patriotischen oder einfach humanitären Gründen handelten, zu ewigem Dank verpflichtet. Doch steht diesen Helden die große Anzahl derer gegenüber, die sich aktiv am Krieg der Deutschen gegen die Juden beteiligt haben.

Die zweite Antwort auf die herausfordernden Fragen meiner Söhne besteht darin, den Vorwurf, die Juden hätten keinen Widerstand geleistet, zurückzuweisen. Zahlreiche Bücher erzählen vom couragierten Kampf der Juden gegen die Deutschen in den polnischen Städten und Ghettos, wobei die namhaftesten Berichte sich auf den ebenso tapferen wie hoffnungslosen Aufstand im Warschauer Ghetto vom April 1943 beziehen. Doch ist der erbitterte Widerstand, der von Juden in den polnischen Wäldern geleistet wurde, bisher nur wenig dokumentiert worden.

Dies Buch berichtet aus unmittelbarer Anschauung von den Aktionen einer großen, organisierten jüdischen Kampfgruppe, deren Operationsgebiet in den Wäldern Ostpolens lag. Unter dem Kommando von Chiel Grynszpan führte unsere Partisaneneinheit zahlreiche militärische Einsätze gegen die deutsche Besatzungsarmee durch. Wir überfielen ihre Außenposten, sprengten Brücken und Züge, griffen deutsche Garnisonen an, lockten Militärkonvois in einen Hinterhalt und vernichteten systematisch landwirtschaftliche Produkte, die für den Transport nach Deutschland bestimmt waren. Darüber hinaus stellte unsere Einheit mit Hilfe der von Rußland unterstützten polnischen Widerstandsbewegung Funkkontakt mit Moskau her. Die Russen versorgten uns aus der Luft mit Waffen und Munition und schickten uns sogar polnische Fallschirmspringer. Zusammen mit der polnischen Widerstandsbewegung führten wir militärische Großoperationen durch, bei denen es sogar zur offenen Feldschlacht mit den Deutschen und zum Abschuß deutscher Kampfflugzeuge kam. 1944 war unsere Partisaneneinheit auf etwa 400 Kämpfer – Männer und Frauen – angewachsen. Zu diesem Zeitpunkt hatten wir bereits umfangreiche ländliche Gebiete, ein Terrain, auf das sich die Deutschen von da an nur noch mit sehr starken Einheiten vorwagten.

Die militärischen Großtaten von Chiels Partisaneneinheit sollten deren humanitären Beitrag nicht in Vergessenheit geraten lassen. Außer uns gab es nur noch eine Handvoll weiterer jüdischer Kampfgruppen in den Wäldern, und so waren wir praktisch die einzigen Widerstandskämpfer, die sich um die wenigen Juden, denen die Flucht aus den polnischen Ghettos, Konzentrationslagern und Dörfern gelang, kümmern konnten. Wer es schaffte, den Deutschen, dem von der in London ansässigen Exilregierung unterstützten, antisemitischen polnischen Widerstand und der judenfeindlichen Bevölkerung vor Ort zu entkommen, für den war unser *Tabor* (das russische Wort für Lager) in den Wäldern einer der wenigen halbwegs sicheren Zufluchtsorte im besetzten Polen. Bis Kriegsende hatten sich etwa 400 weitere Männer, Frauen und Kinder zu unserer Einheit geflüchtet, wo sie Schutz und Nahrung fanden. Zweifellos hätten die meisten von ihnen den Krieg ohne unsere Hilfe nicht überlebt.

Ich habe dieses Buch aber auch verfaßt, um das Leben im *Schtetl*, der typischen jüdischen Kleinstadtgemeinde osteuropäischer Prägung, zu beschreiben. Allerdings nahm sich die im Musical *Anatevka* so farbig geschilderte Welt des Schtetl in der Wirklichkeit sehr viel nüchterner aus. Meine auf wenigen Seiten zusammengefaßten Erinnerungen an das Leben in meinem Dorf werden zeigen, wie schwer es die Juden hatten, ihr Leben im Schtetl zu fristen. Sicher, wir waren reich an Traditionen, religiöse und schulische Unterweisung spielten eine große Rolle, aber in materieller Hinsicht fehlte es an vielem. Die Vernichtung der Juden hat zum Untergang des osteuropäischen Schtetl geführt, und so möchte ich den Lesern einen Eindruck von der Vorkriegskultur vermitteln, die in den jüdischen Gemeinden vor dem Krieg zu finden war.

Doch waren es weder die Fragen meiner Kinder, noch der Wunsch, das Leben im Schtetl zu rekonstruieren, die mich in erster Linie dazu motivierten, meine Erinnerungen an die Kriegszeit niederzuschreiben. Vielmehr möchte ich den heroischen Widerstand dokumentieren, den eine bestimmte Gruppe von Juden in den polnischen Wäldern gegen die deutsche Armee geleistet hat. Viele dieser tapferen Kämpfer haben das Ende des Krieges nicht erlebt. Abgesehen von einigen Ausnahmen hat keiner der Überlebenden seine Erfahrungen in Buchform veröffentlicht. Seit dem Ausbruch des Zweiten Weltkriegs ist ein halbes Jahrhundert vergangen. Viele von denen, die mit mir gekämpft und überlebt haben, sind bereits gestorben. Diejenigen, die noch aus eigener Anschauung über den Kampf unserer Widerstandsgruppe berichten könnten, leben, über den ganzen Erdball verstreut, in Brasilien, Argentinien, Israel, Kanada und natürlich den Vereinigten Staaten. Hin und wieder komen wir noch zusammen, und jedesmal sind es einige weniger, die an diesen Treffen teilnehmen.

Meine Hoffnung ist es, daß dieses Buch die Erinnerung an den erfolgreichen jüdischen Widerstand während des Holocaust in künftigen Generationen wachhält. Jeder und jede der etwa achthundert Überlebenden unserer Partisaneneinheit und des Tabor hat eine eigene und einzigartige Geschichte zu erzählen. Meine ist nur eine davon – und sie besteht lediglich aus jenen fragmentarischen Erinnerungen, die mir nach all diesen Jahren noch geblieben sind. Meine Kampfgefährten von damals werden sich zweifellos an viele weitere Details erinnern. Ich hoffe, daß mein Bericht den vielen unerzählt gebliebenen Geschichten der Überlebenden ebenso viel Gerechtigkeit widerfahren läßt wie der weitaus größeren Zahl derer, die die Befreiung nicht mehr erleben durften.

Harold Werner

28

Das Leben in Warschau vor dem Sturm

Sommer 1938. Ich trug damals den Namen Herschel Zimmermann, war 20 Jahre alt und bereits selbständig tätig. Ich hatte die Lust verloren, dauernd den Arbeitgeber zu wechseln und dann wieder zeitweise ohne Beschäftigung zu sein. So hatte ich mich mit meinem Freund Chaskel auf eine partnerschaftliche Zusammenarbeit geeinigt: Da wir beide einiges von der Bedienung und Reparatur von Strickmaschinen verstanden, investierte jeder von uns 200 Zloty, so daß wir zwei gebrauchte Strickmaschinen für die Anfertigung von Pullovern kaufen konnten. Chaskel und ich lebten im Hinterhof der Pawia-Straße 9 in Warschau. Kennengelernt hatten wir uns bei der Arbeit in einer Strickfabrik; zudem gehörten wir derselben Gewerkschaft an. Chaskel lebte mit seinen Eltern in einer Mietswohnung im vierten Stock, ich wohnte bei der Familie Friedmann in einer Kellerwohnung eines angrenzenden Gebäudes.

Rachmiel und Chaia Friedmann hatten neben zwei Söhnen – dem 23jährigen Aaron und dem 21jährigen Schmuel – noch eine 16 Jahre alte Tochter namens Manja. Rachmiel Friedmann, ein strenggläubiger Jude mit wallendem schwarzen Vollbart, behandelte mich wie ein Familienmitglied. Er und Chaia waren mir auch deshalb besonders wohlgesonnen, weil ich als Junggeselle ein möglicher Heiratskandidat für Manja war. Diese Vorstellung gefiel mir durchaus, denn Manja, die die höhere Schule besuchte, war groß und attraktiv; ihr blondes Haar und ihre blauen Augen täuschten über ihre Herkunft hinweg. Oft gingen wir Hand in Hand zusammen mit ihren Freundinnen im Krasinski-Park spazieren.

Die Wohnung der Friedmanns bestand aus drei Räumen, in denen sieben Menschen wohnten. Manja und ihre Eltern schliefen im fensterlosen Hinterzimmer. Im mittleren Raum standen Stühle, zwei Betten und ein Tisch. Das eine Bett teilten sich die beiden Brüder, in dem anderen schlief ich zusammen mit meinem 21jährigen Vetter Herschel, der wie ich nach unserem Großvater Hersch benannt worden war. Der dritte Raum war die Küche, auch sie mit Tisch und Stühlen ausgestattet. Die Wohnung war klein und schlecht gelüftet. Im Sommer war es stickig heiß, im Winter kalt. Die einzige Wärmequelle bildete der kohlebeheizte Küchenherd.

Ich zahlte den Friedmanns für meinen Schlafplatz monatlich eine kleine Miete und war im übrigen froh, ihn ergattert zu haben. Wohnraum war knapp in Warschau, auch und gerade im jüdischen Viertel. Viele junge Juden kamen in die Hauptstadt, um nach Arbeit zu suchen, die in den Wojwodschaften, aus denen sie stammten, knapp war. Nennenswerte Industriebetriebe gab es nur in den größeren polnischen Städten wie Lublin, Warschau, Bialystok, Lodz und Lwów.

Aber auch in Warschau gab es Armut und Arbeitslosigkeit. Wohnungsnot und karges Einkommen veranlaßten viele Haushalte, Untermieter aufzunehmen. Manche boten sogar Mahlzeiten an, um ein kleines Extraeinkommen zu haben. Rachmiel Friedmann arbeitete in einer Seifenfabrik, war aber die meiste Zeit arbeitslos. Die Miete, die mein Vetter und ich zahlten, half über die gröbste Knappheit hinweg.

Nachdem Chaskel und ich uns dazu entschlossen hatten, unser Strickunternehmen zu eröffnen, mieteten wir einen Raum in der Dreizimmerwohnung von Chaskels Eltern. Dort brachten wir unsere beiden Strickmaschinen unter und kauften noch zwei weitere Maschinen, deren eine zur Herstellung von Handschuhen diente, während mit der anderen Baskenmützen fabriziert werden konnten. Baskenmützen waren damals in Warschau große Mode, genau wie in Frankreich.

Nach dem Kauf der Maschinen fehlte uns jedoch das nötige Kapital zur Beschaffung von Rohmaterial, aus dem die Pullover angefertigt werden konnten. Ich ging also zu einem Großhändler, der regelmäßig Pullover von einer Fabrik aufkaufte, in der ich gearbeitet hatte. Diese Pullover setzte er dann in den ostpolnischen Provinzen nahe der russischen Grenze ab. Er besorgte uns Wolle und Strickgarn, woraus wir schwere Strickware machten, das einzige, was wir mit unseren Maschinen produzieren konnten. Die fertigen Pullover kaufte er uns zum festen Stückpreis ab. Mit dem Direktverkauf an die Warenhäuser hätten wir mehr verdient, aber immerhin hatten wir feste Aufträge und mußten uns nicht von irgendeinem Privatunternehmer ausbeuten lassen.

Die Pulloverindustrie in Warschau war gut durchorganisiert, und es gab eine starke Gewerkschaft. Die Fabriklöhne waren hoch, wenn es Arbeit gab, aber es herrschte zumeist nur kurze Zeit Hochbetrieb, nämlich die zwei bis drei Monate vom Spätsommer bis zum Frühherbst. Davon konnte kein Arbeiter das ganze Jahr leben. Das Problem mit unserem Großhändler lag darin, daß er uns häufig mit Schuldscheinen bezahlte, die erst ein bis drei Monate später fällig wurden. Da wir es uns zumeist nicht leisten konnten, so lange zu warten, mußten wir die Schuldscheine auf dem ›freien Markt‹ unter Wert verkaufen. Es handelte sich dabei nicht um einen organisierten Finanzmarkt. In den langen Durchgangshäusern, die von der Nalewki-Straße zur Zamenhofa-Straße führten, spazierten Spekulanten, die über Geld verfügten, auf und ab, um billig Schuldscheine aufzukaufen. Den Wert bestimmten sie je nach Einschätzung des Ausstellers und anhand des Fälligkeitstermins. Sie kauften durchaus nicht alle Schuldscheine, aber unser Geschäftspartner genoß einen hinreichend guten Ruf, so daß wir seine Scheine immer losschlagen konnten. Beim Verkauf büßten wir etwa zehn Prozent des Realwerts ein.

Dennoch hatten wir Glück, daß wir für ihn arbeiten konnten, denn er war wohlhabend und verfügte über ausreichende Geldmittel, um seinen Pulloververtrieb aufbauen zu können. Etwa die Hälfte des Jahres waren wir mit Aufträgen versorgt; in der flauen Zeit arbeiteten wir für einen Handschuh- und Baskenmützenhändler, um unser Einkommen aufzubessern. So überstanden wir das erste Jahr unseres gemeinsamen Unternehmens. Wir konnten ein paar hundert Zloty sparen und planten nun den Ankauf einer Maschine, die feinere Wolle verarbeiten konnte. Mit ihrer Hilfe wollten wir Pullover höherer Qualität in kleineren Mengen produzieren, um sie dann an Einzelhandelsgeschäfte der Warschauer Innenstadt zu verkaufen. Die Geschäftsverbindung zu unserem Zwischenhändler sollte jedoch aufrechterhalten bleiben.

Im Frühsommer 1939 brach in Warschau eine Typhusepidemie aus, die auch mich aufs Krankenlager warf. An einem schönen Samstag hatte ich bei einem Straßenhändler eine Tüte Kirschen gekauft, die ich aß, während ich am Ufer der Weichsel entlangbummelte. Viele Händler boten dort Obst feil, und ich aß die Kirschen sofort, ohne sie zu waschen. Vielleicht war ich deshalb krank geworden. Die Epidemie breitete sich rasch in ganz Warschau aus. Die städtischen Behörden versuchten, die Kranken in Sonderabteilungen zu isolieren. Viele Menschen starben. Aus dem, was ich auf meiner Krankenstation beobachten konnte, schloß ich, daß die Anzahl der Todesfälle bei großen, kräftig wirkenden Personen höher war als bei körperlich schwächeren Menschen.Warum das so war, blieb mir verborgen, es schien eine Laune der Natur zu sein.

Eine Woche lang lag ich mit hohem Fieber auf der Isolierstation. Medizin gab es nicht. Die Krankheit nahm einfach ihren Lauf; einige wurden verschont, andere dahingerafft. Verständlicherweise waren Krankenbesuche streng verboten. Ich war so krank, daß ich keine Nahrung zu mir nehmen konnte. Endlich begann das Fieber zu fallen, und damit war klar, daß ich zu den glücklichen Überlebenden gehörte.

Ich lag mit 25 oder 30 weiteren Patienten in einem Raum. Die Betten standen eng beieinander. Viele der Kranken delirierten. Bisweilen konnte ich verstehen, was sie sagten. Sie prahlten damit, wie die Polen die Deutschen schlagen würden. In ganz Polen wurde ein Angriff der Deutschen erwartet, und die Fieberausbrüche meiner Mitpatienten zeigten, daß sie die Juden für den drohenden Krieg verantwortlich machten. Allerdings waren die Polen in bester Stimmung. Im Falle eines deutschen Angriffs würde der Krieg keine Woche dauern, denn mit der Unterstützung durch England und Frankreich könnte Polen die Deutschen von der europäischen Landkarte tilgen. Das war die feste Überzeugung vieler polnischer Bürger.

Als mein Fieber sank, wurde ich auf eine andere Station verlegt. Mein Appetit kam zurück, und ich durfte Besuch empfangen. Alle Besucher mußten sich von Kopf bis Fuß in weiße Tücher hüllen, so daß ich meinen Vater zuerst gar nicht erkannte.

Nach einer weiteren Woche im Krankenhaus wurde ich entlassen. Die Friedmanns freuten sich, mich wiederzusehen. Mein Vater und zwei meiner Brüder, Mojsche und Motel, die zu der Zeit in Warschau lebten, waren überglücklich, daß ich den Typhusanfall überstanden hatte. Mein Vater, ein sehr religiöser Mensch, erzählte mir später, er habe tagtäglich für meine Genesung gebetet.

Während dieser ganzen Zeit waren die Zeitungen voll mit Berichten über deutsche Angriffspläne gegen die Nachbarstaaten. Im März 1938 war der Anschluß Österreichs vollzogen worden, im Oktober folgte die Annexion des Sudetenlandes. Im Frühjahr 1939 hatte Hitler dann das gesamte tschechoslowakische Staatsgebiet besetzt. Die Zeitungen kritisierten den britischen Premierminister Chamberlain wegen seiner Appeasementpolitik und seiner Bereitschaft, die Autonomie der Tschechoslowakei zu opfern, um einen Krieg zu vermeiden. Zur gleichen Zeit erhob Hitler zum ersten Mal die Forderung, Polen solle den Freistaat Danzig (Gdansk) an Deutschland zurückgeben. Als die polnische Regierung dies verweigerte, kündigte Hitler den Nichtangriffspakt zwischen Polen und Deutschland auf. Im Sommer verstärkten sich die Spannungen, weil Deutschland seine Gebietsfordungen an Polen mit immer größerem Nachdruck geltend machte. Als im August der deutsche Außenminister Ribbentrop nach Moskau reiste, um einen Nichtangriffspakt zwischen Deutschland und Rußland zu unterzeichnen, wurde jedermann klar, daß Hitler nun weitere Trümpfe gegen Polen in der Hand hielt.

Die Kriegsvorbereitungen liefen auf Hochtouren. An die polnische Armee wurden Gasmasken verteilt. Oft war vom Gaskrieg die Rede, weil die Menschen sich an den Ersten Weltkrieg erinnerten, in dem die Deutschen Giftgas eingesetzt hatten. Die Zivilbevölkerung wurde zum Kauf von Gasmasken aufgefordert. Die Einwohner von Warschau sollten ihre Fenster verkleben und ihre Keller zu Schutzräumen ausbauen, die bei Luftangriffen genutzt werden konnten. Die Armee ordnete eine Teilmobilisierung an.

Die Regierung rief die Bevölkerung zu patriotischen Spenden für die bessere Ausrüstung der Armee auf. Jeder gab etwas entsprechend seinen materiellen Umständen. Die Wohlhabenden sorgten für den Ankauf von Artillerie und Panzern. Die weniger Begüterten spendeten Geld für Flakgeschütze, die in Anbetracht der zu erwartenden Luftangriffe dringend benötigt wurden. Auch die Juden in Polen waren Patrioten und stellten reichlich Geldmittel zur Verfügung. Trotzdem blieb die Hauptstreitkraft der polnischen Armee die schon längst vom Fortschritt überholte Kavallerie.

Das jüdische Dilemma

Die polnischen Juden – mehr als drei Millionen und damit ungefähr zehn Prozent der Gesamtbevölkerung – hatten ihre eigenen Gründe, über die rapide Zuspitzung der militärischen und politischen Situation besorgt zu sein. Sie wußten, daß sich ihre Lage bei einem deutschen Einmarsch in Polen drastisch verschlechtern würde. Wir kannten die antisemitische Propaganda der Deutschen und wir hatten von Hitlers *Mein Kampf* gehört.

Schon lange vor Kriegsbeginn versuchten viele polnische Juden nahezu verzweifelt, der schlechten Wirtschaftslage und dem grassierenden Antisemitismus durch Auswanderung zu entkommen. Der katholische Klerus heizte die antisemitische Stimmung durch die Verbreitung des Lügenmärchens vom rituellen Blutopfer noch weiter an: Die Juden, so hieß es, würden zur Herstellung der ungesäuerten Brote am Pessach-Fest Christenblut verwenden. Überdies galten sie als Christusmörder. Der Antisemitismus trat in vielerlei Gestalt, offen oder versteckt zutage. In vielen Straßen waren die Hauswände mit Parolen beschmiert wie »Juden ab nach Palästina«.

Für das Grobe war eine rechtsgerichtete politische Organisation zuständig, die sich Nationaldemokratische Partei nannte. Bekannt war sie unter dem Namen Endek-Partei oder, noch einfacher, Endecja. Diese Nationalisten vertraten die Auffassung, daß Polen von der jüdischen Minderheit, die innerhalb der nationalen Gemeinschaft einen Fremdkörper darstellte, ausgebeutet würde. Die Endecja war ein starker Machtfaktor in der polnischen Regierung und besaß freie Hand, um in Stadt und Land Pogrome gegen die jüdische Bevölkerung zu organisieren. Den stärksten öffentlichen Widerhall fand das Pogrom, das 1936 in Przytyk verübt wurde. Auch hier war die Endecja die treibende Kraft.

Im Mai 1935 starb Marschall Pilsudski, der das Land mit diktatorischen Vollmachten regiert hatte. Nun verschärfte sich der antisemitische Terror der Endecja. Das Land litt unter den Folgen der Weltwirtschaftskrise. Um die Bevölkerung vom wirtschaftlichen Elend abzulenken und weitere Gefolgsleute zu rekrutieren, machte die Endecja die Juden zum Sündenbock für alle Probleme. Eine Regierungsverordnung sah vor, daß alle geschäftlichen Einrichtungen den Namen des Besitzers zu tragen hatten. Damit sollte ein von der Endecja initiierter und unterstützter Boykott jüdischer Geschäfte vorangetrieben werden. Junge Schlägertypen hielten Wache vor jüdischen Geschäften, um nichtjüdische Kunden abzuschrecken. Wer dennoch darauf bestand, den Laden zu betreten, wurde körperlich bedroht und fotografiert. Die Fotos wurden dann in entsprechenden Zeitungen veröffentlicht, um die Stammkunden anzuprangern. Die Fenster jüdischer Geschäfte wurden eingeschlagen, die Besitzer verprügelt. Der Zugang von Juden zu Hochschulen und Universitäten wurde durch Quotenregelungen stark eingeschränkt. Die polnische Regierung verabschiedete ein Gesetz, das die koschere Tierschlachtung verbot. Damit sollte den Juden die Befolgung traditioneller Ernährungsregeln erschwert werden. Die Pogrome häuften sich. 1939 hatte die polnische Regierung ganz offiziell die Haltung der Endecja übernommen und machte sich deren Auffassung zueigen, das nationale ›Judenproblem‹ könne nur durch massenhafte Auswanderung gelöst werden.

Neben derlei organisierten antisemitischen Aktivitäten war es an der Tagesordnung, jüdische Kinder in Schulen und Juden auf offener Straße zu verprügeln. Auch ich wurde des öfteren das Opfer solcher Überfälle. Einer dieser Vorfälle ereignete sich an einem wunderschönen Frühlingstag des Jahres 1939. Ich war 21 und hatte mit meinem fünf Jahre jüngeren Bruder Mojsche eine patriotische Kundgebung auf dem Theaterplatz im Zentrum von Warschau besucht. Es war eine Regierungsveranstaltung, auf der gegen die Nachgiebigkeit der westeuropäischen Staaten im Hinblick auf deutsche Gebietsansprüche protestiert werden sollte. Viele tausend Menschen versammelten sich, um der Kritik an Polens westlichen Verbündeten zu lauschen und den Rednern der Regierung Beifall zu spenden.

Gegen Ende der Kundgebung war die Menge emotionsgeladen. Urplötzlich schlug die Stimmung um, Gewalt lag in der Luft. Statt sich friedlich zu zerstreuen, begannen einzelne Gruppen die Straßen nach Juden abzusuchen, die sie malträtieren konnten. Mojsche und ich wurden von einem knüppelschwingenden Mob durch die Gassen gejagt. Hilfesuchend eilten wir auf einen Polizisten zu, der an einer Straßenecke postiert war. Er aber schaute uns nur an, wandte uns in aller Gemütsruhe seinen Rücken zu und schlenderte weiter. Gleich darauf hatten unsere Verfolger uns eingeholt und prügelten uns mit Knüppeln und Fäusten zusammen. Mit blutigen Köpfen und gebrochenen Knochen landeten wir im Krankenhaus.

Aufgrund dieser beständig lauernden Gefahren stellten viele Jugendliche aus unterschiedlichen jüdischen Organisationen – wie der Jüdisch-Sozialistischen Arbeiterpartei (dem ›Bund‹), der Poale Zion sowie jüdischen Sportvereinen und Gewerkschaften – Selbstverteidigungsgruppen auf die Beine. Ich schloß mich der Jugendabteilung einer solchen Gruppe an, die von der Textilarbeitergewerkschaft ins Leben gerufen worden war. Wir kontrollierten das Gebiet zwischen der Twarda-Straße und der Elektoralna-Straße. Häufig konnten wir eingreifen, um einen Juden vor dem Angriff einer antisemitischen Straßenbande zu bewahren und den Angreifern selber eine Abreibung zu verpassen, die sie nicht so schnell vergessen würden. Allerdings hielten die Behörden solche Selbstverteidigungsgruppen für ungesetzlich. Wer erwischt wurde, konnte verhaftet und eingesperrt werden.

Die antisemitische Stimmung in der Bevölkerung wurde durch die Unwägbarkeiten der Wirtschaftslage, unter der viele polnische Juden litten, noch schwerer erträglich. Traditionellerweise schlugen sie sich als kleine Geschäftsleute durchs Leben, verdienten ihr Geld als Schneider, Schuster, Zimmerleute, Schmiede und Krämer. In vielen staatlichen Industriebetrieben, im Bahn- und Busverkehr oder im öffentlichen Dienst (z. B. bei der Polizei und der Post) durften Juden nicht beschäftigt werden. Die sich ständig verstärkenden Gewalt- und Boykottmaßnahmen trugen das ihre dazu bei, die wirtschaftliche Lage der polnischen Juden zu verschlechtern.

Viele junge Juden sahen in der Auswanderung nach Palästina eine gute Möglichkeit, der Armut und Bigotterie, unter der sie in

Polen litten, zu entkommen. Viele schlossen sich zionistischen Jugendorganisationen an, die forderten, daß Juden aus aller Welt sich zur *Alya* entschließen, das heißt, nach Palästina kommen und dort ansässig werden sollten. In ganz Polen wurden Hachschara-Kibbuzim – landwirtschaftliche Ausbildungslager – errichtet, in denen Tausende junger Juden sich auf das Kibbuz-Leben in Palästina vorbereiteten. Ein solches Hachschara-Kibbuz befand sich auch in meiner Heimatstadt Gorzkow. Dort lernte mein Onkel Mortsche seine zukünftige Frau kennen, eine gebürtige Warschauerin, die aufs Land gezogen war, um sich auf das Leben im Kibbuz vorzubereiten.

Doch je mehr der wirtschaftliche und politische Druck auf die Juden zunahm, desto geringer wurden die Möglichkeiten, das Land auf legalem Weg zu verlassen. Die Auswanderung in die Vereinigten Staaten wurde durch die Immigrationspolitik der US-Behörden stark eingeschränkt. Die Briten wiederum waren bemüht, die palästinensischen Araber zu besänftigen und veröffentlichten 1931, 1937 und 1939 Weißbücher, in denen die Anzahl der Juden, die nach Palästina einwandern durften, ständig verringert wurde. Das letzte Weißbuch wurde nur ein paar Wochen nach Hitlers kriegstreiberischer Aufkündigung des 1934 unterzeichneten deutsch-polnischen Nichtangriffspakts veröffentlicht.

Die wenigen von den britischen Behörden ausgestellten Einwanderungsgenehmigungen reichten bei weitem nicht aus, um auch nur einen Bruchteil der ausreisewilligen polnischen Juden zufriedenzustellen. Die Genehmigungen wurden von der Jewish Agency (der Jüdischen Vertretung für Palästina) verteilt und waren sehr begehrt. Oft wurden sie für teures Geld weiterverkauft. Aber für die meisten Juden waren diese Papiere außerhalb jeder Reichweite und auch für diejenigen, die ihre Ausbildung in den Hachschara-Kibbuzim abgeschlossen hatten, gab es nur wenige Exemplare.

Bei den Palästina-Emigranten handelte es sich vielfach um alleinstehende junge Männer und Frauen ohne allzu enge familiäre Bindungen, die bereit waren, das Risiko eines oftmals illegalen Fluchtwegs auf sich zu nehmen. Nur sehr selten entschieden sich ganze Familien, die Fährnisse einer Auswanderung auf sich zu nehmen. In meiner Heimatstadt, Gorzkow, gab es, soweit ich mich entsinne, nur ein Familienoberhaupt, das den Mut und die Voraussicht besaß, sich mit der ganzen Familie auf eine solche Reise einzulassen. Das war Falick Hornfeld, ein Vetter meines Vaters. Eines schönen Tages im Jahre 1933 verkündete er seiner Familie, daß es für seine Kinder im antisemitischen Polen keine Zukunft gebe und sie alle sich auf den Weg nach Palästina machen würden. Falick Hornfeld war ein glühender Zionist und Gründungsmitglied des Hachschara-Kibbuz in Gorzkow. Gemessen an den Standards der Kleinstadt war er durchaus wohlhabend. Von 1933 bis 1936 plante er die Übersiedlung. Er verkaufte sein Haus und sonstiges Hab und Gut, um das Geld für die Reise aufbringen zu können. 1936 machte er sich mit seiner Frau und zwei seiner fünf Kinder (der 17jährigen Dina und dem 15jährigen Schlomo) auf den Weg. Für die drei anderen Kinder, die 18jährige Tovah, den 14jährigen Mordechai und die elfjährige Judith hatte das Geld nicht gereicht. Sie blieben bei ihrer Großmutter in Polen.

Die vier wurden zunächst aus dem polnischen Gdynia (Gdingen) herausgeschmuggelt und über den Freistaat Danzig nach Deutschland gebracht. Sie fuhren dann über die Schweiz mit dem Zug nach Italien. Unterwegs hatten sie sich gefälschte Papiere besorgt. Aber an der italienischen Grenze wurden sie zurückgewiesen, weil die Einreisevisa ein paar Stunden zuvor verfallen waren. Sie mußten nach München zurück, wo es ihnen gelang, ihre Visa zu verlängern, doch nun hatten sie kein Geld mehr, um neue Fahrkarten kaufen zu können. Überall liefen uniformierte SA-Leute herum. Verzweifelt ließ Falick seine Familie im Bahnhof zurück, um jemanden zu suchen, der ihm helfen könnte. Schließlich fand er ein Juweliergeschäft mit einem jüdischen Namen an der Tür. Er schilderte dem Inhaber seine Notlage. Dieser gab ihm ohne zu zögern das Geld für die Fahrkarten und wünschte ihm eine gute Reise. So konnten Falick und seine Familie endlich Genua erreichen. Dort buchten sie eine Überfahrt per Schiff nach Palästina, wo sie ohne einen Pfennig Geld ankamen. Zwei Jahre später gelang es Falick, die beiden jüngsten Kinder, Mordechai und Judith, nachkommen zu lassen. Tovah hatte inzwischen geheiratet und blieb weiterhin in Polen. 1942 erhielt die Familie eine Nachricht vom Roten Kreuz, die ihnen mitteilte, Tovah habe einen Sohn geboren. Danach aber haben sie nie wieder etwas von Tovah und ihrer Familie gehört.

Kriegsausbruch

Im August 1939 wohnte ich immer noch bei den Friedmanns und betrieb mit Chaskel unser kleines Strickwarenunternehmen. Nicht weit von mir entfernt, in der Nowolipki-Straße, lebte mein Vater mit meinen Brüdern Mojsche und Motel. Der Rest der Familie (meine Schwester Bella sowie meine Brüder Meyer und Irving) wohnten noch beim Großvater Jisroel in Gorzkow.

Am 1. September wurde ich frühmorgens durch das Geräusch explodierender Bomben geweckt. Sirenen heulten Luftalarm. Wir stürzten in die Luftschutzräume im Keller unseres Wohngebäudes. Eine der ersten Bomben, die an jenem Morgen fiel, traf das Nebengebäude, in dem sich unsere Strickmaschinen befanden. Zusammen mit dem Obergeschoß stürzten sie in den Hinterhof. Das war das Ende unseres Unternehmens; die Quelle unseres Lebensunterhalts war versiegt.

Im ganzen jüdischen Viertel wurden beträchtliche Verwüstungen angerichtet. Nach der Entwarnung kletterten wir aus den Kellerräumen und schauten fassungslos auf die Ruinen. Unser ganzer Wohnblock war zerstört, viele weitere Gebäude standen in Flammen. Überall rannten die Menschen hin und her, bepackt mit ihrer Habe und auf der Suche nach Familienmitgliedern. Einige waren verletzt und bluteten. In unserem Hinterhof befand sich ein kleiner Gemüseladen, der von einem alten Mann und dessen Tochter betrieben wurde. Ich kaufte dort regelmäßig ein, manchmal auf Kredit. Nach dem Bombardement wurden die Ladenregale geleert und es gab nirgendwo mehr etwas zu essen.

27 Tage dauerte die Bombardierung von Warschau, wobei das jüdische Viertel mit der Nalewki-, Gesia-, Zamenhofa- und Karmelicka-Straße ausdauernder und folgenreicher bombardiert zu werden schien als andere Teile der Stadt. Überall hörte man den betäubenden Lärm der Flakgeschütze, aber die deutschen Bomber flogen so hoch, daß sie unsichtbar zu bleiben schienen.

Es lief das Gerücht um, England und Frankreich hätten Deutschland den Krieg erklärt. Der regierungseigene polnische Rundfunk verbreitete die ermutigende Nachricht, daß die polnische Armee den Feind zurückgeschlagen habe und auf deutschem Territorium kämpfe. Ferner hieß es, französische Divisionen hätten Deutschland angegriffen und die Niederlage des Deutschen Reiches sei nur noch eine Frage der Zeit.

Die Bombardierung wurde ohne Unterbrechung fortgesetzt und bald brannte ganz Warschau. Es gab keine Elektrizität, kein Wasser, keine Nahrungsmittel. Auch die sanitären Anlagen funktionierten nicht mehr. Allmählich erfuhren wir die Wahrheit: Warschau war von der deutschen Armee eingeschlossen und bereits halb Polen in deutscher Hand. Nach Einbruch der Dunkelheit beschoß die deutsche Artillerie Warschau mit Granaten, die ähnliche Zerstörungen anrichteten wie die Bombardierungen tagsüber. Die Bomben trafen von oben, während die Leute in den Kellern saßen. Die Granaten kamen von der Seite. Wenn sie in einem Luftschutzraum einschlugen, wurden die Insassen getötet.

Bisweilen ließ die Bombardierung nach, aber die Menschen hatten zuviel Angst, um die Schutzräume zu verlassen und nach Nahrung zu suchen. Einige wagten es und wurden beim nächsten Angriff erwischt. Auch ich ging während so einer Pause nach draußen, weil ich gerüchteweise gehört hatte, daß das Lager einer Gurkenfabrik in der Stawki-Straße bombardiert worden sei und 15-Kilo-Dosen voller eingemachter Gurken praktisch auf der Straße lägen. Ich eilte dorthin und sah tatsächlich Tausende dieser Dosen in dem ausgebrannten Lager unter dem eingestürzten Dach liegen. Auf dem Dach bemühten sich Hunderte von Menschen, die Dosen unter den Trümmern hervorzuzerren. Ich schnappte mir eine Dose und eilte zurück, als auch schon wieder Luftalarm gegeben wurde. In der Nähe der Gurkenfabrik fielen Bomben. Ich versteckte mich in einem Hinterhof und wartete das Ende der Bombardierung ab. Dann kehrte ich in die Pawia-Straße zurück. Die Gurken (die übrigens für den Export in die Vereinigten Staaten gedacht waren) tauschte ich später gegen andere Lebensmittel ein.

Ein anderes Mal wurde ein nahe dem jüdischen Friedhof gelegenes Lager voller Sardinenbüchsen bombardiert. Ich machte mich mit meinem Bruder Mojsche und Schmuel Friedmann auf den Weg. Es gelang uns, fast drei Taschen mit Sardinenbüchsen vollzupacken und mitzunehmen. Ich teilte meine Ration mit meinem Vater, und wir konnten noch einige Büchsen verkaufen, um andere Nahrungsmittel zu besorgen. Insgesamt aber hungerten die Menschen. Nur mit viel Glück ließ sich Eßbares beschaffen. Einige versuchten ihr Glück in den Vororten von Warschau. Immerhin war jetzt Erntezeit für viele Gemüsearten, und in den Vororten gab es jede Menge Felder. Allerdings waren solche Unternehmungen gefährlich, denn die Stadt wurde belagert, und es kam oft genug vor, daß die Leute beim Gemüsesammeln beschossen wurden. Als Mojsche, Schmuel und ich zusammen mit ein paar weiteren Freunden unser Glück versuchten, kamen wir mit fast leeren Händen zurück. Außer ein paar Karotten und Kohlköpfen hatten die Leute nichts auf den Feldern zurückgelassen.

Die Stadt war voller polnischer Kavalleristen samt ihren Pferden, die zum Schutz vor Luftangriffen in öffentlichen Gebäuden, Theatern und Museen untergebracht waren. Viele schöne und wertvolle Gebäude boten bald ein Bild der Verwüstung. Bei den Bombenangriffen kamen viele Pferde ums Leben und wurden ihres Fleisches wegen gleich zerstückelt. In den Straßen stanken die Pferdeleichen vor sich hin, Abwässer füllten den Rinnstein, und viele brennende Häuser konnten mangels Wasser nicht gelöscht werden.

Junge polnische Armeeoffiziere befahlen den Zivilisten, Gräben zu ziehen oder aus dem eigenen Mobiliar Barrikaden zu bauen. Die Leute warfen die Möbel bisweilen einfach aus dem Fenster, um damit Straßensperren zu errichten. Man hoffte, auf diese Weise den Vormarsch der deutschen Armee aufhalten zu können.

Gerüchte waren im Umlauf, denen zufolge die polnische Regierung das Land bereits in der ersten Angriffsnacht verlassen habe. Sie habe, so wurde berichtet, den polnischen Staatsschatz auf Lastwagen geladen und sich damit in Richtung Rumänien abgesetzt.

Die Bombardierung ging weiter, Tag und Nacht. Überall herrschten Tod und Verwüstung. Die deutsche Armee hatte ganze acht Tage gebraucht, um die ländlichen Gebiete zu erobern und Warschau einzukreisen. Hier leistete die polnische Armee entschiedenen Widerstand, um den Vormarsch der Deutschen zu stoppen, und der tapfere Bürgermeister von Warschau, Starzynski, verbreitete regelmäßig patriotische Ansprachen über das Radio, in denen er die Bevölkerung zum Widerstand aufrief.

Die Warschauer Arsenale waren vollgestopft mit Vorräten für das Militär: Uniformen, Schuhen, Trockennahrung, Konserven. Nachdem die Belagerung schon eine ganze Weile gedauert hatte, hörte ich Gerüchte, daß Militärangehörige einige dieser Arsenale ausräumten, indem sie den Inhalt einfach aus dem Fenster auf die Straße warfen. Sie wollten damit die polnischen Bürger versorgen, ehe die Stadt und somit auch die Arsenale in die Hand der Deutschen fielen. Ich ging also zum Bezirk rund um den Theaterplatz. Tatsächlich wurden aus den Obergeschossen eines Arsenals Stiefel und Schuhe hinausgeworfen. Unten auf der Straße prügelten sich die Leute um das Zeug und versuchten, soviel wegzuschleppen wie möglich. Das war nicht ungefährlich, denn die genagelten Armeestiefel waren so schwer, daß sie erhebliche Verletzungen hervorrufen konnten, wenn jemand davon am Kopf getroffen wurde. Viele liefen bereits blutüberströmt umher und versuchten, ein passendes Paar zu ergattern. Ich hatte Glück und kam nicht nur ungeschoren, sondern auch mit einem rechten und einem linken Schuh davon.

Bürgermeister Starzynski flehte die Bevölkerung mit zuletzt heiser gewordener Stimme an, durchzuhalten und die Stadt innen wie außen zu befestigen. Über das Radio rief er Polens Verbündete – England und Frankreich – um Hilfe an. Immer wieder versicherte er, es werde bald Unterstützung geben, aber alle wußten, daß die Lage aussichtslos war. Dann, wie um das Maß vollzumachen, hörten wir, daß die russische Armee die Grenze überschritten hatte und Polen von Osten her angriff. Schließlich ergab sich Warschau nach vierwöchiger Belagerung am 27. September. Die deutsche Armee rückte ein.

Nach vier Wochen Hunger, Bombardierung und Isolation krochen die Einwohner Warschaus aus ihren Schutzräumen ans Tageslicht. Sie sahen aus wie wilde Tiere, und sie benahmen sich auch so. Vor allem versuchten sie auf jede nut erdenkliche Weise, an Nahrungsmittel heranzukommen. Sie drängten sich in langen Schlangen an den von der deutschen Armee eingerichteten Brotausgabestellen. Jeder in der Warteschlange bekam einen Laib Brot, mit Ausnahme der Juden. Ich wurde einige Male aus der Schlange hinausgeworfen, weil die Polen den Deutschen zu verstehen gaben, daß ich Jude sei. Überhaupt wurden die Juden gleich nach dem Fall Warschaus von den Deutschen gejagt und gequält. So machten sie sich einen Spaß daraus, die alten, orthodoxen Juden, die an ihren langen Bärten und Kaftans leicht zu erkennen waren, durch die Straßen zu jagen und ihnen die Bärte abzuschneiden. Bisweilen wurde dabei auch ein Stück Haut mit ausgerissen. Wenn der Jude dann vor Schmerz schrie, wurde er zu Boden geworfen und getreten. Die Deutschen fotografierten dies und lachten sich bei dem Anblick halbtot. Ich habe viele solcher schrecklichen Szenen beobachtet. Viele ältere Juden, die sich aus religiösen Gründen nicht rasierten, wickelten sich Schals und Halstücher ums Gesicht, damit ihr Bart nicht zu sehen war.

Dann wurde der Befehl erlassen, daß alle Juden weiße Armbinden mit einem blauen Davidsstern zu tragen hätten. Wer der Anordnung nicht Folge leistete, konnte an Ort und Stelle erschossen werden. Wir Juden fügten uns, aber ich war entschlossen, die Stadt so bald wie möglich zu verlassen.

Der Treck nach Rußland

Chaia Friedmann, bei der ich zur Untermiete wohnte, seit ich 1932 nach Warschau gekommen war, stammte ursprünglich aus Hola, einem kleinen Dorf in Ostpolen. Die nächste größere Stadt war das 15 Kilometer entfernte, am Bug gelegene Wlodawa. Der Bug war die nach der polnischen Kapitulation vom September 1939 festgelegte Grenzlinie zwischen dem deutsch und dem russisch besetzten Teil Polens.

Chaia Friedmanns Familie war schon seit Generationen in Hola ansässig und hatte dort zumeist Landwirtschaft betrieben, während Rachmiel Friedmann, ein gebürtiger Warschauer, das Stadtleben bevorzugte. Vor dem Krieg fuhren die Friedmanns im Sommer oft zu den Verwandten nach Hola aufs Land. Im Sommer 1937 hatten Manja und ihr Bruder Schmuel mich gefragt, ob ich nicht mitkommen wolle. Wir blieben eine Woche in Hola und ich lernte ihre Onkel und Tanten kennen.

Die Friedmanns in Hola führten ein für polnische Bauern durchaus typisches Leben. (Ich nenne sie die Friedmanns aus Hola, weil ich mich an den Mädchennamen von Chaia, deren Familie es ja war, nicht mehr erinnere.) Von ihren Eltern hatten sie Land geerbt; außerdem besaßen sie eine kleine Mühle, mit der sie Öl aus Mohn- und Leinsamen gewinnen und Getreide mahlen konnten. Im Stall standen ein paar Kühe. Wegen der Mühle galten sie als wohlhabend.

Chaia Friedmann hatte einen Bruder, Lazer, und zwei Schwestern, Schifra und Ziesel. Sie arbeiteten und lebten alle auf dem elterlichen Hof und betrieben die Mühle. Schifra hatte mit ihrem Mann, Schimon, zwei Söhne im Alter von sieben und vier Jahren. Ziesel, die jüngere Schwester, war Ende zwanzig, unverheiratet und eine ausgezeichnete Näherin. Sie schneiderte für die Dorfbevölkerung und unterschied sich in ihren sonstigen Tätigkeiten nicht von den anderen Bäuerinnen. Sie baute Flachs an, den sie nach der Ernte trocknete und im Winter zu Garn spann. Mit Hilfe einer riesigen, sehr primitiven Webmaschine verfertigte sie dann Kleider für die Familie und die Nachbarn. Ziesel molk die Kühe und verarbeitete die Milch zu Butter und Sahne. Sie war eine fröhliche, geschickte, energische und unternehmungslustige Person.

Der Friedmannsche Mühlenbetrieb war im ganzen Umkreis bekannt. Viele Bauern kamen aus entlegenen Dörfern, um Mohn- und Leinsamen zu Öl verarbeiten und ihr Getreide zu Grütze mahlen zu lassen. Im Frühwinter gab es am meisten zu tun, dann war die Mühle rund um die Uhr in Betrieb. Die Bauern mußten warten, bis sie an der Reihe waren. Das konnte sich bisweilen tagelang hinziehen, so daß sie des Nachts in der Mühle auf ihren Getreidesäcken schlafen mußten.

Wegen der Hungersnot und der fortwährenden Übergriffe der deutschen Besatzer verließen im Herbst 1939 viele Juden Warschau. Die meisten gingen in die östlich der Hauptstadt gelegenen Provinzen oder sogar ins russisch besetzte Polen. Ich teilte meinem Vater und meinen beiden in Warschau lebenden Brüdern, Mojsche und Motel, mit, daß ich ebenfalls den Entschluß gefaßt hatte, die Stadt zu verlassen. Ich wollte die drei dazu bewegen mitzukommen, wobei mein Plan vorsah, die russisch besetzten Gebiete zu erreichen.

Das war eine Reise von gut 300 Kilometern, die zudem noch zu Fuß zu bewältigen war, weil der Zivilbevölkerung keine motorisierten Transportmittel wie Busse oder Bahnen zur Verfügung standen. Mein Vater äußerte die Hoffnung, daß die Deutschen ihr Verhalten ändern würden, fand die Idee für mich und meine Brüder aber in Ordnung. Er selbst fühlte sich angesichts seines Alters nicht in der Lage, eine solche Reise zu Fuß zu unternehmen, und wir konnten ihn nicht dazu überreden. Manja und ihr jüngerer Bruder Schmuel schlossen sich uns an, während der ältere Bruder, Aaron, in Warschau bei den Eltern blieb, weil er verheiratet und Vater eines kleinen Kindes war.

Ich wollte zu Manjas Familie nach Hola, dort eine Ruhepause einlegen und dann nach Wlodawa weitermarschieren. Meine Hoffnung war, daß es uns gelingen könnte, heimlich den Bug und damit die Grenze zum russisch besetzten Teil Polens zu überqueren.

Also verließen wir fünf Warschau in der Frühe eines Oktobermorgens. Ich war mit einem schweren polnischen Armeemantel und dazu passenden Stiefeln bekleidet und führte ein für die Armee hergestelltes langes Jagdmesser mit mir. Die Straßen waren voller Menschen, die es nicht mehr in Warschau hielt. Ehemals hochrangige Politiker und Regierungsbeamte waren darunter, von denen einige in Autos davonfuhren. Später sahen wir sie mit ihren Wagen am Straßenrand stehen, weil ihnen das Benzin ausgegangen war. Jedem, der ihnen etwas geben konnte, zahlten sie riesige Summen. Wie gemunkelt wurde, sollten auch die beiden Führer des ›Bund‹, Henryk Erlich und Wiktor Alter, unter den Flüchtenden sein. Ich kannte die beiden, denn ich war oft bei ihren Freitagabend-Vorträgen in der Krochmalna-Straße gewesen.

Das bißchen Essen, was wir mitgenommen hatten, war bereits am ersten Tag aufgebraucht. Nachts schliefen wir in Scheunen, wenn es uns gelang, unbemerkt hineinzukommen, ansonsten im Wald, in sitzender Haltung gegen einen Baumstamm gelehnt. Wenn wir in eine Stadt kamen, wurden wir meistens von der jüdischen Bevölkerung unterstützt und konnten in der Synagoge übernachten. In kleinen Dörfern baten wir die Bauern um Essen und Trinken. In den meisten Fällen half man uns, und die Menschen ließen uns wissen, wie sehr sie die Zerstörung von Warschau und den Verlust der polnischen Unabhängigkeit bedauerten. Andere allerdings wollten uns nichts geben, weil wir Juden waren. Auf der Straße zogen Pferdekarren an uns vorbei und nahmen uns zuweilen unentgeltlich ein Stück des Wegs mit. Aber auch hier waren nicht alle so großzügig. Manche blickten nicht nur auf uns als Juden herab, sondern hielten uns noch dazu für Großstadtpinkel, die sich über die Bauern lustig machten.

Nach zehn Tagen Fußmarsch erreichten wir Siedlce, eine größere Stadt mit vielen jüdischen Einwohnern. Wir schliefen in einer der vielen Synagogen und sprachen mit vielen dort ansässigen Juden. Durch die Stadt wälzte sich ein Strom jüdischer Flüchtlinge, die aus dem deutsch besetzten Westen auf russisches Territorium gelangen wollten. Die jüdischen Einwohner waren uns Flüchtlingen gegenüber sehr gastfreundlich; sie sorgten dafür, daß wir bei jüdischen Familien essen konnten. Stärker bedürftige Flüchtlinge erhielten sogar Geld. Anders als in Warschau litten die Juden hier noch nicht unter allzu vielen Einschränkungen. Ihre Läden und Geschäfte waren geöffnet, wenngleich es nicht viel zu kaufen gab. Einmal gab uns die jüdische Inhaberin eines Gemüseladens etwas zu essen und einen Schlafplatz. Sie erzählte uns vom heldenhaften Widerstand der polnischen Armee gegen die vorrückenden Deutschen. Dabei sei auch, so berichtete sie unter Tränen, ihr einziger Sohn gefallen. Trotzdem war sie stolz auf den Kampf der polnischen Soldaten, die der Besetzung lange Zeit widerstanden und viele Deutsche getötet hätten. Als ich ihr zuhörte, erkannte ich, wieviel Glück ich gehabt hatte. Ich hatte meinen Einberufungsbefehl Ende August bekommen und hätte mich einen Monat später bei der zuständigen Dienststelle melden sollen. Zu dem Zeitpunkt aber hatte Polen bereits kapituliert.

In Siedlce, auf halbem Weg zur russischen Grenze, wollten Mojsche und Motel nicht mehr mit uns nach Hola weitermarschieren, sondern lieber nach Gorzkow, um zu sehen, wie es unserer Familie dort erging und sie vielleicht in die russisch besetzten Gebiete mitzunehmen. In Gorzkow wohnten ja noch meine Brüder Meyer und Irving, meine kleine Schwester Bella, meine Großeltern und viele Onkel und Tanten mit ihren jeweiligen Familien. Insgesamt hatten wir an die achtzig nähere und fernere Verwandte in Gorzkow. Das Dorf lag mehr als 150 Kilometer südlich von Siedlce; der Weg dorthin war weiter als der bis zur polnisch-russischen Grenze. Aber meine Brüder ließen sich nicht davon überzeugen, daß es besser sei, mit uns zu kommen, sie wollten einfach ›nach Hause‹. So machten sie sich auf den Weg in Richtung Gorzkow. Ich habe sie nie wiedergesehen.

Kurz darauf verließen Manja, Schmuel und ich Siedlce in südöstlicher Richtung. Nach weiteren zwei Wochen Wanderschaft erreichten wir Parczew, von wo aus es noch etwa 30 Kilometer bis nach Hola waren. In Parczew war Markttag. Bauern aus der Gegend verkauften ihre Erzeugnisse und versorgten sich mit Vorräten. Markttag war einmal in der Woche – wir hatten Glück, gerade rechtzeitig angekommen zu sein. Als wir die Bauern fragten, ob jemand in Richtung Hola führe, trafen wir einen Nachbarn der Familie Friedmann, einen älteren Bauern namens Kornila. Er nahm uns auf seinem Fuhrwerk mit, so brauchten wir die letzten dreißig Kilometer nicht zu laufen.

Die Bevölkerung östlich von Parczew war zumeist ukrainischer Herkunft. Man sprach hier ein Gemisch aus Ukrainisch, Polnisch und Russisch, das ›Hachlacki‹ genannt wurde. Entsprechend hießen die Bewohner dieser Gegend ›Hachlakis‹. Vor dem Ersten Weltkrieg hatte das Gebiet zu Rußland gehört. Die ukrainische Bevölkerung war sehr nationalistisch eingestellt; man haßte die Polen und ihre Sprache, weil sie Sprache, Religion und Kultur der Ukrainer unterdrückten. Die deutschen Besatzer wollten die Sympathie der Hachlakis gewinnen, indem sie ihre nationalistischen Gefühle für ihre Zwecke ausbeuteten. Die Hachlakis durften wieder eigene Schulen betreiben, die römisch-katholischen Kirchen der Gegend in russisch-orthodoxe Kirchen – ›Prawoslawny‹ genannt – umwandeln und ihre Sprache zur Amtssprache erheben. Auf der Fahrt nach Hola gab uns Kornila den Rat, möglichst schnell Hachlacki zu lernen, damit wir nicht als Polen erkannt würden.

47

Es war Abend, als wir in Hola ankamen. Um ihm für seine Freundlichkeit zu danken, gab Manja Kornila ein Halstuch für seine Frau mit. Das war durchaus etwas Besonderes, denn seit dem Ausbruch des Krieges gab es in Polen so gut wie keine Waren- und Gebrauchsgüterproduktion mehr. Er bedankte sich und wir spürten, wie sehr er sich über das Geschenk freute.

Die Friedmanns in Hola waren überglücklich, uns zu sehen. Sie hatten von der Belagerung und Zerstörung Warschaus gehört und sich große Sorgen um ihre Familienangehörigen gemacht. Hola selbst war ein großes Dorf mit nahezu tausend Einwohnern, es gab jedoch nur drei jüdische Familien, die ich, wie die Friedmanns, von Besuchen in Warschau kannte. Insgesamt hatte sich für die Juden in Hola seit Kriegsbeginn noch nicht allzuviel verändert.

Nachdem ich einige Tage auf dem Hof der Friedmanns verbracht hatte, erzählte ich der Familie von meinem Plan, auf russisches Gebiet zu gelangen. Nach alldem, was ich in Warschau erlebt und gesehen hatte, wußte ich, daß ich so weit wie möglich von den Deutschen wegkommen mußte. Manja hatte sich dazu entschlossen, mich zu begleiten, während Schmuel bei der Familie bleiben wollte. Manjas Tanten waren natürlich sehr besorgt, aber sie gaben uns Geld, Lebensmittel und ihren Segen mit auf den Weg.

Wir wandten uns nach Osten, in Richtung Wlodawa. Bis dahin waren es etwa 16 Kilometer, für die wir sechs oder sieben Stunden brauchten. Dort angekommen, fanden wir Unterschlupf bei einem entfernten Verwandten von Manja. Wlodawa war eine große Stadt mit einem hohen jüdischen Bevölkerungsanteil. Wir erfuhren, daß es Leute gab, die einen für fünf Zloty pro Person zum jenseitigen Ufer des Bug ruderten. Dort begann das russische Territorium, und dort lag auch die kleine Stadt Tomaszewka, in der ebenfalls viele Juden lebten. Der Mann, den wir für die Überfahrt anheuerten, stammte daher. Er brachte uns in der Nacht ans andere Ufer und drehte dann wieder um. Auf dem Weg nach Tomaszewka wurden wir von russischen Grenzsoldaten entdeckt. Sie hielten uns an und fragten uns aus. Wir erklärten, wir seien polnische Juden auf der Flucht vor den Deutschen. Daraufhin brachten sie uns zu einer Hütte, in der wir einem Offizier alles noch einmal erzählten. Er sagte uns, wir hätten gegen das Gesetz verstoßen. Vor einigen

Wochen noch hätte jeder die Grenze nach Rußland passieren können und viele Menschen hätten die Gelegenheit genutzt. Jetzt aber sei die Grenze geschlossen, und wir müßten wieder auf polnisches Gebiet zurück. Er nahm mir die Armbanduhr ab und gab den Soldaten die Anweisung, uns ans westliche Ufer zurückzurudern. Immerhin brachte man uns zu einer Stelle, wo keine deutschen Grenzer patrouillierten.

In der nächsten Nacht versuchten wir es noch einmal, mit dem gleichen Schlepper, aber an einer anderen Stelle. Doch noch bevor wir das andere Ufer erreicht hatten, hörten wir Gewehrfeuer, das von der russischen Seite kam. Wir wußten nicht, ob es uns oder jemand anderem galt. Die Nacht war pechschwarz, und der Schlepper gab das Vorhaben auf. Nach zwei erfolglosen Versuchen waren unsere Vorräte und unser Geld aufgebraucht. Wir kehrten mit dem Vorsatz nach Hola zurück, es zu gelegener Zeit noch einmal zu wagen. Doch was wir in Hola erfuhren, ließ unseren Plan in zweifelhaftem Licht erscheinen.

Als die Russen kurz nach dem Einmarsch der Deutschen Polen angriffen, drangen sie weit in polnisches Gebiet vor und kontrollierten nach der Kapitulation ein beträchtliches Territorium westlich des Bug. Indes war dieser Fluß im deutsch-russischen Nichtangriffspakt als Grenze zwischen beiden Staaten vorgesehen. Die Russen waren mithin verpflichtet, sich aus den von ihnen okkupierten Gebieten westlich des Bug zurückzuziehen. Zu diesem von Juden dicht besiedelten Korridor gehörte auch mein Heimatort Gorzkow.

Bevor sie sich auf das Ostufer des Bug zurückzogen, wiesen die Russen die jüdische Bevölkerung in der Region warnend darauf hin, daß die deutsche Besatzung für sie besonders schlimme Folgen haben würde und boten ihr die Möglichkeit an, sich mit ihnen zurückzuziehen. Sie stellten sogar Transportmöglichkeiten zur Verfügung. Viele junge Familien und Alleinstehende gingen mit den russischen Truppen nach Osten, während die Älteren und die Kinder zu Hause blieben, um, so hofften sie, den Krieg dort zu überstehen. Ohne daß ich es damals erfuhr, wurde auch meine Familie auf diese Weise auseinandergerissen. Zusammen mit seiner Familie verließ mein Stiefonkel Isaak Frucht Gorzkow ebenso wie mein neunzehnjähriger Bruder Meyer, während die anderen dort blieben.

Das russische Angebot, Juden auf die Ostseite des Bug zu bringen, war ein paar Wochen vor unseren vergeblichen Überquerungsversuchen abgelaufen. Bald aber sickerten Nachrichten von jenen Juden, die sich auf der anderen Seite des Flusses niedergelassen hatten, zu uns durch. Diese Nachrichten wurden uns von Rückkehrern überbracht, die auf dem Weg in ihre weiter westlich gelegenen Heimatorte in Hola Rast machten. Sie erzählten von Hungersnöten in den völlig überfüllten Flüchtlingslagern, von Mißhandlungen seitens der Russen, vom Zwang, russische Ausweise annehmen zu müssen. Es gab sogar Gerüchte, daß die Russen die Juden weit im Landesinnern ansiedeln wollten. (Das erwies sich später als zutreffend – und war ein Glück für all jene, die damit weit vom Kriegsschauplatz entfernt leben konnten.) Ferner hieß es, der Bug sei nur eine vorläufige Grenze, und es werde weitere territoriale Veränderungen geben. Außerdem kursierte die (leider falsche) Nachricht, die Engländer und Franzosen befänden sich im Krieg mit Deutschland, dem sich auch die Vereinigten Staaten angeschlossen hätten.

All diese Gerüchte verstärkten unser Gefühl der Unsicherheit. War es klug, noch einen weiteren Versuch zu unternehmen, auf russisches Gebiet zu gelangen? Zuguterletzt entschlossen wir uns, in Hola zu bleiben, und ich arbeitete auf dem Bauernhof. Schon nach kurzer Zeit konnte ich die Ölmühle bedienen. Ich kam mit den Bauern der Umgegend gut aus und lernte schnell, Hachlacki zu sprechen.

Das Leben in Hola

Die ersten Monate in Hola verliefen friedlich. Von den Deutschen war nicht viel zu sehen, nur selten kam eine Patrouille ins Dorf. Die drei jüdischen Familien betrieben ihre alltäglichen Geschäfte. Gefährlich indes war der Aufenthalt in einer größeren Stadt.

Hier nämlich war die Anwesenheit der Deutschen unübersehbar, und die Juden mußten, wie in Warschau, Armbinden mit dem Davidsstern tragen. Zudem wurden sie häufig von den Deutschen von der Straße weg zur Zwangsarbeit gepreßt. In allen Städten und größeren Ortschaften ließen die Deutschen Judenräte bilden. Diese Räte bestanden aus höhergestellten ortsansässigen Juden, deren Aufgabe es war, die deutschen Anordnungen bei der jüdischen Bevölkerung durchzusetzen.

Auch in der nahegelegenen Ortschaft Sosnowica wurde ein solcher Judenrat gebildet, zu dessen Einflußbereich Hola und andere Dörfer der Umgegend gehörten. Die Deutschen teilten dem Judenrat mit, wieviele jüdische Männer sie jeden Tag für die Zwangsarbeit benötigten. Der Judenrat mußte dann dafür sorgen, daß jedes Dorf in seinem Bereich eine entsprechende Anzahl von Arbeitskräften zur Verfügung stellte. Außerdem verlangten die Deutschen Geld und Gold, das der Judenrat einzutreiben hatte. Kam er den Forderungen nicht in ausreichender Weise nach, wurden die jüdischen Männer mit zusätzlicher Zwangsarbeit bestraft. Im Laufe der Zeit schraubten die Deutschen ihre Forderungen immer weiter in die Höhe.

Trotz alledem aber ging das Leben weiter, und die jüdische Bevölkerung versuchte, das Beste aus der unsicheren Lage zu machen. An den Samstagen kamen jüdische Jugendliche aus den umliegenden Dörfern nach Hola, um ihre Freizeit miteinander zu verbringen – ein Brauch, den es schon seit der Vorkriegszeit gab. Manjas Tante, Ziesel, war eine gute Gastgeberin. Sie sorgte für Kuchen und Tee, während wir miteinander redeten, Klatsch und Neuigkeiten austauschten und unsern Spaß hatten.

In Turno, einem Nachbardorf, lebte ein jüdischer Bauer, der unter dem Namen David Turno bekannt war (wie viele andere Menschen trug er den Namen seines Heimatorts). Er war ein reicher Großgrundbesitzer, der viele hundert Hektar Land, dazu Kühe, Pferde und andere Nutztiere besaß. Er beschäftigte viele Landarbeiter auf seinem Hof, war verheiratet und hatte einen Sohn. Weitere jüdische Familien gab es in Turno nicht. Schon lange vor dem Krieg hatte er in seinem Haus eine *Schul* (Synagoge) eingerichtet, sie mit einer Torah versehen und einen *Chasen* (Kantor) verpflichtet, der am Sabbat und an Feiertagen aus der Tora las und am Jom Kippur-Tag das Schofar blies. Dieser Kantor war ein 20jähriger Waise namens Lieb, den David Turno an der *Jeschiwa* (der Talmudschule) von Lublin kennengelernt hatte. Chasen Lieb war auch der *Melamed* (Lehrer) für David Turnos Sohn Nuchem. Lieb hatte eine sehr blasse Gesichtsfarbe, weil er ständig über seinen Büchern brütete.

Am Sabbat und an Feiertagen kamen die Juden aus der Umgebung (Dörfern wie Mosciska, Zamolodycze und Kodeniec) nach Turno, um in der Synagoge ihren Gottesdienst abzuhalten. Wir alle wurden von David Turno und seiner Familie herzlich und gastfreundlich empfangen. Nach dem Gottesdienst gab es ein Festmahl *(Kiddusch)*: Wein, Fisch, Chale und Kuchen. Bisweilen wurde auch ein *Tschulent* zubereitet, ein Gericht aus Fleisch, Gerste und Kartoffeln, das die Nacht über im Ofen gebacken werden mußte.

Weil in den Städten der Hunger und die Deutschen herrschten, kehrten viele junge Juden, die bis dahin in Warschau und anderen polnischen Großstädten gearbeitet hatten, in ihre Heimatdörfer zurück. So traf ich bei den Turnos eines Tages Jankel wieder, der mit mir in Warschau in einer Fabrik gearbeitet und in der Nachbarschaft gewohnt hatte. Jankel war ein paar Jahre älter als ich. Er hinkte ein wenig, weil ein Bein kürzer war als das andere. Wir unterhielten uns lange über unsere Erlebnisse in Warschau.

Im Herbst 1939 erließ der Judenrat von Sosnowica eine Anordnung, der zufolge jede jüdische Familie aus den umliegenden Dörfern ein männliches Mitglied abzustellen hatte, das drei Tage in der Woche Arbeitsdienst für die Deutschen leisten sollte. Die Männer sollten sich in Sosnowica versammeln, um dann beim Straßenbau eingesetzt zu werden. Es ging dabei um die Straße von Wlodawa nach Sobibor (wo später das berüchtigte Todeslager stand). Wie üblich stand auf Befehlsverweigerung die Todesstrafe, und natürlich mußte die Armbinde mit dem Davidsstern getragen werden.

Ich war aus der Friedmann-Familie zur Arbeitskolonne abkommandiert worden. Drei Tage in der Woche half ich beim Straßenbau, den Rest der Woche verbrachte ich wie gewohnt in Hola. Wir verrichteten Schwerstarbeit, und die deutschen und ukrainischen Wachsoldaten schlugen uns mit Knüppeln und Gewehrkolben, wenn wir zu langsam waren. Auch mich trafen die Schläge, aber ich war jung und kräftig. Ältere Juden wurden einfach erschossen, wenn sie nicht weiterarbeiten konnten.

Das Gebiet, in dem wir schufteten, war sumpfig. Wir mußten in den umliegenden Wäldern Bäume fällen, um den Untergrund zu befestigen. Darauf legten wir schwere, aus großen Bäumen geschnittene Vierkantpfähle, die von Pferdegespannen herbeigezogen wurden. Die Straße verlief unweit des Bug, und wir konnten russische Soldaten am Ostufer patrouillieren sehen. Ich beneidete sie, denn ich befand mich sicherlich auf der falschen Seite.

Es war schrecklich, den Anordnungen des Judenrats und den wachsamen Augen der Deutschen ausgeliefert zu sein. Beim geringsten Verstoß gegen Befehle und Regeln wurden wir geschlagen. Trotzdem war unsere Lage hier immer noch besser als in den Städten, weil es noch genug zu essen gab und wir zu Hause leben konnten. Aus Warschau dagegen hörten wir nichts Gutes. Die von dort kommenden Juden berichteten schreckliche Einzelheiten über Hungersnot, Tod und Mißhandlungen. Ähnliches lasen wir auch in den wenigen Briefen, die Manja und ich von unseren Vätern aus Warschau bekamen.

Da wir annahmen, daß die Post von den Behörden kontrolliert wurde, waren wir mit unseren brieflichen Formulierungen sehr vorsichtig. Unsere Väter baten uns um Lebensmittel. Ich schickte meinem Vater ein Fünf-Pfund-Paket mit Hühnerfett und Grütze. Er schrieb mir dann, er habe das Paket erhalten und den Inhalt weiterverkauft. Von dem Geld konnte er sich billigere Lebensmittel kaufen, mit denen er fast einen Monat auskam. Nach ein oder zwei Monaten erhielten Manja und ich dann keine Antwort mehr auf unsere Briefe.

Textilwaren wie etwa Stoffballen für Kleidung und Tücher waren in den Dörfern kaum zu haben. Sobald die Züge wieder fuhren, wollten Manja und ihre Tante Ziesel nach Warschau reisen, um dort, wie andere Bäuerinnen auch, Lebensmittel gegen Kleidung einzutauschen. Mit ihren Kopftüchern unterschieden sie sich kaum von den anderen Bäuerinnen, zumal Manja blondes Haar hatte. Juden war es nämlich bei Todesstrafe verboten, mit dem Zug zu fahren. Manja und Ziesel gelangten glücklich nach Warschau und machten sich auf den Weg ins jüdische Ghetto. Dort trafen sie meinen und Manjas Vater und gaben ihnen Lebensmittel. Sie kamen heil zurück, aber die Fahrt war gefährlich, und sie versuchten es kein zweites Mal.

Der Winter brachte starke Schneefälle, Häuser und Straßen schneiten ein. Vom Judenrat kam die Anordnung, die Straßen freizuräumen, wobei die Abschnitte vorgegeben wurden. Oftmals mußten wir kilometerweit laufen, um zu unserer vorgesehenen Arbeitsstätte zu kommen. Aber die Arbeit mußte erledigt werden, auch wenn wir viel zu spät kamen. Vielfach waren die Verwehungen zwei bis drei Meter hoch, und wer das vorgesehene Pensum nicht schaffte, wurde von den Deutschen geprügelt, bis er am Boden lag. Auch hier war ich drei Tage in der Woche mit Räumarbeiten beschäftigt, die übrige Zeit arbeitete ich in der Mühle der Friedmanns.

Eines Tages ging Schimon Friedmann, Schifras Ehemann, nach Sosnowica, um ein neues Zahnrad für die Mühle zu besorgen. In der Stadt übersah er, daß ihm auf dem Gehsteig ein Deutscher entgegenkam, und er trat nicht auf die Straße. Es war Juden jedoch streng verboten, auf dem Gehsteig zu bleiben, wenn ein Deutscher nahte. Der Deutsche rief ihn zu sich und erschoß ihn auf der Stelle. Die Familie erlitt einen tiefen Schock, als sie von Schimons Tod erfuhr. Man erzählte seinen kleinen Söhnen zunächst nichts von der Ermordung. Als Schimon jedoch nicht mehr nach Hause kam, ließ sich die Sache nicht länger verheimlichen.

Die Juden wurden immer stärkeren Einschränkungen unterworfen. Eines Morgens, als wir uns wie üblich zur Arbeit in Sosnowica meldeten, wurden wir auf Lastwagen etwa 60 Kilometer südwärts gefahren, in ein mir nicht vertrautes Gebiet. Wir kamen in einem Arbeitslager mit Namen Sawin an. Es lag in der Nähe von Osowa, auf halbem Weg nach Chelm. Dort bauten die Deutschen eine Straße, die von Chelm nach Wlodawa führen sollte. Wir mußten jetzt beim Straßenbau zwölf Stunden am Tag härteste Arbeit verrichten und bekamen kaum etwas zu essen. Ich arbeitete dort etwa einen Monat, ohne auch nur einen Tag Pause zu haben. Wir schliefen in einer nahegelegenen Scheune, in mit Stroh bedeckten Bretterverschlägen. Schufteten wir nicht schnell genug, wurden wir geschlagen. Wer von den Älteren das Tempo nicht mithalten konnte, wurde erschossen. Ich erkannte, daß auch ich die Strapazen auf Dauer nicht überleben würde; die Deutschen schienen gewillt, uns zugrunde zu richten. Ich beschloß, mich davonzumachen und stahl mich eines Nachts aus der Scheune. Ich wollte zurück nach Hola. Nachts marschierte ich und am Tage schlief ich. Wenn ich einem Bauern begegnete, bat ich ihn um etwas zu essen und zu trinken. Nach vier Tagen war ich wieder in Hola, und Manjas Familie war überaus glücklich, mich wiederzusehen.

Arbeit auf dem Bauernhof

Da ich befürchten mußte, daß dem Judenrat meine Flucht aus der Arbeitskolonne in Osowa nicht verborgen bleiben würde, fühlte ich mich in Hola nicht mehr sicher. Ich entschloß mich also, einen der Bauern, den ich von meiner Arbeit in der Mühle her kannte, um Arbeit zu bitten. Vielleicht könnte ich so der Aufmerksamkeit der Behörden entgehen.

Der Bauer, den ich ansprechen wollte, hieß Stefan und lebte im Nachbardorf Lubien. Er mochte mich, weil ich ihm beim Auspressen von Leinsamen zur Hand gegangen war. Ich bot ihm an, nur für Essen und einen Schlafplatz bei ihm zu arbeiten. Er war einverstanden. Ich erzählte den Friedmanns in Hola von meinem Vorhaben und schlug Manja und ihren Brüdern vor, etwas ähnliches zu unternehmen. Wenn, so argumentierte ich, der Judenrat nicht weiß, wo wir uns aufhalten, haben wir eine bessere Überlebenschance. Kornila, ein Nachbar der Friedmanns, besorgte Manja Arbeit bei einem Bauern in Zamolodycze, einem Dorf, das einige Kilometer von Hola entfernt auf dem Weg nach Lubien lag. Manja war zwar in Warschau großgeworden, hatte aber alle Aufgaben, die auf einem Bauernhof zu erledigen waren, von ihrer Tante Ziesel gelernt.

Meine Zeit als Arbeiter auf einem Bauernhof begann an einem Sonntagnachmittag im Februar 1940. Stefan saß mit seiner Familie beim Abendessen. Er lud mich ein, am Tisch Platz zu nehmen, und so saß ich denn mit den anderen auf niedrigen Stühlen an einem kleinen Tisch, auf dem eine große Schüssel voller Kartoffelbrei mit Speckstücken dampfte. Jeder hatte einen Löffel für die Kartoffeln und eine Tasse mit Kohlsuppe. Neben Stefan, der ungefähr 35 Jahre alt war, saßen noch seine Frau Marfa, ihre achtjährige Tochter Lanka und Stefans Schwiegermutter am Tisch. Außerdem gehörte ein großer Hofhund zur Familie, der meine Ankunft mit lautem Gebell quittierte, von Stefan aber zur Ordnung gerufen wurde. Nach der Mahlzeit zeigte mir Stefan den Hof. Er besaß vier Pferde, 15 Kühe, 50 Schafe und ein paar Schweine. Außerdem gab es, wie die kleine Lanka, die uns begleitete, mir erzählte, viele Hühner. Stefan hatte in Lubien etwa 20 Hektar Land in verschiedenen Parzellen, ferner an die acht Hektar Weideland in den umliegenden Wäldern, wo seine Kühe und Schafe grasten. Er galt als wohlhabend. Sein Haus hob sich nicht nur durch das Blechdach deutlich vom Durchschnitt ab. Seine landwirtschaftlichen Geräte und seine Brunnenanlage waren moderner als die der anderen Bauern. Lubien war ein recht großes Dorf, das sich einige Kilometer lang zu beiden Seiten der Hauptstraße erstreckte. Es besaß eine russisch-orthodoxe Kirche (die ursprünglich katholisch gewesen war, nach der Kapitulation von den Ukrainern aber umgewidmet wurde) und den von einer Kooperative betriebenen Lebensmittelladen.

Weil der Frühling näherrückte und auf den Feldern viel Arbeit zu leisten war, konnte Stefan eine Hilfskraft gut gebrauchen, während ich mich hier vor dem Judenrat und den Deutschen verstecken konnte. Ich wußte, daß die Arbeit nicht leicht war, aber ich war jung und kräftig. Ich wollte mich auf dem Hof unentbehrlich machen.

Schließlich zeigte mir Stefan meinen Schlafplatz. Er befand sich in der Scheune unter dem Dach, wo das Stroh für die Tiere gelagert war. Er gab mir ein paar alte Decken, so daß ich mir ein Nachtlager einrichten konnte. Früh am nächsten Morgen machte ich mich an die erste Aufgabe. Stefan gab mir eine Mistgabel, mit der ich den Kuhstall säubern sollte. Hier hatte sich der Dung den ganzen Winter über angesammelt, weil die Kühe ja nicht auf die Weide konnten. Jeden Tag wurde frisches Stroh gestreut, das sich dann mit dem Kuhdung vermischte. Der Mist war so festgetreten, daß er kaum mit der Forke entfernt werden konnte. Obwohl ich sehr hart arbeitete, hatte ich gegen Mittag gerade eine halbe Box gesäubert, insgesamt aber warteten vierzehneinhalb Boxen darauf, ausgemistet zu werden.

Stefan schien jedoch mit dem Fortgang der Arbeit zufrieden. Wir legten eine kurze Mittagspause ein, dann ging es weiter. Am Abend war ich so müde, daß ich noch nicht einmal mit dem Essen fertig wurde. Meine Hände bluteten, und die vom warmen Mist aufsteigenden Ausdünstungen machten mich schwindlig. Stefan wußte, daß dies die schlimmste Arbeit war, die man auf dem Bauernhof verrichten konnte, aber der Mist mußte noch vor der Aussaat im Frühling auf die Felder gebracht werden. Das erledigten wir zusammen. An den Sonntagen übernahm ich die Arbeit, die sonst seine Schwiegermutter erledigt hatte: Ich trieb das Vieh auf die Weide. Zu diesem Zweck mußte ich die Tiere einen schmalen Weg entlangführen, der die Grenze zwischen Stefans Grundstück und dem Acker des Nachbarn bildete. Der hatte Getreide ausgesät, und ich mußte darauf achten, daß die Kühe und Schafe nicht darauf herumtrampelten. Die Kühe hatten gelernt, auf dem Weg zu bleiben, mit den Schafen hatte ich da weitaus mehr Schwierigkeiten, auch wenn der Hund mir half, sie beisammenzuhalten.

Am Sonntag, wenn auf dem Bauernhof Ruhe herrschte, wurden die Pferde auf die Weide getrieben. Das war reine Männerarbeit. Ich ritt auf einem Pferd voran, während die anderen drei mir folgten. Allerdings hatte ich keine Erfahrung mit Pferden, und ohne Sattel reiten konnte ich schon gar nicht. Als ich zum ersten Mal mit ihnen loszog, beugte sich das Pferd, auf dem ich saß, mitten in einem Flüßchen herab, um zu trinken. Ich fiel kopfüber ins Wasser. Zum Glück blieb meine Ungeschicktheit unbemerkt.

An jedem Morgen stellte mir Marfa eine Tasche vor die Tür, in der sich mein Essen befand. Dessen Qualität und Quantität waren von ihrer Laune und der allgemeinen Vorratslage abhängig. Manchmal war es eher kärglich, bisweilen aber fand sich auch ein Stück Wurst darin.

Ich nahm eine Decke mit, um mich vor dem Regen zu schützen. Manchmal wurde ich wehmütig bei Anblick der Tiere, wenn ich mitten im Wald, fern jeder Zivilisation, vom Regen durchnäßt und 30 Kilometer von der nächsten Bahnlinie entfernt unter der nassen Decke hockte. Dennoch war ich froh, mich in Sicherheit wiegen zu können und ließ meinen Erinnerungen freien Lauf. Ich dachte an die gute Zeit in Warschau, die Abendspaziergänge mit Manja im

Krasinski-Park, die Gewerkschaftsabende, die Freunde, die ich in den sieben Jahren dort gewonnen hatte. Und nun saß ich hier und fragte mich, was aus meinem Vater, meinen ganzen nahen und fernen Verwandten und ihren Familien geworden sein mochte. Würde ich lebend aus diesem Alptraum gelangen? Wie lange würde mich Stefan auf seinem Hof behalten, auch wenn ich kein Geld für meine Arbeit nahm und sehr wertvoll für ihn war? Und wenn die Deutschen nun herausfanden, daß ich mich hier versteckte? Am meisten machte mir zu schaffen, daß ich nicht noch einen weiteren Versuch unternommen hatte, den Bug zu überqueren. Zumindest wäre ich dann die Furcht los, von den Deutschen geschnappt zu werden.

Ich fragte mich allerdings auch, warum so viele Juden bereits aus den russisch besetzten Gebieten nach Westpolen zurückgekommen waren. Wußten sie nicht, daß sie hier in Lebensgefahr schwebten? Die Rückkehrer wollten wohl zu ihren Familien und waren von den Zuständen in den russischen Gebieten alles andere als begeistert. Das galt sogar für die ehemaligen Parteigänger der russischen Kommunisten, die vor dem Krieg die Sowjetunion glorifiziert hatten. Viele waren auch der Meinung, daß Deutschland bald besiegt sein würde, nachdem England und Frankreich ihm den Krieg erklärt hatten. Trotz alledem war ich davon überzeugt, daß ich die Überquerung des Bug noch einmal hätte wagen sollen.

Stefan brachte mir alles bei, was auf einem Bauernhof getan werden muß. Er zeigte mir, wie das Vieh von der Weide in den heimischen Stall getrieben wird, wie und womit man die Schweine füttert und die Felder düngt. Er war mit meiner Arbeit sehr zufrieden und staunte darüber, daß ein Städter sich so schnell auf dem Bauernhof zurechtfand. Auch Stefans Frau mochte mich, immerhin war ich eine gute Kraft, die sie keinen Zloty kostete. Sie gab mir ein Paar von Stefans alten Hosen, einen Strohhut und Holzschuhe, wie sie alle Bauern bei der Arbeit trugen. So konnte ich meine Armeestiefel schonen und hatte ein gutes Paar Schuhe für besondere Gelegenheiten. Daß ich einst aus Warschau gekommen war, konnte man mittlerweile nicht mehr erkennen.

Kindheitserinnerungen

Das Hirtenleben war nicht besonders interessant, schon gar nicht, wenn es regnete. Bisweilen unterhielt ich mich mit anderen Hirten, und mein Hachlacki war jetzt schon so perfekt, daß selbst sie glaubten, ich wäre aus der Gegend. Wenn ich allein war, dachte ich oft an meine Familie und an das Leben in Gorzkow zurück.

Gorzkow war ein Dorf in Ostpolen, etwa 40 Kilometer südöstlich von Lublin. Hier lebten 300 Menschen, allesamt jüdischer Herkunft. Rund um das Dorf lagen Bauernhöfe. Die Dorfbewohner arbeiteten als Ladeninhaber, Schneider, Schuster, Schmiede und Zimmerleute, deren Kundschaft sich aus den durchweg nichtjüdischen Bauern der Nachbarschaft rekrutierte. Am Markttag brachten die Bauern ihre Erzeugnisse ins Dorf, um von deren Erlösen einzukaufen.

Die Dorfbewohner waren sehr religiös. Sie beteten zu bestimmten Zeiten am Morgen, am Mittag und am Abend. Die Umgangssprache war das Jiddische; mit den Bauern wurde natürlich polnisch gesprochen. Sie lebten vom Handel und von den Geschäften mit den Bauern der Umgebung, reich wurden sie dabei jedoch nicht.

Ich erinnere mich an eine Geschichte, die bei uns zu Hause immer wieder gern erzählt wurde. Der Vorfall ereignete sich im Jahre 1920, als Polen unabhängig geworden war und Marschall Pilsudski die russischen Bolschewisten verjagt hatte. Verschiedene nicht-polnische antibolschewistische Militäreinheiten, wie etwa General Petluras Division, die gegen die Bolschewisten eine Niederlage hatte einstecken müssen, waren noch nicht aufgelöst worden. Obwohl der Kampf vorbei war, durchstreiften Petluras Truppen immer noch unser Gebiet und warteten auf den großen Unbekannten, der die Bolschewisten in Rußland besiegen würde. Vor dem Krieg waren diese Leute bei der Judenverfolgung eingesetzt worden, und sie verübten auch in unserer Nachbarschaft Pogrome. Ähnlich verhielten sich die polnischen Armeen von General Balackow und General Haller. Dessen Gruppe war eine Expeditionsstreitmacht aus Frankreich oder Amerika, die das Ihre zum erhofften Sieg über die Bolschewisten beitragen wollte. Alle diese Gruppen waren berüchtigt für ihre antisemitischen Ausschreitungen.

Ich war drei Jahre alt und saß auf dem großen Arbeitstisch meines Großvaters, an dem er schneiderte. Meine Mutter hielt mich, und wir schauten zusammen aus dem Fenster. Plötzlich sahen wir, daß einige von Hallers Soldaten auf unser Haus zuliefen. Etliche drangen ein und durchsuchten es von oben bis unten, wobei sie die Federbetten aufschlitzten. Im ganzen Haus flogen die Federn umher. Dann, ohne Vorwarnung, schlug ein wütender Offizier mit seinem Säbel auf den Arbeitstisch. Meine Mutter stieß einen Schrei aus, den ich bis heute nicht vergessen habe. Sie dachte im ersten Moment, der Offizier habe mir die Beine abgeschlagen. Noch lange danach erinnerte der tiefe Schnitt im Holz an diesen Vorfall. Später erfuhren wir, daß die Truppe gerade dabei war, aus Gorzkow abzurücken. Allerdings fehlte ein Soldat, und ein Bauer hatte dem Kommandoführer fälschlicherweise erzählt, daß der Vermißte unser Haus betreten habe. Die Soldaten waren aufgebracht, weil sie glaubten, die Juden hätten ihren Kameraden getötet. Zum Glück waren Vater und Großvater vorsichtig genug gewesen, sich auf dem Dachboden zu verstecken. Die Soldaten verwüsteten unser Haus, und der verloren geglaubte Soldat wurde später betrunken am Wegrand gefunden.

Ich lebte zusammen mit meinen Eltern und Geschwistern in Großvaters Haus, das im wesentlichen aus einem großen und einem kleinen Raum bestand. An einem Fenster in der Vorderseite stand Großvaters Arbeitstisch mit der mechanischen Nähmaschine, die noch mit einem Fußpedal betrieben wurde. Im großen Raum standen mehrere Betten. In zweien schliefen wir – fünf Jungen und ein Mädchen – zusammen mit unseren Eltern, in zwei weiteren mein Großvater zusammen mit meiner Stiefgroßmutter und ihren zwei Kindern, die er noch gezeugt hatte, als er schon weit über 50 war. Im kleineren Raum schliefen Bella, die jüngere Schwester meiner Mutter, ihr Bruder Mortsche und Isaak, der Sohn meiner Stiefgroßmutter aus erster Ehe. So lebten denn 15 Familienmitglieder in zwei Räumen unter einem Dach. Das Klo befand sich im Hinterhof, Elektrizität gab es nicht, und das Wasser kam aus einer handbetriebenen

Pumpe, die mitten im Dorf stand. Gekocht wurde auf einem Holzofen, der zudem im Winter für die nötige Wärme sorgte.

Meine Mutter half Großvater beim Nähen, während sie mit dem Fuß die Wiege betätigte, in der ich schlief. Diese Wiege war von einem Nachbarn, dem Zimmermann Nusen, aus Kiefernholz gefertigt worden und beherbergte nacheinander mich, meine Brüder Meyer, Mojsche, Irving, Motel und schließlich meine Schwester Bella. Der Altersunterschied zwischen uns betrug jeweils etwa zwei Jahre.

Als ich drei war, wurde ich, wie alle jüdischen Jungen, zum Religionsunterricht, zum Cheder, geschickt. Meine Eltern richteten aus diesem Anlaß eine kleine Feier für die Familienmitglieder aus.

Zu der Zeit gab es in Gorzkow keine staatliche Schule, weil das Schulgebäude im Ersten Weltkrieg abgebrannt war. Religionsunterricht aber wurde reichlich angeboten, weil es viele gelehrte Männer gab, die sich auf irgendeine Weise ihr Brot verdienen mußten. Allerdings war der Unterricht für uns Anfänger nicht so schwierig, da wir zunächst nur das hebräische Alphabet und einige Gebete lernten.

Mein Lehrer mit dem sprechenden Namen Josel Melamed bekam von meinen Eltern wöchentlich eine feste Summe für den Unterricht. Andere Eltern, die zu arm waren, um so etwas bezahlen zu können, konnten Geld ›leihen‹, das von anderen Dorfbewohnern gespendet worden war. Diese Sammlungen zu wohltätigen Zwecken dienten auch sonst dazu, die Bedürftigen in Notfällen zu unterstützen. Sie mußten das ›geliehene‹ Geld nicht zurückzahlen, doch die Formulierung half ihnen, ihr Gesicht zu wahren.

Zunächst hatte ich ein bißchen Angst vor der neuen Situation. Immerhin war ich beim Cheder in einem fremden Haus mit anderen Jungen, die zumeist älter waren als ich. Gewöhnlich hatte der Lehrer noch eine Hilfskraft, die die jüngsten Kinder zum Unterricht abholte und auch wieder nach Hause brachte. Das waren meist junge Männer aus armen Familien oder sogar Waisen. Im Winter mußten sie uns wegen des Schnees und der Glätte tragen. Bisweilen hingen wir gar zu zweit auf ihrem Rücken.

Am ersten Schultag brachten mich meine Eltern persönlich zum Haus des Lehrers. Josel Melameds Haus bestand aus einem Raum, in dem ein langer Tisch stand, davor niedrige Holzbänke für die

Schüler. An einer anderen Wand standen zwei Betten, ein Heizofen und ein großer Backofen für Brot. Auf dem Backofen konnte man auch schlafen. Der Boden bestand aus gestampftem Lehm. Der Lehrer hatte selbst Kinder, die auch bei ihm im Unterricht saßen.

Mein Vater bat den Lehrer, mich gut zu behandeln, und meine Mutter sprach mit seiner Frau, um sicherzugehen, daß ich nicht geschlagen wurde. Josel Melamed war für sein aufbrausendes Temperament bekannt.

Wir sprachen ihn mit ›Rabbi Josel‹ oder einfach mit ›Rabbi‹ an. Er nahm mich auf den Schoß und deutete mit einem Zeigestock auf die Buchstaben des hebräischen Alphabets, die auf einer Tafel standen, welche vor ihm auf dem Tisch lag. Ich sprach die Namen der Buchstaben nach. Dann fielen wie aus dem Nichts zwei Groschen auf die Tafel. Der Rabbi sagte, ich dürfe sie behalten. Sie seien vom Erzengel Gabriel geschickt, damit ich ein gelehriger Schüler werde und meinen Eltern Freude bereite.

Der Unterricht begann um acht Uhr morgens. Zum Mittagessen ging ich nach Hause oder meine Mutter brachte mir ein Zwiebelbrötchen vorbei. Um vier ging es zum Abendbrot und um sechs Uhr abends noch einmal in die Schule. Wir lernten die hebräische Sprache und mußten Gebete auswendig hersagen.

Auf dem Arbeitstisch des Rabbi lag auch eine Lederpeitsche, ein *kantschik*. Ich fand schnell heraus, wozu sie diente. Wenn wir den Namen des Buchstabens, auf den er zeigte, nicht kannten, zog er uns am Ohr, bis es weh tat. Wenn er uns aufrief und beim Schlafen oder Schwatzen erwischte, gab es eine Ohrfeige. Bei schwereren Sünden, wie etwa dem nicht schnell genug abgeschlossenen Gang zur Toilette (die auch hier im Hinterhof lag), bekamen wir die Peitsche zu spüren. Zwar legte Rabbi Josels Frau dann ein gutes Wort für den Unglücklichen ein, doch nützte das nicht immer etwas. Glücklicherweise passierte mir kein solches Mißgeschick.

Mir gefiel der Unterricht am besten, wenn im Dorf ein Junge geboren worden war. Dann ging Rabbi Josel mit all seinen Schülern in der Abendpause zum Haus des Neugeborenen, um ein Gebet zu sprechen. Und wir bekamen jeder eine Tüte mit Keksen und Süßigkeiten von der Familie. Die Kekse waren immer die gleichen: rund und mit einem Loch in der Mitte. Nach dem Gebet wünschten wir

Mutter und Kind ›Gute Nacht‹. Dieses Ritual zog sich über sieben Tage hin, bis zur Beschneidung. Bei der Geburt eines Mädchens gab es solche Feierlichkeiten nicht.

Nach drei Jahren kannte ich alle notwendigen Gebete und kam zu einem besser gebildeten Rabbi namens Srulke Ledermann, mit dem mein Vater weitläufig verwandt war. Ich lernte weiter Hebräisch und las religiöse Texte.

Als ich sieben war, wurde in Gorzkow erneut eine allgemeine Volksschule eingerichtet, deren Besuch für alle Kinder verbindlich war. Der Unterricht ging von acht Uhr morgens bis vier Uhr nachmittags. Am katholischen Religionsunterricht mußten wir jüdischen Kinder nicht teilnehmen und gingen dann meist nach Hause. Am Abend fand weiterhin der Cheder statt, der etwa drei Stunden dauerte.

Zuerst gefiel mir die Volksschule gar nicht. Der Unterschied zum Cheder war beträchtlich. Die Klassenzimmer waren hell und geräumig, Jungen und Mädchen, Juden und Nichtjuden saßen miteinander in einer Klasse. An der Wand hing ein hölzernes Kruzifix. Zuerst war ich den nichtjüdischen Kindern feindlich gesonnen und stritt mit ihnen darüber, wessen Gott der wahre sei. Die nichtjüdischen Kinder wiederum betrachteten uns mit Mißtrauen. Wir sahen ganz anders aus. Als Jungen trugen wir *payas*, Schläfenlocken und lange schwarze Kaftans. Auf dem Kopf saß ein runder Hut mit einer schmalen Krempe.

Die nichtjüdischen Kinder bedachten uns mit abschätzigen und beleidigenden Ausdrücken wie ›Christusmörder‹, was oftmals zu Raufereien führte. Aber im Klassenzimmer hatten wir uns alle gut zu benehmen. Wer in der Stunde beim Schwatzen erwischt wurde, mußte nach vorne kommen und empfing vom Lehrer einen Schlag mit dem Lineal auf die ausgestreckte Hand. Manchmal aber mußte man auch längere Zeit mit erhobenen Armen vor der Klasse stehen. Obwohl ich Angst vor Strafe hatte, gefiel mir die Volksschule mit der Zeit immer besser, weil ich vieles erfuhr, wovon im Cheder nicht die Rede war. Ich lernte Polnisch lesen und schreiben, Mathematik, Naturwissenschaften, Geographie und Musik. Dadurch eröffneten sich neue Welten für mich.

Wir jüdischen Kinder, vor allem die Jungen, kamen gut im Unterricht mit, weil wir es vom Cheder her gewöhnt waren, geduldig zu sein und still zu sitzen. Allerdings hatte ich, wie viele andere auch, nicht genug Geld, um die notwendigen Lehrmittel zu besorgen. Wir mußten nämlich Bücher, Bleistifte, Buntstifte und dergleichen selber kaufen. Es gab aber andere jüdische Kinder, die das nötige Geld hatten, jedoch mit ihren Hausaufgaben nicht zurecht kamen. Also half ich ihnen dabei, und sie gaben mir dafür einen Bleistift oder ähnliches. Ich nahm die Schule sehr ernst, denn meine Eltern legten Wert auf eine solide Bildung.

Mein Vater, Schulim Zimmermann, war groß, dünn, drahtig und trug einen langen schwarzen Vollbart. Seine Kleidung war traditionell, man sah ihn fast nur in schwarzem Hut und dunklem Kaftan. Er erzog uns mit viel Humor und guter Laune und ging im Sommer gerne mit uns in einem nahegelegenen Fluß schwimmen. Er verteidigte uns, wo er nur konnte, etwa wenn wir in Raufereien verstrickt waren oder Schwierigkeiten mit einem Nachbarn hatten. Eines Tages, so erinnere ich mich, kam mein Bruder Mojsche mit einem dicken roten Striemen auf der Wange nach Hause. Mein Vater verlangte eine Erklärung. Mojsche druckste ein bißchen herum und meinte schließlich, sein Banknachbar habe durch sein ungehöriges Betragen den Zorn der Lehrerin hervorgerufen. Sie wollte ihm mit dem Stock eins überziehen, verfehlte ihn jedoch und traf statt dessen Mojsches Gesicht. Mein Vater regte sich so sehr auf, daß er am nächsten Tag Mojsche höchstpersönlich zur Schule brachte. Er sprach mit dem Schulleiter und verlangte mit zornbebender, im ganzen Gebäude vernehmbarer Stimme, daß die Lehrerin sich bei Mojsche entschuldigen solle. Eher werde er nicht fortgehen. Schließlich kam die Lehrerin tatsächlich und entschuldigte sich vor meinem Vater und dem Schulleiter bei meinem Bruder.

Mein Vater stammte aus einer Familie von fünf Mädchen und zwei Jungen, so konnte er die mit beengten Wohnverhältnissen einhergehenden Kämpfe und Spannungen mit Gelassenheit ertragen. Drei seiner Schwestern hatten in Gorzkow eigene Familien, und an Feiertagen spielten Familientreffen für ihn eine wichtige Rolle. Insgesamt umfaßte unsere Großfamilie in Gorzkow an die achtzig Mitglieder.

Mein Vater war tief religiös, aber kein Fanatiker. Mit seiner Bildung hätte er auch als Rabbi lehren können, aber er wollte es nicht. Er hatte sich Russisch und Polnisch beigebracht und schrieb zu Schriften bedeutender hebräischer Gelehrter Interpretationen, die veröffentlicht wurden. Die Leute in Gorzkow respektierten ihn als Gelehrten. Darüber hinaus war er Chasan in der Synagoge und las aus der Tora. Er galt als Autorität für die Interpretation des Talmud und fungierte bei Streitigkeiten zwischen Juden in unserem Dorf als Anwalt. Die Juden trugen ihre Zwistigkeiten nicht vor polnischen Zivilgerichten aus, sondern riefen den jüdischen Gerichtshof vor Ort, den *Bet Din*, an. Bei Verhandlungen vor dem Bet Din übernahm der Dorfrabbi die Rolle des Richters und jede Partei suchte sich einen Anwalt. Mein Vater wurde häufig gebeten, das eine oder andere Mandat zu übernehmen und verlor selten einen seiner Fälle. Er verfaßte auch Petitionen in polnischer Sprache für Leute, die sich in irgendeiner Sache an eine Behörde wenden mußten.

Als ich noch klein war, konnte mein Vater die Familie angemessen ernähren. Er kaufte Korn von den Bauern, ließ es in der Mühle mahlen und verkaufte das Mehl dann in unserem Haus an die örtliche Bevölkerung. Donnerstags hatte er immer am meisten zu tun, weil dann die Frauen im Dorf Chale für den Sabbat und Brot für die ganze Woche buken. Als unsere Familie wuchs, wurde es für meinen Vater allerdings immer schwieriger, sein Geschäft mit dem Mehl im Haus zu betreiben.

Bascha, unsere Mutter, bedachte uns alle mit ihrer Liebe und gab jedem von uns das Gefühl, etwas Besonderes zu sein. Sie trug die traditionelle Perücke, die anzeigte, daß sie verheiratet war. Als junges Mädchen war sie, so erzählte man mir, mit ihren braunen Augen und hohen Wangenknochen überaus attraktiv und zog die jungen Männer des Dorfes an. Und obwohl sie als Mutter von sechs Kindern hart arbeiten mußte, indem sie nicht nur den Haushalt erledigte, sondern meinem Vater bei seinen Geschäften half und als geschickte Näherin Kleider verfertigte, sah sie immer noch sehr anziehend aus.

Unsere Eltern sorgten immer dafür, daß wir genug zu essen hatten. In einem Winter lagerte mein Vater einen Eimer Honig im Haus, so daß wir Honigbrot essen konnten, wenn wir hungrig waren. Das blieb uns lange im Gedächtnis. Ein anderes Mal kochte meine Mutter riesige Mengen Pflaumenmus in irdenen Töpfen; dann gab es im Winter Brot mit Pflaumenmus. Einmal brachte mein Onkel Mortche ein paar Gänse mit. Wir mästeten sie, ließen sie vom *Schochet* (Schächter) - dem jüdischen Metzger - auf koschere Weise schlachten, ließen das Fett aus, verarbeiteten es zu Schmalz und bewahrten es dann in großen Töpfen auf. Auch das war ein Brotaufstrich, der lange vorhielt, bis über den Winter hinaus.

Andere jüdische Familien hatten weniger Glück. In manchen Häusern mußten die Kinder im Bett bleiben, weil es so kalt war und sie keine warmen Kleider besaßen. Beheizt wurden die Häuser durch Holzöfen. Das Brennmaterial mußte von den Bauern gekauft werden, die das im Wald geschlagene Holz mit ihren Pferdewagen ins Dorf brachten. Ich erinnere mich daran, daß nach einer sehr kalten Nacht ein kleines Kind morgens von seinen Eltern tot aufgefunden wurde. Es war erfroren.

Vor Jom Kippur kaufte mein Vater üblicherweise dem Metzger eine Kuhhaut ab, die er in einer Gerberei zu Leder verarbeiten ließ. Das Leder wurde dann in handliche Stücke geschnitten und von einem Schuster zu Schuhen verarbeitet. Die Sohlen mußten extra gekauft werden. Aus einer Kuhhaut ließen sich fünf bis sechs paar Schuhe verfertigen, und so hatten wir das ganze Jahr über festes Schuhwerk. Ferner sorgten Mutter und Großvater mit ihren Nähkünsten dafür, daß wir immer ordentlich angezogen waren.

Für die Jugend gab es in Gorzkow nicht viel zu tun. Industriebetriebe fehlten, und Handwerker gab es mehr als genug. Viele arbeiteten für fast nichts. Einige Jugendliche wanderten in die Großstädte ab, um dort Arbeit zu finden, was nicht allen gelang. Die stärker religiösen Familien schickten ihre Jungen zu Jeschiwas in die größeren Städte, wo sie von der jüdischen Gemeinde vor Ort unterstützt wurden, indem sie jeden Tag bei einer anderen Familie essen konnten. Junge Mädchen aus armen Familien hatten noch weniger Möglichkeiten. Gewöhnlich verdingten sie sich als Haushaltsgehilfinnen bei den wohlhabenderen Familien in der Stadt.

Wer in Gorzkow blieb, schloß sich zumeist irgendwelchen Vereinen und Organisationen an, bei denen man Bücher, Zeitschriften und Journale einsehen und über das Gelesene diskutieren konnte.

Die meisten Jugendlichen, die einem solchen Verein angehörten, waren Zionisten, die nach Palästina auswandern wollten. Es gab linksgerichtete, rechtsgerichtete und religiöse Zionisten. Außerdem existierten noch einige sozialistische Organisationen, die sich fortwährend gegenseitig bekämpften. Isaak Frucht, der Stiefsohn meines Großvaters, war Anführer einer dieser Gruppen, weshalb Großvater ihn ›Kaiser‹ nannte. Isaak leugnete die Existenz Gottes, was regelmäßig zu Auseinandersetzungen mit meinem Großvater, einem auf geradezu fanatische Weise religiösen Mann, führte. Er sprach danach oft wochenlang nicht mit Isaak, obwohl dieser, ebenfalls Schneider, für Großvater arbeitete. Ich solle, so meinte Großvater, nicht auf Isaak hören, was aber, da wir alle unter einem Dach lebten, leichter gesagt als getan war.

Mein Großvater hieß Jisroel und war der Familienpatriarch. Er war von großem Wuchs, hatte eine breite Brust und trug einen wallenden weißen Vollbart. Er war schon über fünfzig, als er zum zweiten Mal heiratete. Isaak Frucht stammte aus der ersten Ehe seiner zweiten Frau, Briendel, mit der er noch zwei Kinder – Chana und Josef – zeugte. Bei Kriegsausbruch muß er an die siebzig gewesen sein. Er war überaus fleißig und arbeitete von morgens sechs bis abends zehn an seinem Schneidertisch. Da es in Gorzkow keine Elektrizität gab, mußte er bei Dunkelheit im Schein einer Petroleumlampe nähen. Die Bauern schätzten ihn, weil er rechtschaffen war und solide Arbeit leistete. Vor bestimmten christlichen Feiertagen brauchten sie oftmals Kleider für die ganze Familie, darum holten sie Großvater samt seiner Nähmaschine zu sich auf den Hof. Großvater nahm dann immer seine eigenen Kochutensilien mit, weil er koscher aß und darauf Wert legte, sich sein Essen selbst zuzubereiten. Die Bauern gaben ihm Kartoffeln oder Grütze und Bohnen. Die Milch mußte direkt in seinen Topf gemolken werden, denn ein anderer Behälter war vielleicht nicht koscher.

In den meisten Fällen begleitete Isaak Großvater zu den Bauern. Manchmal wurde auch ich mitgenommen, und wir blieben eine ganze Woche lang auf dem Hof. Ich mußte dann darauf achten, daß die Milch ordnungsgemäß abgefüllt wurde. Am Freitagnachmittag wurden wir wieder zurückgebracht, damit wir den Sabbat zu Hause verleben konnten. Manchmal bekam mein Großvater noch etwas

Kascha, ein paar Bohnen, Kartoffeln, oder ein bißchen Mehl mit auf den Weg, denn die Bezahlung war nicht sehr gut. Die Bauern waren arm, und der Konkurrenzkampf unter den Schneidern im Dorf hart. Zu Hause aßen wir meist Suppe und Brot, manchmal gab es auch Heringe. Fleisch jedoch kam kaum einmal auf den Tisch. Am Freitag aber wurde Chale für den Sabbat und Brot für den Rest der Woche gebacken. Hühnchen war eine besondere Delikatesse, weil es nicht für uns alle reichte, aber mit etwas zusätzlichem Rindfleisch und Fett zauberte meine Mutter eine ausgezeichnete Mahlzeit daraus.

Traditionellerweise wurde das Sabbatessen mit einem Stück Fisch eröffnet. Insbesondere Großvater, dessen Frau sehr gut kochen konnte, wich davon nicht ab. Unsere Nachbarin Sarah Finkelstein, die als Sarah Baschis bekannt war, verkaufte Fisch. Wenn sie all ihre Kunden beliefert und noch einen großen Fisch übrig hatte, bekam ihn Großvater etwas billiger. Meistens jedoch kaufte er die kleineren, nicht so teuren Fische.

Der Sabbat war ein wichtiger Tag für die jüdische Gemeinde. Am Sabbat konnte man die Sorgen und den Alltagsärger der Woche vergessen und sich wie in Abrahams Schoß fühlen. Auch bei uns wurden am Sabbat keine Alltagsprobleme diskutiert, statt dessen drehte sich alles um die Kinder. Am Freitagabend, nach dem Sabbatessen, sagten wir stolz vor der ganzen Familie die Abschnitte aus der Tora auf, die wir im Cheder gelernt hatten. Meine Eltern strahlten vor Stolz. Später kamen meine Tanten und ihre Kinder zu uns herüber, die ebenfalls zeigten, was sie gelernt hatten.

Es gab in Gorzkow ein großes Badehaus (Mikwe), das alle jüdischen Jungen und Männer am Freitagnachmittag in Vorbereitung auf den Sabbat besuchten. Der Mann, der sich um das Badehaus – ein Schwitzbad – kümmerte, hieß bei uns nur ›Ruven, der Bader‹. Wenn das Bad am Freitagnachmittag angerichtet war, schickte er seine Tochter los, die mit einer Pfanne und einem großen Löffel lärmend durchs ganze Dorf zog, um anzukündigen, daß das Bad jetzt aufgesucht werden könne. Natürlich ging auch ich mit meinem Vater und meinen vier Brüdern dorthin. In einer Ecke waren Steine aufgeschichtet, die Ruven zuvor über einem Feuer erhitzt hatte, und die er nun mit Wasser begoß, um Dampf zu erzeugen. Wir saßen auf übereinanderliegenden Holzbänken, die bis unter die Decke reichten. Für ein geringes Aufgeld erhielt man ein Bündel Birkenzweige, an denen noch die Blätter hingen. Die Kinder saßen weiter unten und die Erwachsenen weiter oben, wo es heißer war. Dann schlugen sie einander mit den Birkenzweigen auf den Rücken, um sich zu massieren. Mein Vater hängte unsere Kleider ganz nach oben an die Deckenbalken, wo die Hitze am größten war. Wenn wir nach einigen Stunden das Dampfbad verließen, war alles Ungeziefer, das sich eventuell in unseren Sachen festgesetzt hatte, verschwunden.

Bevor die Sonne unterging, wanderte Ascher, der Schames (Synagogendiener), durchs Dorf und klopfte an die Fensterläden und Türen, um anzukündigen, daß es nun Zeit sei, die Synagoge aufzusuchen. Alle Arbeitshandlungen mußten eingestellt werden. Einige jüdische Familien waren so arm, daß es nicht einmal für das Sabbatessen reichte. So suchten einige Frauen aus dem Dorf die wohlhabenderen Familien auf, um Lebensmittel für die Armen zu sammeln, die sie denen dann durch die Hintertür hineinreichten, um ihren Stolz nicht zu verletzen. Auf diese Weise konnten diese Familien ihr Gesicht wahren.

Bei Sonnenuntergang machten sich alle Jungen und Männer zum Gottesdienst in die Synagoge auf. Danach kehrten sie in ihre Häuser zurück zum Sabbatmahl. Am nächsten Morgen wurde erneut ein Gottesdienst abgehalten, dann ruhte, gemäß den religiösen Vorschriften, den ganzen Tag lang die Arbeit.

Als ich elf war, veränderte sich unser Familienleben in Gorzkow grundlegend. Meine Mutter hatte eine Fehlgeburt, in deren Folge sich eine Infektion entwickelte. Sie lag eine Weile krank bei uns zu Hause im Bett, dann mußte sie auf Anordnung der Ärzte ins Krankenhaus. An einem Samstag wurde sie von ihrem Vetter Sindel Honigmann mit dem Pferdewagen in die zehn Kilometer entfernte Kleinstadt Krasnystaw gebracht, wo sich das nächstgelegene Krankenhaus befand. Obwohl Juden aus religiösen Gründen am Sabbat eigentlich nicht reisen dürfen, hatte es der Rabbi erlaubt, weil es um ein Menschenleben ging. Mein Vater begleitete den Wagen zu Fuß, weil er am Sabbat nicht reiten wollte.

Meine Mutter blieb nicht lange im Krankenhaus von Krasnystaw, weil die Infektion sich ausbreitete und man noch nicht über wirksame Gegenmittel verfügte. Die Ärzte schickten sie nach Lublin. Sie fuhr in Begleitung meines Vaters mit dem Bus dorthin, doch es war bereits zu spät. Sie starb einige Wochen darauf, am 17. Juni 1929.

Eine Woche vor ihrem Tod nahm mein Vater seine drei ältesten Söhne – Meyer, Mojsche und mich – mit zu ihr ans Krankenbett, damit sie uns noch einmal sehen könne. Meine Brüder fuhren danach nach Gorzkow zurück, während ich mit meinem Vater bis zuletzt bei ihr blieb. Sie wurde auf dem jüdischen Friedhof in Lublin begraben, an einem schönen, sonnigen Tag, der für mich der traurigste meines Lebens war. Als sie krank wurde, nähte sie gerade an einem Mantel für mich. Das Material stammte von einem Militärmantel, den sie auf meine Maße zurechtgeschnitten hatte. Noch im Bett saß sie und nähte, aber der Mantel wurde nicht mehr fertig.

Leben in der Großstadt

Meine Mutter hatte einen Bruder, Onkel Schlojme, der ein paar Jahre vor ihr geheiratet hatte und in einem Vorort von Lublin lebte. Nach dem Begräbnis schlug er meinem Vater vor, daß ich für eine Weile bei ihm wohnen solle. Später ließe sich dann entscheiden, wie es weitergehen könne. Onkel Schlojme wußte, daß mein Vater es kaum schaffen würde, ohne seine Frau für sechs Kinder zu sorgen. Vater stimmte dem Vorschlag zu, weinte aber, als er mir Lebewohl sagte. Es kam ihn hart an, nach dem Tod seiner Frau sich auch gleich noch von seinem ältesten Sohn trennen zu müssen. Auch ich war sehr traurig, denn ich wäre gern mit ihm zurück nach Gorzkow gefahren. Schließlich aber ließ ich mich dazu überreden, in der Stadt zu bleiben. Daran hatten auch zwei unverheiratete Schwestern meines Vaters Anteil, die als Bedienstete bei reichen Leuten in Lublin arbeiteten. Sie waren ebenfalls dafür, daß ich in Lublin blieb.

Onkel Schlojme besaß in Kosminek, einem etwas außerhalb von Lublin gelegenen Industrieviertel, einen Lebensmittelladen. Der Ort bestand im wesentlichen aus von gewaltigen Schornsteinen überragten Fabrikanlagen, in denen unter anderem Schnaps und Hefe hergestellt wurden; ferner gab es einen Bahnhof und ein Wohngebiet für die Arbeiter. Kosminek lag zwischen Lublin und Majdanek, wo die Deutschen später ein Konzentrationslager errichteten. Mein Onkel lebte samt Anhang – Frau, zwei kleine Kinder, Schwiegermutter und Schwager – in einer Zweizimmer-Wohnung hinter dem Laden. Mein Bett bestand aus einem Brett, das auf zwei Stühlen lag, und einem Strohsack. Im ersten Jahr nach dem Begräbnis stand ich jeden Morgen sehr früh auf, um in der drei Kilometer entfernten Synagoge das Kaddisch für meine Mutter zu sprechen.

Mein Onkel und seine Frau waren sehr nett zu mir, aber die Schwiegermutter achtete immer darauf, daß ich beschäftigt war. Sie hatte, bevor mein Onkel ihre Tochter heiratete, den Laden geführt. Ihr einziger Sohn war sehr gebildet, aber faul und ziemlich dick. Er kümmerte sich um überhaupt nichts im Geschäft, während ich die ganzen Botengänge erledigen mußte. Ich vermißte mein Zuhause sehr. Aber mittlerweile war ich zwölf, und von Jungen in einem solchen Alter wurde schon erwartet, daß sie einen Beruf lernten, ein bißchen Geld verdienten und für sich selbst sorgten. Mein Onkel versprach mir, daß er sich um einen Arbeitsplatz für mich kümmern werde. Derweil erledigte ich Aufgaben im Haushalt, kümmerte mich um die Kinder und stand hinter der Ladenkasse. Das schrecklichste für mich war, die Kinder ins Bett bringen zu müssen. Der Junge schrie stundenlang, bevor er einschlief, und ich mußte ihn die ganze Zeit in der Wiege schaukeln.

Am liebsten hielt ich mich im Laden auf. Ich lernte sehr schnell und kannte binnen eines Monats alle Kunden, zumeist Fabrikarbeiter. Sie kauften auf Kredit ein und bezahlten alle zwei Wochen, nachdem sie ihren Lohn erhalten hatten. Ihre Einkäufe vermerkte ich in einem Buch, damit nichts verlorenging und die Rechnung stimmte. Wenn niemand hinschaute, bediente ich mich auch schon einmal selbst, nahm mir ein Stück Käse, ein paar Bonbons, oder Sardinen, die in einer Holzschachtel lagen und nach Gewicht verkauft wurden. Ich war andauernd hungrig. Oft nahm mein Onkel mich mit in die Stadt, wo er Lebensmittel im Großhandel einkaufte. Ich half ihm beim Heimtransport. Später schickte er mich alleine los, und ich schleppte an, soviel ich tragen konnte.

Nach ein paar Monaten kannte ich mich im Laden aus und Onkel Schlojme ließ mir freie Hand, wenn er mit seiner Frau irgendwo hinfuhr. Ich erinnerte ihn aber auch daran, daß ich bezahlte Arbeit brauchte, denn bei ihm hatte ich zwar Kost und Logis frei, bekam aber sonst keinen Groschen.

Das jüdische Neujahrsfest rückte näher, und ich wollte die Festtage gerne bei meiner Familie verbringen. Mein Onkel gab mir das Geld für die Busfahrt. In Gorzkow waren alle meine Verwandten froh, mich wiederzusehen, und auch ich war glücklich. Allerdings war ohne Mutter doch alles anders. Vater hatte seinen Mehlhandel stark einschränken müssen, um sich den Kindern widmen zu können. Mein Bruder Meyer war ihm dabei eine große Hilfe, denn er kümmerte sich um Mojsche, Irving und Motel. Das war nicht ganz einfach, vor allem was Mojsche anging, der ein ziemlich ungezogener Bursche war. Oftmals weigerte er sich, zur Schule zu gehen, so daß Meyer und ich ihn an Händen und Füßen packen und dorthin tragen mußten. Im Unterricht verhielt er sich allerdings ruhig, weil er die harten Strafen des Lehrers fürchtete. Motel wiederum war ein hervorragender Schüler, der ohne weitere Probleme brav lernte und wenig aß, weil er sich ausschließlich für die Schule zu interessieren schien. Irving schließlich hatte einen gutmütigen Charakter. Er spielte Großvater gerne Streiche und besuchte seine Onkel und Tanten, die ihm meist irgendwelche Süßigkeiten zusteckten, denn er war sehr vernascht. Großvater behandelte meine Brüder sehr gut und überaus großzügig, obwohl er selbst noch zwei Kinder hatte, für die er sorgen mußte. Um meine Schwester Bella, die damals drei Jahre alt war, kümmerte sich Tante Schindel, eine Schwester meines Vaters. Sie und ihre drei Töchter nahmen Bella ohne viel Worte bei sich auf.

In Gorzkow gab es für mich nichts zu tun. Die Jugendlichen dort beneideten mich um mein Leben in Lublin, wo es natürlich ganz andere Möglichkeiten gab als auf dem Dorf. Sie träumten auch davon, in der Großstadt zu leben, noch lieber aber wären sie nach Übersee ausgewandert.

Als vier Wochen vergangen waren, mußte ich nach Lublin zurück. Es fiel mir nicht leicht, weil Onkel Schlojmes Schwiegermutter mich ewig mit Arbeit bedachte und zudem dafür sorgte, daß ich nicht vergaß, was für einen großen Gefallen sie mir dadurch erwies, daß sie mich aufnahm. Mein Großvater nähte den Wintermantel, den meine Mutter noch auf dem Krankenbett begonnen hatte, zu Ende. Das war gut so, denn die kalte Jahreszeit nahte heran.

Als ich wieder in Kosminek war, redete Onkel Schlojme mit einem Vetter in Lublin über die Möglichkeit, bezahlte Arbeit für mich zu finden. Dieser Vetter arbeitete für einen Eisenwarengroßhändler in der Szpitalny-Straße. Gleich nebenan befand sich eine Pulloverfabrik, deren Besitzer er ansprechen wollte. Tatsächlich lud dieser, Berisch Krempel, mich zu einem Vorstellungsgespräch und stellte mich als Laufburschen ein. Ich bekam pro Woche drei Zloty (etwa fünf Mark). Ich war sehr glücklich, daß ich nun einen Beruf erlernen konnte. Die Strickwarenproduktion stand höher im Kurs als das Schneider- oder Schusterhandwerk. Ich durfte bei meinem Onkel wohnen bleiben, denn die drei Zloty reichten natürlich nicht fürs Leben.

In Krempels Pulloverfabrik arbeiteten insgesamt 20 Arbeiter und Arbeiterinnen an zehn Strickmaschinen sowie etlichen Handschuh- und Spinnmaschinen. Ich hatte so etwas noch nie zuvor gesehen. An den Maschinen wurden die Einzelteile der Pullover gefertigt, die ich dann in ganzen Bündeln zu Frauen in der Nachbarschaft trug. Diese nähten die Teile zusammen, und ich nahm die fertigen Pullover wieder mit. Vor der Fabrik betrieb Frau Krempel einen kleinen Laden, in dem die Pullover einzeln verkauft wurden. Der größte Teil wurde en gros an Warenhäuser in Lublin vertrieben. Die Krempels wohnten direkt gegenüber der Fabrik. Ihre beiden Söhne waren nur wenig älter als ich und besuchten das Gymnasium.

Ich ging jeden Morgen von der Wohnung meines Onkels zu Fuß zur Arbeit und abends den gleichen Weg zurück, insgesamt an die acht Kilometer. Außer meiner Arbeit als Laufbursche mußte ich noch ausfegen und den Frauen helfen, die Wolle vom Rocken auf Spulen zu spinnen. Mein Ziel aber bestand darin, die Bedienung der Strickmaschinen zu erlernen, denn das war gut bezahlte Arbeit. Bei der Einstellung hatte Herr Krempel versprochen, mir Gelegenheit dazu zu geben. Wann immer sich die Möglichkeit bot, bat ich einen Arbeiter, mir alles zu zeigen, was zu machen war. Außerdem lernte ich viel durch Beobachtung und versuchte auch selbst eine Maschine zu bedienen, wenn sie gerade nicht in Betrieb war. Nach einem Jahr in der Fabrik lernte ich den Umgang mit einer kleineren Maschine, die einzelne Pulloverteile wie Taschen, Gürtel und Kragen, aber auch Schals anfertigte. Ich bat Herrn Krempel um eine Gehaltserhöhung, und er gab mir einen Zloty pro Woche mehr, so daß ich nun vier Zloty verdiente. Außerdem brachte ich die Post weg, verrichtete Büroarbeiten und trug das Bargeld zur Bank, was mir immer etwas Angst machte, weil ich bisher nie so große Summen bei mir gehabt hatte.

An den jüdischen Feiertagen fuhr ich heim. Die Jungen in Gorzkow beneideten mich immer noch um meine Arbeit in der Großstadt. Ich erzählte ihnen nicht, daß ich gerade mal vier Zloty in der Woche verdiente. Nach einem Jahr Arbeit hatte ich genug Geld gespart, um mir einen Anzug, ein Hemd und ein paar Schuhe kaufen zu können.

Wenn ich abends nach Hause kam, bat mich mein Onkel bisweilen, noch einmal nach Lublin zu gehen und Vorräte für seinen Laden einzukaufen. Das Leben war nicht immer einfach, aber ich freute mich darauf, Stricker zu werden – ein Mann mit einem Beruf. Als ich 13 wurde, nahm mich Onkel Schlojme eines Samstags mit in die Synagoge. Dort wurde ich auf die Kanzel gerufen und las aus der Torah vor. Das war mein Bar Mitzwah – ohne Feier und ohne Verwandte, mit Ausnahme meines Onkels. Es war nett von ihm, daß er diesen Aufwand betrieb, aber zugleich machte die Situation mir deutlich, wie sehr mir die Familie fehlte.

Herr Krempel war in Lublin eine bekannte Persönlichkeit. Er war Sozialist, gehörte zum Führungskreis des ›Bund‹ (der Jüdisch-Sozialistischen Arbeiterpartei) und saß als dessen Abgeordneter im Stadtrat. Am 1. Mai marschierte er an der Spitze des Festumzugs und schwenkte eine rote Fahne. So trat er öffentlich auf. In seiner Fabrik war er ganz anders. Während meines zweiten Arbeitsjahres hatte ich alles für die Bedienung der Maschinen Notwendige gelernt, er jedoch wollte mich nicht als Stricker arbeiten lassen, weil er mir dann mehr Lohn hätte auszahlen müssen. Ich hätte seinen Betrieb gerne verlassen, um zu der anderen Pulloverfabrik in Lublin zu wechseln. Dort wollte man mich jedoch nicht haben, weil ich zu jung war.

Wieder und wieder bat ich Krempel um eine Lohnerhöhung, und immer antwortete er, daß die regulären Arbeiter nur in der (zwei bis drei Monate dauernden Saison) Geld bekämen, ich aber das ganze Jahr über. Er wußte natürlich, daß ich keine Alternative hatte.

Mit 14 fuhr ich wieder in den Ferien zurück nach Hause und blieb sechs Monate lang in Gorzkow. Ich hatte es satt, von Krempel und Onkel Schlojmes Schwiegermutter übervorteilt zu werden. Obwohl bei uns daheim alles äußerst knapp war, verstand mein Vater meine Beweggründe und sagte, ich könne bleiben, so lange ich wolle. Ich verstand ein wenig vom Schneidern und half Großvater bei seiner Arbeit.

An den Abenden ging ich mit Isaak Frucht zu seinem sozialistischen Klub, um dort den Gesprächen zuzuhören und an Tanzveranstaltungen teilzunehmen. Ich lernte sogar ein bißchen Geige spielen. Im Klub gab es diverse Musikinstrumente, die Gemeinschaftseigentum waren. Außerdem besaß der Klub eine Bibliothek, und so fing ich an zu lesen. Das erste Buch, das mir in die Hände fiel, machte auf mich einen so tiefen Eindruck, daß ich mich immer noch daran erinnere. Es war aus dem Englischen ins Jiddische übersetzt worden und stammte von einem amerikanischen Autor namens Jay Jasinski. Es hieß *Natur und Wissenschaft*. Es öffnete mir die Augen für die Vorgänge in der Natur, vor allem für den Evolutionsprozeß. Außerdem faszinierten mich die Astronomie und die Entwicklung der Technologie. Das Buch erschien mir deshalb so interessant, weil ich bis dahin an die biblische Version der Schöpfung geglaubt hatte. Ich las in jenem Winter sehr viel und blieb bis kurz nach dem Pessach-Fest in Gorzkow.

In jedem Jahr buk mein Vater zum Pessach-Fest im Haus meiner Tante Hantsche Mazze (ungesäuerte Brote) für die Leute im Dorf. Tante Hantsches Haus war sehr viel geräumiger als unseres und hatte auch einen größeren Backofen. Vater sorgte dafür, daß das Getreide für die Mazze in einem besonderen Teil der Mühle gemahlen wurde, damit das Mehl koscher sei. Die Leute kauften eine bestimmte Menge Mehl für ihre Mazze, die mein Vater dann für sie buk.

Bezahlt wurde nach dem Gewicht des Mehls. Der Backvorgang wurde fast fließbandmäßig organisiert: Mein Vater verpflichtete 15 bis 20 junge Mädchen, die den Teig machten, ausrollten und zu runden Mazze formten, die mein Vater dann in den Ofen schob. Auch wir Kinder halfen mit, wenn es möglich war. Es gab jede Menge zu tun, und die Arbeit war hart; schon vier Wochen vor dem Fest wurde mit dem Backen begonnen.

Im Anschluß an das Pessachfest kehrte ich in die Krempelsche Fabrik zurück. Einmal belieferte ich ein Fußballteam der Oberliga mit Wollsocken und bekam dafür vom Verein zwei Eintrittskarten für das nächste Spiel geschenkt. Das Spiel, das ich zusammen mit einem Freund besuchte, wurde zwischen einer bekannten polnischen Mannschaft namens Polonia und einem jüdischen Fußballteam aus Wien, das sich Hakoach nannte, ausgetragen. Ich fand das Spiel äußerst spannend, auch und vor allem deshalb, weil Hakoach gewann. Das polnische Publikum stand kurz davor, Krawall zu machen, weil Polonia ausgerechnet gegen eine jüdische Mannschaft verloren hatte. Das konnten die Zuschauer nicht verkraften.

An den Wochenenden spielte ich Fußball in einem kleinen jüdischen Verein, ferner Tischtennis bei jüdischen Organisationen, und ich ging häufig zu Vorträgen jüdischer Redner.

Etwa drei Jahre lang arbeitete ich bei Krempel für vier Zloty pro Woche. Ich erkannte, daß es in dieser Fabrik keine Zukunft für mich gab. Offiziell erhielt ich keine Maschine, an der ich arbeiten konnte, ich sprang jedoch ein, wenn ein Arbeiter krank wurde oder wenn besonders viel zu tun war. Das eigentliche Zentrum der Strickindustrie war, wie ich wußte, die Hauptstadt, Warschau. Dort wollte ich hin, aber ich kannte niemanden, und Geld hatte ich auch nicht. In Lublin hielt mich nichts mehr. Ich war gut ausgebildet und konnte an unterschiedlichen Maschinentypen, an Flach- und Rundstrickmaschinen gleichermaßen arbeiten. Darüber hinaus wußte ich, wie abgenutzte Teile zu reparieren waren. In Krempels Fabrik standen Maschinen aus Deutschland und England. Sie waren teuer und Ersatzteile zu beschaffen kostspielig, so mußten wir wissen, wie wir sie reparieren und notfalls auch auseinandernehmen und wieder zusammensetzen konnten.

Ich gab meinen Job auf, verließ Lublin und fuhr nach Gorzkow zurück. Ich war jetzt 15 Jahre alt. Mir fiel ein, daß in Warschau jemand lebte, der aus unserem Dorf stammte, und bat meinen Vater, die Adresse von dessen Verwandten hier bei uns zu besorgen.

Mein Vetter Sindel Honigmann arbeitete als Angestellter in einem Transportunternehmen in Lublin. Er war fleißig, kräftig gebaut und hatte viel Sinn für Humor. Über seine Körperstärke wurden viele Geschichten erzählt, von denen ich eine hier wiedergeben möchte. In jedem Frühling zogen junge polnische Rekruten durch Gorzkow, die im nahegelegenen Kranystow ihrem Einberufungsbefehl Folge zu leisten hatten. Mit Vorliebe ließen sie ihren antisemitischen Gefühlen freien Lauf, und schlugen auf ihrem Weg durch das Dorf Juden zusammen. Einmal wurde Sindel, der ganz allein auf der Straße war, von drei Rekruten mit Schmähworten provoziert. Sindel zahlte mit gleicher Münze heim, woraufhin einer der drei mit einem Faustschlag antwortete. Sindel packte ihn, schleuderte ihn herum und traf die beiden anderen so, daß sie bewußtlos zu Boden fielen. Danach genügte es, wenn Sindel in der Dorfstraße auftauchte, um den Rekruten die Lust auf antisemitische Prügeleien auszutreiben.

Sindel hatte bei der Transportfirma dafür zu sorgen, daß Lebensmittel wie Eier, Fleisch oder Früchte von den Erzeugern zu den Einzelhändlern gelangten. Nachdem mein Vater Namen und Adresse unseres Bekannten in Warschau herausgefunden hatte, konnte Sindel mir eine Mitfahrgelegenheit auf einem Lastwagen verschaffen.

Ich brauchte lange, um unseren Bekannten, Sucher Borgenstein, in Warschau zu finden. Er war Schneider und hatte eine kleine Werkstatt in seinem Haus. Ich erzählte ihm von meinen Plänen. Er war sehr nett, gab mir etwas zu essen und sagte mir, wie ich die Gewerkschaft der Textilarbeiter finden könnte. Deren Büro war nämlich erst vor kurzem von der Regierung dichtgemacht worden, und so wurden die Organisationsgeschäfte auf offener Straße betrieben. Sucher und seine Frau luden mich ein, am Abend wiederzukommen und zu berichten, was ich erreicht hätte. Sie boten mir sogar an, mich bei sich aufzunehmen. Sucher erzählte mir auch von anderen Leuten aus Gorzkow, die in der Nachbarschaft wohnten. Er gab mir das Gefühl, in der Großstadt nicht allein zu sein. Außerdem nannte er mir einen Gewerkschaftsfunktionär, den ich ansprechen könnte.

Endlich fand ich die Straße, in der die Gewerkschaft an jenem Abend ihre Versammlung abhielt. In Warschau waren die Straßen immer voller Menschen, die am Abend spazierengingen. Das galt vor allem für das jüdische Viertel rund um die Zamenhofa-, Nalewki-, Gesia- und Pawia-Straße. An der Ecke Gesia- und Zamenhofa-Straße befand sich eine große Uhr, die ein beliebter Treffpunkt war. In diesem Viertel gab es keine Autos, weil die Menschen sich gar keine hätten leisten können. Das einzige Verkehrsmittel war die Straßenbahn.

Endlich traf ich auf den Gewerkschaftsfunktionär. Wir vereinbarten einen Termin für den nächsten Tag. Er würde versuchen, eine Stelle für mich zu finden. Die Textilarbeitergewerkschaft war, wie ich herausfand, gut organisiert und hatte einige tausend Mitglieder. Die Bezahlung in den Fabriken war sehr gut und erfolgte zumeist auf der Basis von Stücklohn. Die Disziplin in der Gewerkschaft ließ nichts zu wünschen übrig: einem Streikaufruf folgten alle Mitglieder bedingungslos, Streikbrecher gab es nicht. Schon bald nach meinem Treffen mit dem Funktionär konnte die Gewerkschaft ihr Büro wieder öffnen.

Der Funktionär verwies mich an eine Pulloverfabrik in der Nalewki-Straße, ein Unternehmen, das die Gebrüder Falk betrieben. Ich wurde sofort eingestellt und konnte an einer mir vertrauten Maschine arbeiten. Man bezahlte mich ganz normal nach dem durchschnittlichen Stücklohn. Der Arbeitstag dauerte zwölf Stunden, was mir nur recht war, denn so konnte ich mehr produzieren und mehr verdienen. Am Ende der ersten Woche erhielt ich fast hundert Zloty ausbezahlt. In Anbetracht der vier Zloty, die ich bei Krempel verdient hatte, kann man sich mein Erstaunen sicher vorstellen.

Eine Woche lang blieb ich noch im Haushalt von Sucher, und er war großzügig zu mir wie ein Vater. Aber ich wollte seine Gastfreundschaft nicht ausnutzen und sah mich nach einer eigenen Wohngelegenheit um. An meinem ersten freien Tag, einem Samstag, zog ich zur Familie Friedmann in die Pawia-Straße. Sie hatten nicht viel Geld und waren froh, einen Untermieter zu finden.

Die Fabrik, in der ich arbeitete, besaß zehn Strickmaschinen, die im ersten Stock eines Gewerbegebäudes standen. Als ich 1932 nach Warschau kam, fing gerade die Arbeitssaison für den Winter an, die für gewöhnlich die Monate August bis Oktober umfaßte, und in der Fabrik wurde in zwei Schichten zu jeweils zwölf Stunden gearbeitet. Wir fingen am Samstagabend an und arbeiteten bis Freitagmittag, also sechs Tage die Woche. Meine erste Saison dauerte vier Monate. Die Arbeit war sehr anstrengend, und am Ende der Schicht war ich völlig erschöpft. Aber ich erholte mich schnell, denn ich war erst 15 und in guter körperlicher Verfassung.

Die Nalewki-Straße war eine lange, ausschließlich von Fabriken und Lagerhäusern gesäumte Durchfahrtsstraße. Hier kamen Kaufleute aus dem ganzen Land hin, um für ihre Geschäfte Waren einzukaufen. Der Hinterhof, in dem die Fabrik der Gebrüder Falk lag, führte auf eine Gasse, die die Zamenhofa-Straße mit der Nalewki-Straße verband. Auch hier befanden sich viele Unternehmen, die ihre Waren (Textilien, Strickwaren, Maschinen) an den Einzelhandel verkauften. Mein Chef, Herr Falk, hatte nicht nur die Produktionsstätte, sondern auch seine Wohnung im ersten Stock des Gebäudes. Dort lebte auch seine bereits betagte Mutter, die bisweilen zu uns in die Nachtschicht kam und Geschichten erzählte, wie etwa die von den Eichhörnchen, die im Sommer Nüsse sammeln, damit sie im Winter genug zu essen haben. Offenkundig wollte sie uns zu Fleiß und Sparsamkeit anhalten. Aber dazu bedurfte es keiner Ermunterung.

Tag- und Nachtschicht wechselten wöchentlich. Die Nachtschicht war besonders ermüdend; gelegentlich mußte ich mich für ein paar Minuten hinsetzen und ausruhen. Die Maschinen waren auf stabile Tische geschraubt und wurden per Hand betrieben; motorbetriebene Maschinen gab es nur in den ganz großen Fabriken. Ich mußte den Strickkopf der Maschine mit der Hand hin und her bewegen, was keine leichte Arbeit war. Mir gegenüber arbeitete ein etwa 40jähriger Mann namens Lasar an einer anderen Maschine. Er hatte eine große Narbe im Gesicht. Während wir arbeiteten, erzählte er mir Geschichten aus der niedergeschlagenen russischen Revolution von 1905. Er hatte an ihr teilgenommen und war dabei von einem zaristischen Soldaten angeschossen worden. Daher also rührte die Narbe. Er wurde inhaftiert und dann nach Sibirien deportiert. Dort verbrachte er zwölf Jahre im Gefängnis. 1917 befreiten ihn die Bolschewisten. Ich mochte Lasar und hörte seinen Geschichten gerne zu. Allerdings arbeitete er, obwohl er älter und erfahrener war, langsamer als ich. Er mußte sich öfter hinsetzen und ausruhen und sagte mir dann immer, daß er mich um meine Jugend und meine Energie beneide.

Einen Teil meines Verdienstes brachte ich auf ein Sparkonto des örtlichen Postamts, das zugleich als Bank fungierte. Ich schickte auch meinem Vater etwas Geld, zahlte meinem Onkel Mortche zurück, was er mir für meine Reise nach Warschau geliehen hatte und kaufte ein paar Sachen zum Anziehen. Aus billigen Wollresten verfertigte ich für meine Schwester Bella sowie für Tante Schindel und ihre drei Töchter, die sich so rührend um Bella kümmerten, Pullover und Hüte. Meinen Brüdern kaufte ich warme Unterwäsche und Pullover. Ich nahm alles mit, als ich zum jüdischen Neujahrsfest nach Gorzkow fuhr. Meine Schwester sah sehr schön aus in ihren neuen Sachen und wurde von ihren Freundinnen gebührend bewundert. Sie muß damals sechs Jahre alt gewesen sein.

Mein Bruder Meyer betätigte sich mittlerweile in Gorzkow als Hausierer. Er ging auf die Bauernhöfe und kaufte landwirtschaftliche Produkte, die er dann im Dorf mit etwas Gewinn weiterverkaufte. Viele Menschen auf dem Land verdienten ihr Geld auf diese Weise. Mojsche und Irving lernten bei ihrem Großvater das Schneiderhandwerk, während Motel für all das noch zu jung war.

Es war mein erster Besuch in der Heimat, seit ich in Warschau Arbeit gefunden hatte. Meine Familie war sehr stolz auf mich, und mein Vater sagte, er hoffe, ich würde einmal Pulloverfabrikant und ein reicher Mann werden.

Als ich nach dem Neujahrsfest im Oktober 1934 nach Warschau zurückkehrte, war die Saison vorbei. Ich wurde, wie viele andere auch, entlassen. Im Juli gab es wieder mehr Arbeit, aber bis dahin mußte man essen und Miete zahlen. Zum Glück reichten meine Ersparnisse auf dem Konto der Postbank. Die Geschichte mit den Eichhörnchen hatte ich mir gut gemerkt.

Die langen Zeiten der Beschäftigungslosigkeit in der Pulloverindustrie waren äußerst demoralisierend. Zwar waren die Löhne im

Vergleich zu anderen Industriezweigen relativ hoch, aber mit der Verschlechterung der Wirtschaftslage wurde auch die eigentliche Arbeitssaison immer kürzer. Davon war natürlich nicht nur ich betroffen, und es ging auch nicht nur der Pulloverindustrie schlecht. Die Weltwirtschaftskrise machte sich überall in Polen bemerkbar. Tausende von Arbeitslosen wanderten durch die Städte und über Land, auf der Suche nach einer Anstellung oder wenigstens einer Mahlzeit.

Um die hohe Arbeitslosenrate unter den Warschauer Juden zu senken, waren diverse Organisationen darum bemüht, Arbeitsplätze zu schaffen oder zu vermitteln. Das *American Jewish Joint Distribution Committee* und die jüdische Emigranten-Hilfsorganisation HIAS (*Hebrew Immigrant Aid Society*) sorgten für Aufträge aus England, Frankreich und den Vereinigten Staaten: nachgefragt wurden Handschuhe, Baskenmützen, Schals und Strümpfe. Diese Organisationen vergaben dann Aufträge an kleinere Hersteller (sogenannte *Chalupniks*), die die Sachen in Heimarbeit fertigten. Die Bezahlung war niedriger, aber die Gewerkschaften protestierten nicht, weil damit vielen Arbeiter geholfen war, wenn auch nicht für allzu lange Zeit.

Also galt es, neben diesen Kurzzeitverträgen noch andere Beschäftigungsmöglichkeiten zu finden. Ein Freund, der Schuhe herstellte, bekam seine Aufträge von einem Großhändler und nahm die Arbeit mit nach Hause. Dort zeigte er mir, wie ich ihm helfen könne, und so war ich vier bis fünf Wochen lang für ihn tätig.

Trotz der schlechten Wirtschaftslage, trotz Armut und Antisemitismus lebte ich gerne in Warschau. Ich hatte eine Unterkunft und konnte Geld für magere Zeiten sparen. Ich träumte sogar davon, meinen Vater und meine Brüder nach Warschau zu holen, weil sie sich hier gegenüber dem Heimatdorf nur verbessern konnten.

Rachmiel Friedmann, bei dem ich als Untermieter wohnte, hätte es wohl auch gern gesehen, wenn ich bei ihm zu Abend gegessen hätte, aber ich wollte nicht zur Familie gehören. Manja machte mir schöne Augen, und auch ich mochte sie gern, fühlte mich aber noch zu jung für eine ernsthafte Bindung. Allerdings gingen wir manchmal ins Kino oder spazierten durch den Park.

Das kulturelle Leben in Warschau konnte sich sehen lassen. Im Makkabi-Klub, einer jüdischen Sozialorganisation, konnte ich zu einem Bruchteil des Normalpreises Kinokarten kaufen und so die neuesten Filme aus den Vereinigten Staaten sehen, die polnisch untertitelt waren. Auch für Opernmatineen gab es im Klub billige Karten. Im Sommer ruderten wir auf der Weichsel in die Vorstädte von Warschau und versuchten dabei, die antisemitischen Schmähungen, die uns von Jugendlichen zugebrüllt wurden, zu überhören.

Am Abend besuchte ich gerne mit einigen Freunden und Freundinnen Vorträge prominenter Redner aus verschiedenen jüdischen Parteien. Ein beliebter Treffpunkt war dabei der Krasinski-Park, der im jüdischen Viertel lag, nahe der Zamenhofa-Straße. Dort waren wir sicherer als im Saski-Park an der Marszalkowska-Straße. Vor dem Eingang zum Saski-Park stand ein Wachmann, der, sowie er jemanden als Juden erkannte, etwas an dessen Kleidung beanstandete, um ihm keinen Einlaß gewähren zu müssen. Damit tat er uns unabsichtlich einen Gefallen, denn in dem Park liefen wir Gefahr, von antisemitischen Banden zusammengeschlagen zu werden.

1935 gelang es mir endlich, meinen Vater dazu zu überreden, nach Warschau zu ziehen. Die Kinder wurden größer und brauchten mehr Platz, während sich die finanzielle Situation nicht verbesserte. Ich war der Ansicht, daß mein Vater mit seiner Ausbildung als Religionsgelehrter in einer großen Stadt wie Warschau mit ihrem starken Anteil an gläubigen Juden Arbeit finden müßte. Er kam zunächst ohne meine Brüder, um erst einmal Fuß zu fassen. Ich half ihm bei der Suche nach einer Zweizimmer-Wohnung, wollte dort aber nicht mit ihm zusammenleben, da ich nicht so religiös war, wie er es von mir erwartete. Ich wollte nicht dauernd eine Kopfbedeckung tragen und auch nicht auf das Fußballspielen und Straßenbahnfahren am Sabbat verzichten. Ebensowenig beachtete ich die strengen Vorschriften im Hinblick auf die koschere Ernährung. In Gorzkow wäre ein solches Verhalten undenkbar gewesen, in Warschau aber konnte ich meine Freiräume haben, ohne meinen Vater zu verletzen.

Nach einigen Monaten kamen Mojsche und Motel aus Gorzkow nach, um bei meinem Vater zu leben. Meyer und Irving blieben in Gorzkow beim Großvater. Mojsche konnte jetzt bei der Arbeitssuche seine Schneiderausbildung nutzen. Motel allerdings war noch zu jung und besuchte stattdessen die Jeschiwa, was meinen Vater mit Stolz erfüllte. Seinen Lehrern zufolge war Motel ein mathematisches Genie. Er hatte seine Begabung schon als kleiner Junge offenbart.

Mein Vater besuchte mich des öfteren bei den Friedmanns und berichtete mir von den Fortschritten, die Motel in der Schule machte. Er glänzte in allen Fächern, und Vater war glücklich darüber, daß wenigstens einer seiner Söhne seinen Traum vom Gelehrtendasein erfüllte.

Mein Vater hatte übrigens noch einen Sohn aus erster Ehe, der auch in Warschau lebte und an jüdischen Feiertagen immer seine Mutter – die erste Ehefrau meines Vaters – in Gorzkow besuchte. Als ich noch klein war, ging ich ihm aus dem Weg, weil ich sonst seinetwegen von den anderen Kindern gehänselt wurde. Aus dem Familientratsch erfuhr ich einiges über die erste Ehe meines Vaters.

Als mein Vater etwa 18 war und die Jeschiwa besuchte, lebte er nicht weit von meiner Mutter entfernt, die er damals schon anbetete. Da seine Familie aber streng gläubig war, durfte er nicht allzuviel Kontakt zu Mädchen haben. Zudem war es bei Familien in kleineren Städten Sitte, die Heirat der Kinder im vorhinein zu arrangieren, ohne daß die späteren Ehegatten Gelegenheit hatten, sich vor der Hochzeit kennenzulernen. Natürlich war man stets um eine gute Partie bemüht, und gerade Mädchen sollten möglichst in eine reiche Familie einheiraten oder wenigstens einen künftigen Gelehrten zum Mann bekommen. Ein Rabbi als Schwiegersohn galt als Statussymbol, und der noch in der Ausbildung stehende zukünftige Rabbi sollte eine wohlhabende Frau ehelichen, um seine Studien ungestört fortsetzen zu können. Auf diese Weise wäre er für den Rest seines Lebens materiell abgesichert oder könnte später das Familienunternehmen übernehmen.

So erging es auch meinem Vater, dessen Eltern eine Heirat mit einem Mädchen in dem 15 Kilometer entfernten Städtchen Izbica arrangiert hatten. Mein Vater versuchte, sich dieser Ehe zu widersetzen, wollte dann aber seine Eltern nicht enttäuschen, da alles bereits in die Wege geleitet war. Über die Einzelheiten erfuhr ich nicht sehr viel. Ich weiß, daß mein Vater unglücklich war, weil er meine Mutter liebte. Die Ehe wurde nach knapp einem Jahr geschieden. Die Frau gebar einen Sohn, mit dem sie in Gorzkow lebte. Später heiratete sie erneut. Der Sohn aus dieser kurzlebigen Verbindung hieß Beryl und war etwa zehn Jahre älter als ich. Später zog er nach Warschau, wo er ein Mächen aus reicher Familie heiratete. Als wir noch in Gorzkow lebten, gab es keine Kontakte zwischen Beryl und meinem Vater. Das änderte sich, als auch er nach Warschau zog. Zwischen den beiden entwickelte sich eine sehr gute Vater-Sohn-Beziehung. Beryl war im Geschäft seines Schwiegervaters tätig. Mein Vater und ich sprachen jetzt des öfteren über ihn. Ich solle, meinte mein Vater, mich zuerst um mein berufliches Fortkommen und nicht so sehr um Manja kümmern und überhaupt bei der Wahl einer Ehefrau Vorsicht walten lassen. Da sprach er sicherlich aus eigener Erfahrung.

Viele junge polnische Juden wollten emigrieren, um dem Antisemitismus und der schlechten Wirtschaftslage zu entkommen. Aber wo sollten sie hingehen? Einige hatten in den Vereinigten Staaten Verwandte, die schon vor dem Ersten Weltkrieg aus Polen ausgewandert waren. In unserem Falle war das Dwora Diamond, eine Schwester meines Großvaters, die in Chicago wohnte und ihm zu jedem Pessachfest fünf Dollar schickte. Als sie 1935 starb, hörte er von ihrer Familie nichts mehr.

Junge Männer konnten nur als Ehepartner amerikanischer Staatsbürgerinnen nach Übersee gelangen. Bisweilen kamen Frauen aus den Vereinigten Saaten nach Warschau, um nach Ehemännern Ausschau zu halten. So mancher ließ sich die Gelegenheit nicht entgehen, auch wenn die Frau sehr viel älter war als er.

Einige Auswanderwillige wollten nach Palästina, aber es war äußerst schwierig, von den britischen Behörden eine Einreisegenehmigung zu erhalten. Andere versuchten, auf Schleichwegen über die Grenze nach Rußland zu gelangen, doch wurden sie häufig erwischt, nach Polen zurückgeschickt und dort wegen Grenzverletzung festgenommen.

1937 wollte Aron, der Erstgeborene der Friedmann-Kinder, illegal nach Palästina einwandern. Er fuhr zunächst mit dem Zug von Warschau nach Triest, von wo aus er ohne Geld und Fahrkarten mit dem Schiff weiterreisen wollte. Im Zug versteckte er sich unter einer Sitzbank, und die jungen Leute, die Einwanderungspapiere hatten, deckten ihn mit ihren Mänteln zu. Er blieb die ganze Zeit unter der Bank. In Triest aber wurde er erwischt, als er an Bord eines nach Palästina fahrenden Schiffes zu gelangen suchte. Er wurde festgenommen und zu Fuß nach Polen zurückgeschickt. Während der gesamten Reise stand er unter Bewachung, wobei jede Stadt eine eigene Eskorte abstellte. Als er die südpolnische Stadt Kattowitz erreichte, wurde er für einige Monate ins Gefängnis gesperrt. Nach seiner Freilassung schickten seine Eltern ihm Geld für die Heimfahrt nach Warschau. Der Rückmarsch von Triest nach Polen hatte sechs Monate gedauert, und als er in Warschau ankam, erkannten wir ihn nicht wieder. Er war schmutzig und abgemagert, seine Kleider zerrissen. Trotzdem ließen sich junge Leute auch weiterhin nicht davon abbringen, das Land auf illegalem Weg zu verlassen, so verzweifelt waren sie.

Die Deutschen marschieren in Rußland ein

Die Erinnerungen an Gorzkow und Warschau zogen an meinem geistigen Auge vorbei, als ich in den Wäldern um Lubien saß und den friedlich grasenden Tieren zusah. Und ich war glücklich, wenigstens für den Augenblick vor den Deutschen in Sicherheit zu sein, auch wenn ich wie ein Sklave für Stefan schuften mußte.

Ich war ja nicht nur Hirte, sondern hatte auch andere, vordringlichere Aufgaben. Stefan zeigte mir, wie die Felder zu pflügen und zu bestellen waren, damit Getreide ausgesät werden konnte. Die Furchen mußten als gerade Linien gezogen werden, es kam also darauf an, das Pferd richtig zu lenken. Vor allem die erste Furche durfte nicht mißlingen, sonst wurden die anderen auch schief und krumm. Ich mußte Zügel und Pflugschar zusammen in beiden Händen halten und darauf achten, daß der Pflug in einem bestimmten Winkel die Erde aufbrach, weil er sonst aus der Spur sprang. Nach getaner Arbeit ließ sich deutlich erkennen, ob sie von einem nachlässigen oder einem sorgfältigen Bauern verrichtet worden war. Anfangs tat ich mich schwer, aber nach ein paar Tagen Anschauungsunterricht vertraute Stefan mir die Aufgabe an. Am Abend eines solchen Arbeitstages konnte ich es kaum erwarten, daß Marfa, Stefans Frau, mir das Essen auf den Tisch stellte. Danach ging ich in die Scheune, legte mich auf den Heuboden und schlief sofort ein. Auch zur Erntezeit gab es mehr als genug zu tun. Ich lernte, mit der Sense umzugehen und das Getreide zu mähen.

Am schlimmsten war jedoch das Ausgraben von Kartoffeln. Das war eigentlich Sache der Frauen, aber auch hier wurde ich eingesetzt. Wir mußten uns tief bücken, um die Kartoffeln aus der Erde zu holen und in Körbe zu füllen, die später mit dem Wagen abgeholt wurden. Viele der Frauen waren daran gewöhnt, weil sie diese Tätigkeiten ihr ganzes Leben lang verrichtet hatten. Jede von ihnen nahm sich drei Reihen vor, während ich am Anfang in der gleichen Zeit höchstens eine Reihe schaffte und danach furchtbare Rückenschmerzen hatte. Schließlich aber war ich genau so schnell wie sie, denn ich wollte das gängige Vorurteil, ein polnischer Jude könne nicht ebenso hart arbeiten wie ein polnischer Bauer, widerlegen.

In der Erntezeit war die Arbeit anstrengender, jedoch das Essen besser. Stefan schlachtete ein großes Schwein, von dem alle Teile verwertet wurden. Sogar das Blut fand Verwendung; es wurde zusammen mit Buchweizengrütze zu Wurst verarbeitet.

Monate vergingen, Jahreszeiten wechselten, und immer noch arbeitete ich fleißig auf Stefans Bauernhof. Die schwere Arbeit machte mir bald nicht mehr soviel aus, im Gegenteil: Ich fühlte tiefe Befriedigung darüber, daß ich genauso schuftete wie die anderen Bauern. Überdies fühlte ich mich sicher und hoffte, ich könnte hier bleiben, falls sich die Lage für die Juden verschlechtern sollte.

Ab und zu, wenn ich von der Arbeit nicht zu müde war, besuchte ich Manja, die bei einem Bauern in Zamolodycze arbeitete. Mit ihren blonden Haaren und blauen Augen und der Arbeitskleidung sah sie aus wie ein typisches Bauernmädchen. Auch sie arbeitete umsonst und erwartete, auf diese Weise vor den Deutschen geschützt zu sein.

Am Sonntag ruhte die Feldarbeit. Manche Bauern gingen zur Kirche, andere, vorwiegend ältere Leute, führten ihre Pferde auf die Weide, um ihnen nach einer harten Arbeitswoche eine Ruhepause zu gönnen. Sie selbst sahen den grasenden Tieren zu und sprachen über dies und jenes, hauptsächlich natürlich über den Krieg, von dem sie hofften, die Deutschen würden ihn gewinnen. Sie waren sämtlich Ukrainer und gehörten der russisch-orthodoxen Kirche an. Der deutsche Einmarsch in Polen wurde von ihnen begrüßt, denn die Polen hatten ihre Religion, Sprache und Kultur unterdrückt. Zwar waren auch die Deutschen eine Besatzungsmacht, aber eine, die dem ukrainischen Nationalismus zunächst mehr Entfaltungsmöglichkeiten einräumte.

Auch ich hatte die Kühe und Pferde auf die Weide getrieben und hörte den Gesprächen zu. Die Ukrainer waren nicht so antisemitisch wie die Polen. Sie lasen eifrig die Bibel und glaubten, Gott werde die Deutschen für ihre Grausamkeit gegenüber den Juden irgendwann bestrafen. Sie kannten die jüdischen Ladeninhaber, Ärzte und Schneider in den umliegenden Dörfern und Städten. Sie trieben Handel mit ihnen, wußten, wie sie hießen und wer sie waren. Wenn diese Bauern in die Stadt kamen und hörten, daß ein Jude, den sie kannten, von den Deutschen getötet worden war, bedauerten sie dies. Das äußerten sie jedenfalls mir gegenüber. Abgesehen davon waren die Bauern verärgert über die von den Deutschen verhängte Kontingentierung ihrer Produkte. Mehr als die Hälfte ihrer Erzeugnisse mußten sie an die Deutschen ausliefern. Wer beim Betrügen erwischt wurde, dem drohte die Todesstrafe.

Ich hörte mir das alles an und versuchte abzuschätzen, wem von ihnen ich im Notfall trauen konnte.

Eines Tages belud Stefan den Pferdewagen mit Säcken voller Getreide und fuhr in das nahegelegene Wlodawa, um die Deutschen mit der vorgeschriebenen Zwangsabgabe zu beliefern. Als er zurückkam, erzählte er mir beim Abendessen, was er in der Stadt gehört hatte. »Herschku«, sagte er, »du kannst dir gar nicht vorstellen, was die Deutschen den armen Juden antun.« Die jüdischen Geschäfte, so sagte er, seien geschlossen, viele ihm bekannte Juden von den Deutschen auf offener Straße umgebracht worden. Die Juden hungerten und seien in ein Ghetto gesperrt worden, das sie bei Todesstrafe nicht verlassen dürften. »Du hast Glück, daß wir dich hierbehalten«. Ich sah ihm ins Gesicht und versuchte herauszufinden, was er meinte. Wollte er mich davonjagen oder sollte ich nur härter arbeiten? Ich sagte ihm, wie dankbar ich sei, daß ich dableiben könne. Dann kramte er eine kleine Schachtel hervor und fragte mich, ob ich etwas von Gold verstünde. In der Schachtel lag eine Frauenarmbanduhr, von der er wissen wollte, ob sie aus echtem Gold gemacht wäre. Er habe sie von einem Juden im Austausch gegen ein paar Pfund Mehl erhalten. Ich verstand nichts von Goldsachen, aber die Uhr sah sehr schön und teuer aus. Er schenkte sie seiner Frau.

Stefan war gut Freund mit den Dorfältesten und hörte immer als erster von ihnen irgendwelche Neuigkeiten. Eines Abends wies er mich an, am nächsten Morgen früher als gewöhnlich aufzustehen. Ich sollte die Tiere auf die Weide treiben und sie nicht zurückbringen, bis er käme, um es mir zu sagen. Er hatte gehört, daß die Deutschen am nächsten Tag vorhätten, nach Lubien zu kommen und wollte nicht, daß ich auf dem Bauernhof angetroffen würde, falls die Deutschen das Gebiet durchsuchten. Ich tat, wie mir geheißen, doch als die Abenddämmerung kam, ließ sich Stefan immer noch nicht auf der Weide blicken. Die Tiere wollten zurück in den Stall und schauten mich verwirrt an, als suchten sie den Grund für die Abweichung vom Alltäglichen zu erfahren. Sie wurden unruhig, und der Hund fing an zu bellen, so als wollte er mich auffordern, endlich den Heimweg anzutreten. Stefan kam erst angeritten, als es schon dunkel war und führte uns zum Hof zurück. Er erzählte mir, daß etwa 20 deutsche Soldaten und ukrainische Polizisten die Lubiener Bauern zusammengetrieben hätten. Die Deutschen hätten ihnen vorgeworfen, ihren Anteil nicht korrekt abzuliefern. Sie wollten jetzt die Betrüger bestrafen. Ein Bauer wurde des Betrugs bezichtigt und vor den Augen der anderen erschossen, um der Forderung der Deutschen Nachdruck zu verleihen.

Nachdem die Frühlingsaussaat beendet war, half ich Stefan, die Scheune für die Einlagerung des erntereifen Getreides vorzubereiten. Außerdem setzten wir beim Pferdewagen die hohen Seitenwände ein, um möglichst viel Getreide stapeln zu können und dengelten die Sensen. Marfa sorgte für Wurst und Fleisch, damit wir während der Ernte genug zu essen hatten.

Es war Sommeranfang 1941. Mit Lastwagen, Motorrädern und Panzerfahrzeugen strömten die Deutschen in das Gebiet um Lubien. Überall, in Scheunen, Häusern und Ställen, quartierten sie sich ein. Die Bewohner der Region spürten, daß irgendetwas in der Luft lag, aber sie wußten nicht, was. Stefan fragte mich vielleicht, weil er dachte, daß ich als Jude und Stadtbewohner über besondere Informationen verfügte. Aber abgesehen von der Tatsache, daß Deutschland und Rußland einen Nichtangriffspakt unterzeichnet hatten, konnte ich ihm auch nichts sagen. Er meinte, mein Aufenthalt auf dem Bauernhof sei mittlerweile für uns beide gefährlich geworden.

So nahm ich am nächsten Morgen, als ich die Tiere auf die Weide trieb, eine Decke mehr mit. Stefan kam am Abend, um die Herde allein zurückzutreiben und brachte mir, als es ganz dunkel war, etwas zu essen. Dann ging er heim, und ich blieb allein im Wald. Ich breitete die Decken unter einem Baum aus und legte mich zur Ruhe, versuchte aber, wach zu bleiben, weil ich Angst vor den wilden Tieren im Wald hatte. Um mich zu schützen, hatte ich nur einen großen knüppelähnlichen Stock. Früh am nächsten Morgen kehrte Stefan mit der Herde zurück. Er pfiff ein vorher vereinbartes Signal, auf das ich antwortete. Er sagte mir, es würden noch mehr Deutsche in das Gebiet kommen. Die Bauern wollten nicht auf den Feldern arbeiten und ihre Höfe unbeaufsichtigt lassen, weil sie befürchteten, daß die Deutschen sich sonst mit allem bedienten, was sie brauchten.

Keiner wußte, was demnächst geschehen würde, und Stefan wollte mich noch nicht wieder auf den Bauernhof lassen. So blieb ich vier Tage und Nächte im Wald. In der fünften Nacht, kurz vor der Dämmerung, spürte ich den Boden erzittern. In östlicher Richtung, vielleicht bei Wlodawa, hatten Tausende von Artilleriegeschützen das Feuer eröffnet. Bald danach, im Morgengrauen, dröhnten Bomberverbände durch die Luft. Das Geräusch erinnerte mich an die Bombardierung von Warschau. Stundenlag flogen die Geschwader über uns hinweg, und ich konnte hören, wie die Bomben in weiter Entfernung detonierten. Mein erster Gedanke (und wohl auch Wunsch) war, daß die Russen oder vielleicht England, Frankreich und Amerika die Deutschen angriffen und Polen von den Besatzern befreien würden.

Bei Tagesanbruch kam Stefan mit den Tieren und brachte mir etwas zu essen. Er teilte mir mit, daß am vorigen Abend kurz vor

Sonnenuntergang alle Militäreinheiten die Dörfer verlassen und sich in Richtung Bug bewegt hätten, um auf russisch besetztes Gebiet vorzudringen. Im Dorf sei es jetzt ruhig, und wenn er am Abend nicht auftauche, solle ich mit der Herde zum Hof zurückkehren. Das tat ich, und ich sah die Bauern auf den Feldern stehen und gen Osten blicken, wo der Himmel rot war von der Schlacht. Alle waren überzeugt davon, daß die Russen siegreich sein und die Deutschen bald zurückdrängen würden. Allerdings befürchteten sie, daß es im Dorf Kämpfe geben und Hof und Familie in Gefahr geraten könnten.

Als ich mich mit der Familie zum Abendessen hinsetzte, waren Stefan, Marfa und ihre Mutter besonders freundlich zu mir. Stefan erzählte von den Grausamkeiten der Deutschen gegen die Juden. Er sei froh, daß er wenigstens mir Schutz bieten könne. Nach dem Abendbrot, als Stefan und ich auf der Veranda saßen, meinte er zu mir, die Russen würden ganz sicher die Deutschen schlagen, alle im Dorf seien von einem Sieg der Roten Armee überzeugt. Immerhin seien es ihre »russisch-orthodoxen Brüder«. Er fragte mich, ob die Rote Armee wohl nach Lubien kommen würde, was ich ihm natürlich nicht beantworten konnte. Ich merkte jedoch, daß er mich als Rückversicherung brauchte, um zu bezeugen, daß er mich vor den Deutschen geschützt hatte. Er wollte dann auch wissen, was ich den Russen erzählen würde, wenn sie ins Dorf kämen, und ich antwortete, ich würde ihnen sagen, daß er gut zu mir gewesen sei.

Ein paar Tage später sickerte die Nachricht durch, daß die Deutschen dabei seien, den Feldzug zu gewinnen. Stefan pfiff jetzt eine andere Melodie. Keiner, so meinte er, könne so gut kämpfen wie die Deutschen. Sicher würden sie bald Moskau einnehmen und einen ukrainischen Staat errichten. Ich müsse mir aber keine Sorgen machen, denn die Ukrainer würden die Juden besser behandeln, als es die Deutschen getan hätten. Diese Reden stimmten mich mißtrauisch, und ich verhielt mich ihm gegenüber vorsichtig. Immerhin war er gut Freund mit den Dorfältesten, die ihrerseits mit den Deutschen kooperierten. Ich fühlte mich nicht mehr sicher und hatte den Eindruck, er werde mich bei den Deutschen denunzieren, sobald es ihm gelegen käme. Noch aber brauchte er mich auf dem Hof. Es war

Erntezeit, und man hatte alle Hände voll zu tun. Selbst seine alte Schwiegermutter half beim Bündeln der Garben.

Bei schönem Wetter ging die Ernte gut voran. Um die Kühe, Pferde und Schafe kümmerte sich ein Schäfer aus der Nachbarschaft, und so konnte ich jeden Tag mit Stefan auf die Felder. Immer wieder zeigte er sich erstaunt darüber, daß ein Jude aus der Großstadt so hart arbeiten konnte. Er erzählte mir auch von den siegreichen Deutschen, die immer tiefer in russisches Gebiet eindrangen. Sie hatten im Dorf Verlautbarungen angeschlagen, und auf Karten wurde gezeigt, wie weit ihr Vormarsch schon gediehen war.

Eines Nachts erwachte ich auf dem Heuboden aus tiefem Schlaf. Die Hunde im Dorf bellten laut. Am nächsten Tag erzählte Stefan mir, was geschehen war. Bei ihrem Vormarsch hatten die Deutschen Tausende russischer Soldaten gefangengenommen. Einige konnten entkommen und sich in den Wäldern verstecken. Nachts kamen sie in die Dörfer und baten um Essen. In der vorigen Nacht waren zehn entflohene russische Kriegsgefangene nach Lubien gekommen. Am Tag darauf hatten die Deutschen das Dorf nah ihnen durchsucht und sie in der russisch-orthodoxen Kirche gefunden, wo sie sich versteckt hielten. Die Russen wurden nach draußen geführt und mußten ihr eigenes Grab schaufeln, während die Dorfbewohner gezwungen wurden, dem Ganzen zuzusehen. Dann mußten die Russen sich ausziehen. Sie knieten nieder und baten um Gnade, wurden aber sämtlich erschossen.

Die Dorfbewohner waren verstört und weinten. Sogar Stefan hatte Tränen in den Augen. Wenn so etwas Schreckliches geschähe, meinte er, sei das Ende der Welt nahe. Ich aber dachte bei mir, daß jeden Tag Tausende von Juden getötet würden, ohne daß sich die Bauern darüber sehr betroffen gezeigt hätten. Und ich fragte mich immer noch, was Stefan wohl von mir denken mochte. Es gab keine deutschen Anordnungen, die es Juden verboten, auf Bauernhöfen zu arbeiten. Und niemand wußte, daß ich aus einem Arbeitslager geflohen war.

Kurz nach diesem Vorfall besuchte ich Manja. Sie hatte das Massaker ebenfalls mit ansehen müssen und weinte, weil sie an ihre Familie in Warschau dachte. Ich verstand ihre Verzweiflung nur allzu gut, denn auch ich wußte nicht, wie es meinem Vater in der

Hauptstadt ging, was meine beiden Brüder machten, die sich nach Gorzkow hatten durchschlagen wollen und wie es um die übrige Familie stand. Und was aus uns selbst werden sollte, wußten wir ebenso wenig.

Schlechte Nachrichten aus Warschau

Herbst 1941. Nach der Getreideernte ging es in die Kartoffeln, die für uns und das Vieh das Hauptnahrungsmittel darstellten. Sie wurden auf den Feldern bis zur nächsten Ernte eingemietet, damit sie im strengen polnischen Winter nicht erfroren. Jede Kartoffelmiete – auf polnisch *kopiee* genannt – war oben mit einem hölzernen Belüftungskanal versehen. Im Winter holten wir uns die Kartoffeln aus dem *kopiee*, wann immer wir sie brauchten. Stefans Bauernhof verfügte über sieben bis acht solcher Mieten, in denen jeweils etwa 500 Kilogramm Kartoffeln eingelagert waren.

Dann mußte das Getreide gedroschen werden, wobei sich die Bauern gutnachbarschaftlich gegenseitig halfen. Die Ernte war reichlich ausgefallen, aber das meiste, so sagten die Bauern, war für die Deutschen bestimmt. Alle zwei Wochen mußte Stefan gemäß den Anordnungen des Dorfkomitees seinen Anteil an Getreide, Fleisch und anderen Produkten nach Wlodawa bringen.

Zu dieser Zeit verschluckte sich eine von Stefans Kühen an einem Stück Metall und erstickte daran. Das war ein herber Verlust. Er mußte die tote Kuh nach Wlodawa transportieren und den Deutschen zeigen, weil sie Listen über den Viehbestand der Bauern führten. Sie wollten sichergehen, daß die Bauern ihr Vieh nicht für den Eigenbedarf schlachteten. Ich fuhr des öfteren mit Stefan zum Bahnhof von Wlodawa und half beim Be- und Entladen. Niemand schenkte mir weitere Beachtung.

Manjas Mutter, Chaja Friedmann, gelang es, aus Warschau zu fliehen und sich nach Hola durchzuschlagen. Kurze Zeit später kam der Nachbar der Friedmanns, Kornila, mit einer für die Deutschen bestimmten Wagenladung landwirtschaftlicher Produkte durch

Zamolodycze. Er fuhr extra am Bauernhof vorbei, wo Manja arbeitete, um ihr die Neuigkeiten zu überbringen. Manja lief sofort zu Stefans Hof hinüber und bat mich, mit ihr nach Hola zu gehen. So erhielt ich für den nächsten Abend von Stefan die Erlaubnis. Zu Fuß brauchten wir zwei Stunden bis nach Hola. Auf dem Weg dorthin sahen wir, wie ein Mann eine ausgebrochene Kuh verfolgte, die in ein Weizenfeld gerannt war. Er rief und fluchte auf Jiddisch und wollte die Kuh zu ihrer Herde zurücktreiben. An seinem Akzent merkten wir, daß es sich um einen Warschauer Juden handeln mußte. Er trug die übliche Landarbeiterkleidung aus grobem Leinen. Als wir näher kamen, erkannte ich ihn: es war ein Taxifahrer namens Moniek. Sein Taxi stand meist in der Nähe meiner Wohnung, an der Kreuzung von Pawia- und Zamenhofa-Straße. Er hatte einmal einen antisemitischen Portier zusammengeschlagen, der ihm verbieten wollte, sein Taxi vor dem Gebäude zu parken, das der Portier bewachte.

Moniek erkannte mich ebenfalls, und wir halfen ihm, die Kuh wieder zur Herde zurückzuscheuchen. Wir freuten uns sehr über das Zusammentreffen und stellten fest, daß wir uns in der gleichen Lage befanden. Auch er war aus Warschau geflohen und beim Versuch, mit seiner Freundin die Grenze nach Rußland zu überqueren, erwischt worden, allerdings von den Deutschen, die seine Freundin erschossen, als sie wegzulaufen versuchte. Er selbst wurde in Wlodawa eingesperrt, geschlagen und mußte zwei Tage ohne Essen in der Zelle verbringen. Dann ließen sie ihn laufen. Im Augenblick arbeitete er auf einem Hof in Hola. Wir sprachen eine ganze Weile über die Zeit in Warschau, aber dann mußten Manja und ich weiter.

Als wir das Haus der Friedmanns in Hola betraten, erkannte Manja ihre Mutter kaum wieder. Sie war stark abgemagert und gealtert. Sie erzählte uns, daß die Deutschen ihren ältesten Sohn, Aron, bei einem Fluchtversuch aus dem Ghetto erschossen hätten. Manjas Vater Rachmiel arbeitete immer noch in der Seifenfabrik und war zum Skelett abgemagert, weil es nichts zu essen gab. Die Juden starben in den Straßen des Ghettos den Hungertod. Häufig holten die Deutschen Tausende von Juden aus dem Ghetto und verfrachteten sie in Züge, um sie weiter in den Osten »umzusiedeln«, aber niemand wußte, wo sie hinkamen. Gerüchte über Todeslager liefen um.

93

Wie es meinem Vater ging, konnte sie nicht sagen, denn sie hatte ihn im Ghetto nicht gesehen. Nachdem wir gehört hatten, was Chaja aus dem Ghetto berichtete, saßen wir lange stumm und traurig da. Vor dem Krieg waren die Friedmanns eine wohlhabende Familie gewesen, die eine Mühle und einen Hof besaß, auf dem Schimon mit Schifra und zwei Jungen, mit Chajas Bruder Lasar und der Schwester Ziesel lebte. Manjas Familie in Warschau sprach immer von den »reichen Verwandten auf dem Lande«, auf die sie sich verlassen konnten, wenn es ihnen in Warschau wieder einmal schlecht ging, weil Rachmiel arbeitslos war und sie kaum etwas zu essen hatten.

Jetzt war die Lage hoffnungslos geworden. Schimon war tot, und die übrigen Friedmanns glaubten nicht, daß die Deutschen sie noch lange auf dem Hof lassen würden. Bedrückt kehrten Manja und ich spät am Abend in unsere Dörfer zurück.

Am jüdischen Neujahrsfest, Rosch Haschana, und am Versöhnungstag, Jom Kippur, versammelten wir uns zum Gebet in David Turnos Synagoge. Hier hörten wir Nachrichten von Juden aus der Umgegend. In Parczew war eine jüdische Familie von den Deutschen vollständig ausgelöscht worden. Dem Vater, einem Pferdehändler, schuldete ein Bauer Geld für ein Pferd, das er vor dem Krieg gekauft hatte. Der Bauer erzählte den Deutschen, der Jude habe gedroht, ihn zu töten, wenn er seine Schulden nicht bezahle. Diese Anschuldigung war natürlich falsch, aber der Bauer hatte Freunde bei der Polizei. Die Deutschen erschossen die gesamte Familie: Vater, Mutter und vier Kinder.

Der Gottesdienst zum Neujahrsfest wurde abgehalten, als wäre es Tischa Be'Aw (die Trauer um die Zerstörung des Tempels in Jerusalem). David Turno predigte und weinte. Lieb, der Kantor, Rabbi und Lehrer in einer Person war, versuchte, uns zu trösten; der Messias, so sagte er, müsse bald kommen. Wir konnten auf kaum etwas anderes hoffen als auf ein Wunder, eine Wende im Kriegsgeschehen.

Einige Zeit später ging ich an einem Sonntag zu Manjas Hof. Ich hatte Manja seit mehreren Wochen nicht gesehen. Sie war gerade dabei, sich ein Lager aus Stroh zu richten. Sie war sehr unruhig und verriet mir schließlich den Grund. Die harte Arbeit machte ihr nichts aus, aber der Sohn des Bauern war vor einiger Zeit Polizeibeamter in Wlodawa geworden. Immer wenn er seine Eltern besuchte, machte er Manja Avancen. Sie sagte es dem Vater, der seinem Sohn befahl, sich anständig zu benehmen. Trotzdem befürchtete sie, der Sohn könne sie an die Deutschen verraten, wenn sie seine Annäherungsversuche weiterhin ablehne. Ich sah sofort, in welch gefährlicher Lage sie sich befand und beschloß, sie fortzubringen. Ich sagte dem Bauern, bei dem sie arbeitete, daß ihre Mutter sehr krank wäre und Manja sie unbedingt besuchen müsse. Sie würde bald zurückkommen. Noch am selben Abend gingen wir nach Hola, und ich ließ sie dort bei ihren Verwandten. Natürlich kehrte sie nicht zu dem Bauern zurück.

Gegen Morgen kam ich in Lubien an. Der Hund begrüßte mich froh, und die Kühe warteten schon darauf, auf die Weide geführt zu werden. Marfa brachte mir mein Essen zur Scheune, und ich verlebte einen weiteren Tag als Hirte.

Für Manja fand ich in Lubien einen anderen Bauernhof, auf dem sie arbeiten konnte. Dieser Hof gehörte Wassil, einem älteren Bauern, den ich bei den sonntäglichen Zusammenkünften kennengelernt hatte. Er bewirtschaftete seinen Hof mit seiner Frau. Kinder hatten sie nicht. Wassil ließ mich wissen, er bedaure das Leid, das die Deutschen den Juden zufügten, und er war bereit, Manja bei sich aufzunehmen. Stefan lieh mir sogar Pferd und Wagen, damit ich Manja abholen konnte. Ihre Mutter war nicht sehr glücklich darüber und hätte es lieber gesehen, wenn ihre Tochter bei ihr in Hola geblieben wäre. Aber sie erkannte natürlich, daß viele andere Jugendliche sich auf diese Weise verdingten, um den Deutschen zu entgehen.

Der Winter 1941-42

Nachdem die Ernte eingebracht worden war, mußten wir den Hof winterfest machen. Dächer wurden repariert und ganze Wagenladungen mit trockenen Blättern eingebracht, die als Isoliermaterial für die Wände der Gebäude dienten. Zwischen Dach und Boden zogen wir in geringem Abstand vertikale Holzlatten ein, so daß zwischen ihnen und der Außenwand ein Raum von etwa zwanzig Zentimetern verblieb, der dann mit den Blättern vollgestopft wurde. Diese Isolierung war recht wirksam und wurde in jedem Herbst erneuert.

Man lagerte Zwiebeln, Rüben und anderes Gemüse im Keller. Um den Garten kümmerten sich eigentlich die Frauen, aber ich half auch hier, und das gefiel Marfa.

Da die Arbeit auf den Feldern jetzt weniger Zeit in Anspruch nahm, war ich wieder öfter mit dem Vieh auf der Weide. Ich hörte den anderen Bauern zu, wenn sie von entflohenen russischen Soldaten erzählten, die in den Wäldern umherwanderten. Eines Tages sah ich beim Kühehüten drei Männer auf mich zukommen. Es handelte sich offenbar um entflohene russische Kriegsgefangene. Sie waren sehr mager, Kleidung und Schuhwerk in schlechtem Zustand. Sie wirkten nicht bedrohlich, als sie mich fragten, ob ich ihnen etwas zu essen geben könnte. Ich verstand ein bißchen Russisch und gab ihnen alles, was ich in meinem Beutel trug. Stefan erzählte ich davon nichts, weil ich nicht wußte, ob er es gutheißen würde. Danach sah ich häufiger entflohene Soldaten in den Wäldern und gab ihnen immer etwas zu essen, weil sie mir leid taten. Ich hatte ja auf dem Hof genug zu essen. Als es kälter wurde, gruben sich einige Russen kleine Höhlen tief im Wald, die sie mit Zweigen und Erde abdeckten. Diese Verstecke waren so gut getarnt, daß man sie nur fand, wenn man wußte, wo sie waren. Manchmal bepflanzten die Russen sie mit kleinen Bäumen.

Für gewöhnlich waren diese Höhlen lange, enge Tunnel, *ziemlanki* genannt, die an einer Seite einen verborgenen Eingang und an der anderen Seite eine Lüftungsöffnung besaßen. Fünf bis sechs Leute konnte so ein Tunnel aufnehmen, wenn alle eng zusammenrückten. Bewegen konnte man sich darin natürlich nicht.

Die Deutschen durchsuchten mehrfach die Ortschaften und Wälder nach entflohenen Kriegsgefangenen. Ein Hirte, mit dem ich einmal im Wald zusammensaß, erzählte mir, daß eine deutsche Patrouille in Lubien ein paar Russen entdeckt hätte. Die Russen versteckten sich daraufhin in einer leeren Scheune, die von den Deutschen umstellt wurde. Als die Russen sich weigerten, herauszukommen, steckten die Deutschen die Scheune in Brand. Ein Gefangener warf eine Handgranate und tötete ein paar der gegnerischen Soldaten. Dann sprangen die Russen aus der Scheune und liefen in alle Richtungen davon. Einer entkam, die anderen wurden getötet. Der Winter 1941-42 war sehr hart. Ich führte die Kühe zur Tränke, schnitt Heu für sie und vermischte es mit Kleie. Dann fütterte ich die Schweine und die Pferde und half Marfa beim Melken oder hackte Holz für den Ofen. Als es in der unbeheizten Scheune zu kalt wurde, ließ mich Stefan im Haus übernachten. Ich machte mir eine Unterlage aus Stroh, die ich in der Küche vor den Herd legte. Dort schlief ich dann. Morgens stand ich noch vor Tagesanbruch auf, um mit der Erledigung meiner Aufgaben zu beginnen. Viel Zeit blieb nicht, denn die Tage waren kurz.

Dann fiel Schnee, der sich an manchen Morgen so hoch auftürmte, daß ich das Haus kaum verlassen konnte. Es war dann meine Aufgabe, einen Weg zur Scheune freizuschaufeln. Mittlerweile, so wurde gesagt, kämen die Russen in der Nacht aus den Wäldern zu den Höfen und bettelten um Essen. Die Deutschen drohten jedem die Todesstrafe an, der diese Russen auf seinen Hof ließ.

Oft lag ich wach, weil ich die Hunde in der Nachbarschaft hörte, die die umherziehenden Russen verbellten. Ich fragte mich, wie die Entflohenen in den Wäldern der schrecklichen Kälte widerstehen konnten. Es mußten sehr starke Leute sein. Vielleicht, so dachte ich, würde ich mich auch eines Tages dort verstecken müssen. Ob ich dann in der Lage wäre, dieses Winterwetter zu überstehen? Das Bellen der Hunde verriet mir, wer von den Bauern die Russen einließ und wer nicht. Wurden sie eingelassen, verstummte das Gebell, im anderen Falle folgte es den Entflohenen zum nächsten Hof.

Stefan sicherte die Türen und Fenster mit Haken und Ösen, so daß sie von außen nicht geöffnet werden konnten. Allerdings hatte bisher auch noch niemand um Einlaß gebeten, und ich fragte mich schon, ob die Russen einen Grund haben mochten, diesen Hof zu meiden. Einige Nächte später tobte ein gewaltiger Schneesturm, und nun hörten wir es an der Tür klopfen. Aber niemand machte auf, und die Hunde im Dorf bellten wütend. Wir hörten die Russen betteln:»In Gottes Namen, macht uns auf, wir erfrieren!« Aber nichts geschah. Die Russen verschwanden, und ich hörte, wie Stefan seiner

Frau sagte, sie täten ihm leid. Stefans Schwiegermutter bekreuzigte sich und war unglücklich darüber, daß die Russen nicht hereingelassen wurden. »Möge Gott ihnen helfen«, stieß sie hervor. Würde ich, so fragte ich mich, eines Nachts an ihre Tür klopfen und ebenso behandelt werden? Ich wollte nicht daran denken, immerhin hatte ich ja noch ein Dach über dem Kopf.

Ein paar Wochen später fuhr ich mit Stefan nach Wlodawa, um den Deutschen eine Fuhre Getreide zu liefern. Es war schneidend kalt, und ich trug einen langen Mantel mit hochgestelltem Kragen. Den Hut hatte ich tief in die Stirn gezogen, so daß mein Gesicht kaum zu erkennen war. Als wir uns Wlodawa näherten, kamen wir an einem Feld vorbei, das mit Stacheldraht umzäunt war. Hier standen Tausende von russischen Kriegsgefangenen in der Kälte. Manche hüpften auf und nieder oder schlugen mit den Armen, um die Kälte ein wenig zu vertreiben. Einige streckten uns ihre Hände durch den Stacheldraht entgegen und bettelten um etwas zu essen. Viele lagen am Boden und waren offensichtlich schon erfroren.

Stefan wollte mir sein Mitgefühl demonstrieren oder vielleicht Wiedergutmachung leisten dafür, daß er die Russen in jener stürmischen Nacht nicht eingelassen hatte. Als wir am Stacheldrahtzaun vorbeikamen, nahm er den Beutel mit Essensvorräten, den Marfa uns mitgegeben hatte und warf ihn hinüber. Die Gefangenen stürzten sich sofort darauf, während wir weiterfuhren. Ein Nachbar von Stefan, der eine Woche später eine Fuhre Getreide nach Wlodawa schaffte, erzählte ihm, er habe mehr als die Hälfte der Gefangenen erfroren am Boden liegen gesehen.

Die Nachrichten vom Kriegsgeschehen waren alles andere als gut. Die Deutschen zerschlugen die Rote Armee und nahmen eine russische Stadt nach der anderen ein. Wir wußten, daß sie vor Moskau standen. Gewöhnlich erzählte mir Stefan alles Wissenswerte, wenn wir beim Abendbrot zusammensaßen.

Wenn ich Manja besuchen wollte, mußte ich Stefan um Erlaubnis bitten. Da sie jetzt in der Nähe von Lubien lebte, sahen wir uns ein- bis zweimal die Woche. Sie berichtete mir von anderen jungen Juden, die sich ebenfalls auf Bauerhöfen versteckt hielten. Die Deutschen schenkten uns und den anderen allerdings keine besondere Aufmerksamkeit, sondern konzentrierten sich auch während des

Kriegsgeschehens vorwiegend auf die Juden in den größeren Städten. Einige Male wanderten wir auch nach Hola hinüber, um Manjas Familie zu besuchen. Ihr Vater war noch im Ghetto, während ihr jüngerer Bruder Schmuel auf einem Bauernhof in Hola arbeitete. Den Tod ihres Bruders Aron hatte Manja immer noch nicht verwunden.

Die Bauern von Hola verraten uns

Im Frühjahr 1942 begannen wir mit der Feldarbeit, die mir jetzt nicht mehr so viel ausmachte. Stefan ließ mich selbständig mit den Pferden arbeiten, außerdem mistete ich die Ställe aus und verteilte den Dung auf den Feldern. Allein dafür brauchte ich einen Monat. Um das Vieh kümmerte sich unterdessen ein Schäfer aus der Nachbarschaft. Wir schufteten den ganzen Sommer hindurch, und auch die Erntezeit unterschied sich in nichts von der des Vorjahres. Das Leben ging weiter, und die Arbeit wurde nicht weniger. Stefan fuhr Getreidelieferungen nach Wlodawa, doch ich begleitete ihn nicht, weil ich mein Gesicht zu dieser Jahreszeit nicht unter Schal und Hut verstecken konnte und als Jude erkannt worden wäre. Zudem gab es auf dem Hof genug zu tun.

Weil Stefan den Nachbarhirten für seine Dienste bezahlen mußte, schickte er mich mit den Tieren in den Wald, wann immer er mich auf dem Hof entbehren konnte. Im Wald stieß ich auf ein paar entflohene russische Kriegsgefangene, von denen einige Waffen trugen. Da ich mich einigermaßen mit ihnen verständigen konnte, fragte ich sie, woher sie die Waffen hätten. Sie sagten, Dorfbewohner auf der russischen Seite des Bug hätten sie ihnen gegeben. Ich bot ihnen das wenige Geld, das ich besaß, für ein Gewehr, aber sie wollten nichts verkaufen, und Geld bedeutete ihnen nichts. Sie erzählten jedoch, daß es in den Wäldern um Parczew viele entflohene russische Soldaten gebe, die sich zu Partisaneneinheiten zusammengeschlossen hätten.

Stefan berichtete uns beim Abendbrot, was er von anderen Bauern gehört hatte – schreckliche Berichte über deutsche Aktionen gegen Juden, die in Ghettos zusammengepfercht und dann in Züge mit unbekanntem Zielort verladen wurden. Die jüdischen Kaufleute aus Wlodawa, Parczew, Sosnowica und Ostrow Lubelski, mit denen sie seit Jahren Handel getrieben hatten, waren fort. Einige ihrer Geschäfte waren von Nichtjuden übernommen worden, der Rest dichtgemacht. Als ich das hörte, wußte ich, daß die Sicherheit, die ich auf Stefans Bauernhof bislang genossen hatte, irgendwann ein Ende haben würde.

Als ich eines Abends im Herbst 1942 nach getaner Arbeit auf den Hof zurückkam, standen Stefan und seine Familie schon auf der Veranda. Ich wußte sofort, daß sie schlechte Nachrichten für mich hatten. Stefan wünschte mir in melodischem Ukrainisch einen Guten Abend und teilte mir beim Abendbrot mit, daß die Deutschen einen Befehl erlassen hätten, demzufolge Juden nicht länger auf Bauernhöfen arbeiten dürften. Alle Juden aus den Nachbardörfern sollten sich auf dem Bauernhof von Manjas Verwandten in Hola zusammenfinden, um dann ins Ghetto von Wlodawa abtransportiert zu werden. Sollte auf irgendeinem Hof noch ein Jude gefunden werden, würden er und der Bauer, der ihn versteckt hielt, mit dem Tode bestraft. Stefan teilte mir mit, er könne nicht sein und das Leben seiner Familie riskieren, darum müsse ich gehen. Er sei zwar sehr zufrieden mit meiner Arbeit, und eigentlich gehörte ich zur Familie, aber trotz allem könne ich nicht bleiben. Marfa packte mir zwei Laib Brot, ein Stück Schweinefleisch, ein Extrapaar warme Hosen und ein warmes Unterhemd ein. Mein Abendbrot bekam ich kaum hinunter. Ich war verwirrt und mißtrauisch wegen ihres Verhaltens. Vielleicht wollten sie mich irgendwie hereinlegen. Vielleicht warteten draußen die Deutschen, um mich zu töten, sobald ich den Hof verließ.

Später dann nahm ich mein Bündel und ging zum Hof hinüber, wo Manja arbeitete. Stefan begleitete mich ein Stück des Wegs. Bevor er mir Lebewohl sagte, gab er mir unaufgefordert noch den Rat, nicht ins Ghetto von Wlodawa zu gehen. Von dort aus nämlich würden, wie er gehört hatte, die Juden ins Todeslager von Sobibor geschickt. Ich solle mich lieber in den umliegenden Wäldern verstecken, weil mir das Gebiet hier vertraut sei. Außerdem gebe es in den Wäldern russische Partisanen. Vielleicht könnte ich zu ihnen stoßen und so überleben. Er wußte nicht, daß ich diese Möglichkeit schon seit langem erwog.

Stefan meinte dann noch, ich dürfe zu ihm kommen, wenn ich nichts mehr zu essen hätte. Ich sollte jedoch in einer dunklen Nacht kommen und ein Klopfsignal geben: zweimal kurz, zweimal lang. Zum Schluß sagte er noch, ich solle den Partisanen erzählen, wie gut er zu mir gewesen sei. Auf diese Weise versuchte er sich doppelt abzusichern: gegen die Deutschen, indem er mich fortschickte, und gegen die Russen, die ihn verschonen sollten, weil er mich gut behandelt hatte. Ich glaubte nicht, daß er mir half, weil ich Jude war, sondern weil ich ihm persönlich leidtat. Er mochte mich, und ich hatte zwei Jahre lang ohne Bezahlung für ihn gearbeitet. Ich war tief bewegt von dem freundschaftlichen Rat, den er mir gab. Und ich hatte beim Abschied die Tränen in den Augen von Marfa und ihrer Mutter wohl bemerkt.

Ich ging zum Hof von Wassil, wo Manja arbeitete. Sie wußte auch schon Bescheid und war bereit, sich sofort auf den Weg zu machen. Wir wanderten nach Hola. Es war eine kalte Herbstnacht, und wir beide schwiegen zunächst. Dann teilte ich ihr mit, daß ich auf keinen Fall ins Ghetto von Wlodawa gehen würde, sondern mich in den Wäldern verstecken wollte. Sie konnte sich noch nicht gleich entscheiden, sondern versuchte erst zu erfahren, was ihre Familie vorhatte. Vielleicht, sagte sie, würde sie mitkommen.

Als wir uns Hola näherten, begegneten wir am Dorfrand einer alten Frau, die zwei mit Wasser gefüllte Eimer trug. Sie hieß Polaschka und kannte uns, weil sie mit den Friedmanns befreundet war. Als sie uns sah, setzte sie ihre Eimer ab und bekreuzigte sich. Sie hatte von dem Befehl der Deutschen gehört und meinte, wir würden überleben, weil sie uns mit zwei Eimern Wasser begrüßt hätte. Das bedeute Glück. Ich wußte zwar nicht, wie diese Eimer uns hätten helfen könnten, aber es tat gut, ein paar aufmunternde Worte zu hören.

Als wir zum ›Srulke-Hof‹ kamen (der nach Manjas Großvater benannt war), entdeckten wir, daß Manjas Familie von den Deutschen schon aus dem Wohngebäude vertrieben worden war und jetzt zusammen mit etwa 40 weiteren Juden aus der Umgegend in einer Hütte auf dem Hofgelände hauste. Sehr alte Leute waren dabei und sehr junge, und einige Paare mit Kindern. Die meisten von ihnen kannte ich aus dem Gottesdienst in David Turnos Synagoge. Manjas Mutter und Bruder waren ebenfalls in der Hütte, während ihre Tante Schifra mit den beiden Jungen sowie ihre Tante Ziesel und deren Mann Mojsche Johel mit ihrem vier Wochen alten Baby Hola in der vorhergehenden Nacht verlassen hatten. Keiner wußte, wo sie hingegangen waren. In der Hütte saßen alle mit ihrer Habe und warteten darauf, am Morgen ins Ghetto nach Wlodawa gebracht zu werden. Es war ein trauriger Anblick.

Ich fühlte mich genötigt, der Gruppe zu sagen, daß ich nicht ins Ghetto wolle, sondern in die Wälder ginge. Ich drängte sie, mit mir zu kommen und schilderte ihnen, was sie im Ghetto erwarten würde. Aber sie wußten bereits, was mit den Juden dort geschah.

Allerdings begegneten sie, was ich ohnehin geahnt hatte, meinem Vorschlag mit Skepsis. Einige fragten, wie sie im Wald überleben wollten, vor allem jetzt, wo der Winter vor der Tür stand. Andere bezweifelten, daß es möglich wäre, sich vor den Deutschen zu verstecken. Ich erzählte ihnen von den Russen, die ich im Wald getroffen hatte. Immerhin hatten sie den letzten Winter und die gelegentlichen Suchaktionen der Deutschen überstanden. Aber ich wollte auch nichts beschönigen. Unsere Chancen, sagte ich ihnen, im Wald zu überleben, seien gering, vor allem für Familien und ältere Leute. Sie sollten selbst entscheiden.

Etwa 15 von ihnen entschlossen sich, meinem Vorschlag zu folgen. Dazu gehörten Manja, ihre Mutter, ihr Bruder Schmuel, Moniek, der Taxifahrer aus Warschau, ein paar ältere Leute und einige junge Männer aus Sosnowica, die wie ich auf Höfen gearbeitet hatten. Der Rest wartete auf den Abtransport nach Wlodawa.

Denen, die mir folgten, riet ich, Decken, warme Kleidung, Nahrung, Eßgeschirr und Messer mitzunehmen. Ich besaß noch meine Militärstiefel aus dem ausgebombten Arsenal in Warschau. Da ich sie während meiner Anwesenheit auf dem Hof nicht getragen hatte, waren sie noch sehr gut erhalten. Ich trug eine warme Jacke und hatte ein Jagdmesser dabei.

Noch vor Tagesanbruch machten wir uns auf in die Wälder. Wir gingen einige Stunden, etwa 15 Kilometer weit, bis es hell wurde.

Nun waren wir tief im Wald und konnten von niemandem gesehen oder gehört werden. Lasar, ein älterer Jude aus Sosnowica, legte seinen Gebetsschal um und sprach die Morgengebete. Ich bat ihn, daß er für uns alle beten möge.

Wir aßen etwas, und nach einer Weile fing es an zu nieseln. Ein 16 Jahre alter Junge aus Sosnowica, der auch auf einem Hof gearbeitet hatte, machte den Vorschlag, einen Unterstand zu bauen. Da er sehr unternehmungslustig war, stimmten wir zu und halfen mit. Wir hatten ein sehr großes, schweres graues Tuch dabei. Der Junge kappte ein paar Schößlinge, befreite sie von Ästen und Blättern und baute mit dem Tuch daraus ein gutes Zelt. Wir paßten nicht alle hinein, aber wenigstens die Frauen und die Alten waren vor dem Regen geschützt. Dieser Junge war auch sonst eine große Hilfe. Für eine kleine Kochstelle sammelte er trockenes Holz, das gar nicht so einfach zu finden war; nasses Holz hätte zu viel Rauch entwickelt und uns verraten.

Später am Tag verließen Moniek, Manja und ich die Gruppe und drangen tiefer in den Wald ein, in der Hoffnung, dabei auf Russen zu treffen, die uns Waffen geben oder sonstwie helfen könnten. Den anderen sagte ich, sie sollten wachsam bleiben und, falls sie aufgespürt würden, sich ebenfalls tiefer in den Wald zurückzuziehen. Wir trafen leider niemanden auf unserer Suche und kehrten zur Gruppe zurück. Eine Woche lang versuchten wir, andere Flüchtlinge zu finden, jedoch ohne Erfolg.

Die Nächte waren sehr kalt, aber das hatten wir erwartet. Lasar betete jeden Tag und versuchte uns Mut zuzusprechen: Gott werde uns schon beistehen. Aus Sicherheitsgründen entfernten wir uns noch weitere fünf Kilometer von Hola. Doch mit jedem Tag wurden unsere Vorräte weniger und schließlich war alles aufgezehrt.

Würden wir im Wald langsam verhungern müssen? Ich erinnerte mich an Stefans Hilfsangebot und dachte, jetzt wäre eine gute Gelegenheit, um darauf zurückzukommen. So wanderten Manja, Moniek und ich eines späten Abends nach Lubien. Dort kamen wir mitten in der Nacht an. Der Hund erkannte mich und sprang glücklich bellend an mir hoch. Moniek und Manja versteckten sich hinter der Scheune, während ich zum Haus hinüberging und das vereinbarte Klopfsignal gab. Stefan kam heraus, und ich sagte ihm, daß ich etwas zu essen brauchte. Er war überrascht, mich zu sehen und hieß mich in der Scheune warten.

Während Stefan ins Haus ging, um Nahrung zu holen, durchsuchte ich die Scheune nach seinem alten polnischen Armeegewehr. Ich wußte, wo er es versteckt hatte, aber es war nicht mehr da. Ich schaute noch an anderen Stellen nach und riß einige Bretter los, aber ich fand nichts. Schließlich kam Stefan und rief mich ins Haus.

Als ich eintrat, sah ich, daß Stefan das Gewehr in der Hand hielt. Er gab mir einen Beutel mit zwei Laib Brot, etwas Grütze, einem Stück Schweinefleisch und einem Paar Hosen. Dann sagte er, ich solle den Beutel an mich nehmen und niemals wiederkommen. Würde ich es doch tun, so verkündete er mit festem Ton, dann werde er mich töten. Er bedrohte mich mit dem Gewehr und sagte, er habe nichts gegen mich, aber sein Leben sei ihm wichtiger als meines. Ich solle die Gegend verlassen, denn die Deutschen hätten zusammen mit Bauern aus der Umgebung Gruppen gebildet, die beauftragt waren, Russen und Juden aufzuspüren. Jedes Dorf hätte Wachleute, die nachts Kontrollgänge machten, um sicherzugehen, daß keine Juden oder Russen sich hineinstehlen könnten. In einem Nachbardorf hätten die Wachleute einen Juden auf einem Hof erwischt und ihn zusammen mit dem Bauern erschossen.

Mit den paar Vorräten von Stefan versehen, traten wir den Rückweg an. Doch noch bevor wir zurück waren, wurde es hell. Da wir auf keinen Fall gesehen werden durften, suchten wir uns einen Platz mitten im dichten Wald und warteten die Dunkelheit ab. Dann kehrten wir an den Ort zurück, wo wir die Gruppe verlassen hatten, aber keiner war da. Wir aßen einen Laib Brot und bewahrten den Rest für die anderen auf, die, so hofften wir, in der Nähe waren. Wir suchten tagelang, ohne sie zu finden, und beschlossen endlich, jemanden zu fragen. Die einzige Person, der ich trauen konnte, war die alte Polaschka. Sie lebte am Rande des Walds, etwas außerhalb des Dorfes. So machten wir uns eines Abends auf den Weg zu ihr.

Als Polaschka uns sah, fiel sie beinahe in Ohnmacht, um sich dann zu bekreuzigen. Sie rief uns mit großem Erstaunen beim Namen und meinte, im Dorf hätten ihr alle gesagt, daß wir tot seien. Dann erzählte sie uns, was einige Tage zuvor geschehen war. (Es mußte der Tag gewesen sein, als wir von Stefan kamen und im Wald auf den Einbruch der Dunkelheit warteten.) Eine Gruppe von etwa 50 Dorfbewohnern (Deutsche waren nicht dabei) ging mit Knüppeln und Forken bewaffnet in den Wald. Sie umstellten unsere Gruppe, zwangen sie, nach Sosnowica zu marschieren und übergaben sie dort den Deutschen. Alle wurden erschossen. Diese Treibjagd war von den Dorfältesten in Hola organisiert worden. Da die Dorfbewohner Polaschka erzählt hatten, daß auch wir tot wären, muß sie uns für Gespenster gehalten haben, als wir auftauchten. Sie dankte Gott, daß wir am Leben waren und gab uns den Rat, das Gebiet so schnell wie möglich zu verlassen. Sie sagte uns auch, wer die Gruppe der Bauern angeführt habe. Der eine war ein Mann namens Wassil (aber nicht der Wassil, für den Manja in Lubien gearbeitet hatte), der andere hieß Timofi und war der Bruder des Bürgermeisters von Hola. Die Männer, die an der Aktion teilgenommen hatten, stammten alle aus dem Dorf und hatten vorher jahrelang friedlich mit vielen Juden aus unserer Gruppe zusammengelebt. Sie wußten sehr wohl, was die Deutschen mit den zusammengetriebenen Juden machen würden. Auch Polaschka warnte uns vor den Dorfwachen, die nachts ihre Runden drehten.

Als Manja hörte, was Polaschka berichtete, brach sie in Tränen aus. Lange Zeit weinte sie bitterlich und wollte gar nicht mehr aufhören. Ihre Mutter und ihr Bruder waren mit den anderen erschossen worden. Von den 15, die in die Wälder gegangen waren, lebten zwölf nicht mehr. Und hätten wir nicht den einen Tag wartend im Wald verbracht, so wären auch wir getötet worden.

Das Massaker von Zamolodycze

Manja, Moniek und ich verließen Polaschka. Wir hatten noch einen Laib Brot und etwas Schweinefleisch, aber keiner von uns mochte essen. Wir entschlossen uns, noch tiefer in die Wälder vorzudringen als bisher. Als ich noch für Stefan die Kühe hütete, hatte ich einige russische Partisanen getroffen, die mir von einem sehr dichten Wald erzählten, in dem sie den letzten Winter verbracht hatten. Dieser

Wald lag im Gebiet um Zamolodycze, westlich von Lubien. Dort sollte auch ein Flüßchen sein, in dessen Nähe die Russen eine Höhle angelegt hatten.

So gingen wir in Richtung Zamolodycze. Manja weinte immer noch, und wir konnten sie nicht trösten. Wir gingen die ganze Nacht hindurch und fanden den Fluß. Wir setzten uns ans Ufer und tranken von dem Wasser. Ich erwachte, als es schon Tag war und weckte die anderen beiden. Wir konnten in der Ferne Hundegebell vernehmen, das offensichtlich aus der Richtung kam, wo Zamolodycze lag.

Wir wanderten einige Tage im Wald von Zamolodycze umher. Es gab dort viel Wild, zum Beispiel Rehe und Wildschweine, und gelegentlich wurden wir von Wölfen und Wildschweinen angegriffen, gegen die wir uns mit Knüppeln und Messern verteidigten. Aber natürlich hätte wir sehr gern ein Gewehr gehabt. Als wir uns eines Nachts in der Nähe des Flüßchens befanden, hörte ich ein Geräusch. Ich weckte Manja und Moniek auf und wir alle lauschten angespannt. Etwas bewegte sich in einiger Entfernung von uns, und es hörte sich nicht wie ein Tier an. Wir bewegten uns ein Stück in den Wald hinein, um herauszufinden, wer das Geräusch verursachte. Bald schon sahen wir zwei junge Mädchen zum Bachufer gehen. Als sie näherkamen, hörten wir sie Jiddisch miteinander reden und erkannten sie: Es waren zwei Töchter von David aus Hola, dessen Sohn, Mojsche Johel vor kurzem Manjas Tante Ziesel geheiratet hatte. Die beiden trugen Eimer, um Wasser zu holen. Wir wollten sie nicht erschrecken, also begannen wir Jiddisch zu reden, damit sie uns hörten. Wir gingen auf sie zu und umarmten sie.

Sie nahmen uns mit zu ihrem Versteck, das nicht weit vom Flüßchen in einem dicht bewaldeten Gebiet lag, wo junge Kiefern ihre Zweige und Äste bis auf den Boden herabhängen ließen. Wir mußten auf allen vieren in die Höhle kriechen. Von ihr hatten mir die Russen erzählt. Hier lebten vier Familien mit insgesamt 18 Personen. Wir merkten, daß sie nicht erfreut waren, uns zu sehen, denn die Höhle war schon überfüllt.

In der Höhle versteckte sich David aus Hola mit seiner Frau und drei Töchtern, von denen zwei in Warschau gelebt und gearbeitet hatten, dann aber wegen des Krieges nach Hause gekommen waren. Ferner war da noch Isa aus Hola mit seiner Frau, zwei Töchtern und einem Sohn namens David. Ein anderer Sohn war 1939 nach Rußland gegangen, als die Grenze noch offen war. Außerdem versteckten sich hier Selig aus Zamolodycze, ein Schuster, mit seiner Frau, seiner Tochter Fajga und seinem Sohn Mendel sowie Mojsche Johel mit seiner Frau Ziesel und ihrem vier Wochen alten Säugling. Und schließlich gehörte noch Josel Barbanel aus Marianka zur Gruppe. Er war mit Perl, einer Tochter Isas befreundet. Perl war ein dunkelhaariges Mädchen, das für seine Schönheit in der ganzen Gegend bekannt war. Ich kannte sie alle von Zusammenkünften auf dem Hof der Friedmanns in Hola.

Die Höhle war sehr gut getarnt und auch aus unmittelbarer Nähe kaum sichtbar. Innen war es so niedrig, daß man nicht aufrecht stehen konnte. Es war nicht genug Platz da für die ganze Gruppe, darum mußten sich einige im Freien aufhalten. Das war das eine Problem. Das andere hing mit dem Kind von Mojsche und Ziesel zusammen: Es war hungrig und schrie. Ziesel konnte ihm keine Milch geben und es auch sonst nicht füttern. Aber es war oberstes Gebot, keine Geräusche zu machen, weil es in der Nähe Kuhweiden gab. Bisweilen konnten wir sogar hören, wie die Hirten miteinander redeten.

Ich sah bald, daß wir hier nicht sicher waren und versuchte, Josel Barbanel davon zu überzeugen, daß kleinere Gruppen günstiger wären, weil sie nicht soviel Aufmerksamkeit erregten. Josel stimmte mir zu, wollte aber Perl nicht zurücklassen. Die wiederum wollte bei ihren Eltern und die Eltern bei der gesamten Gruppe bleiben. Wir konnten Josel nicht zu unserem Plan überreden und verschoben unseren Aufbruch erst einmal.

Die Gruppe hatte Hola verlassen, bevor Manja und ich dort aus Lubien angekommen waren. Der Schuster Selig kannte das Versteck, und alle hatten sich auf direktem Weg dorthin begeben. Ziesel hatte noch ihre Schwester Chaja (Manjas Mutter) und deren Sohn Schmuel (Manjas Bruder) mitnehmen wollen, aber Chaja hatte lieber auf Manja warten wollen.

Der Säugling schrie auch weiterhin vor Hunger. Als ich eines Morgens aufwachte, war das Kleine tot. Niemand stellte nähere Fragen – wir alle spürten, wie schwierig es für Ziesel und Mojsche gewesen sein mußte, ihr Kind zu ersticken. Weil wir keine Schaufel hatten, machten wir ein Steingrab, und David, der Großvater, sprach den Kaddisch. Wir alle weinten.

Ein paar Tage später hörten wir kurz vor Tagesanbruch Geräusche von Bewegungen um uns herum. Das Unterholz knackte und knisterte. Da wußten wir, daß wir umzingelt waren. Wir hörten, wie Ukrainisch geredet wurde. Es waren Dorfbewohner aus Zamolodycze. Sie schrien zur Höhle hinüber: »Kommt da raus, ihr Juden!« Von allen Seiten kamen sie auf uns zu, mindestens 70, bewaffnet mit Knüppeln und Forken. Einer ihrer Anführer war Wassil, ein junger Mann aus Zamolodycze (nicht derjenige, welcher geholfen hatte, die Juden in den Wäldern um Hola zusammenzutreiben) und mittlerweile Polizist in Wlodawa. Er hatte ein Gewehr dabei. Ich kannte ihn, weil er oft zur Mühle der Friedmanns gekommen war. Er erkannte mich auch, als er mich sah.

Als sie die Höhle erreicht hatten, waren die meisten von uns schon hinausgekrochen. Die Dörfler erkannten gleich, daß Selig nicht bei uns war. Zwei von ihnen beugten sich zum Höhleneingang hinunter und riefen: »Selig, komm raus!« Als er nicht auftauchte, krochen sie in die Höhle und zerrten ihn heraus.

Offenbar hatten die Dorfbewohner, die nicht von Deutschen begleitet wurden, vor, uns von der Höhle fortbringen. Sie führten uns zunächst auf eine kleine Lichtung, dann marschierten sie mit uns in Richtung Zamolodycze. Ich hatte das Gefühl, daß sie uns etwas antun wollten. Ich zog meinen schweren Mantel aus und hängte ihn über den Arm. Als wir an einem größeren Wald vorbeikamen, rief ich auf Jiddisch so laut ich konnte: »Lauft!« Mojsche und Ziesel aber weigerten sich. Sie sagten: »Wir laufen nicht weg. Sie können uns töten. Wir haben nichts mehr, wofür wir leben können.«

Ich griff nach Manjas Hand und wir liefen fort, so schnell wir konnten. Ich hoffte, die anderen würden das gleiche tun. Die Dorfbewohner schrien: »Schnappt sie euch!«. Wir liefen nach links, auf den Wald zu, und als ich mich umdrehte, konnte ich sehen, daß die übrige Gruppe sich zersplittert hatte und die Menschen in verschiedene Richtungen davonrannten. Ich vernahm einen Gewehrschuß, dann noch einen, und ich bemerkte, daß ein Mann uns verfolgte. Wir rannten sehr schnell, aber irgendwann hatte er uns eingeholt und riß am Mantel, den ich immer noch über dem Arm trug. Ich ließ den Mantel fallen und hoffte, daß er nun von uns ablassen werde, aber er war hartnäckig. Während ich weiterrannte, zog ich das Jagdmesser aus der Tasche, und als er uns erneut eingeholt hatte, blieb ich plötzlich stehen, drehte mich um und stach ihm mit aller Kraft in die Brust. Er fiel ohne einen Laut zu Boden, während wir weiterrannten. Ich hörte die Dorfbewohner aus der Ferne rufen, aber niemand verfolgte uns mehr.

Wir liefen noch etwa eine halbe Stunde lang in den Wald hinein. Dann kamen wir an eine Straße, die wir nicht überqueren wollten, aus Angst, entdeckt zu werden. Am Straßenrand wuchsen dicht bei dicht Kiefern, deren Zweige bis zur Erde reichten. Wir warfen uns auf den Boden und rollten uns unter die Zweige. Wir waren so außer Atem, daß wir längere Zeit kein Wort hervorbrachten. Es begann zu regnen. Ich hatte Mütze und Mantel verloren, mein Gesicht war von den Zweigen blutig gepeitscht worden, ich zitterte vor Angst und Kälte. Manja war in ebenso schlechter Verfassung. Sie hatte ihr Tuch verloren. Wir waren klatschnaß und hungrig.

Wir entschlossen uns, bis zum Dunkelwerden in unserem Versteck zu bleiben und dann erst die Straße zu überqueren. Nachdem wir zwei Stunden so gelegen hatten, hörten wir eine Abteilung berittener deutscher Soldaten, die sich auf der Straße in unsere Richtung bewegten. Als sie näherkamen, bemerkte ich, daß ein großer Hund hinterdrein trabte, der ständig von einer Straßenseite auf die andere wechselte. Wir hielten den Atem an, aber zum Glück schnüffelte er, als er auf unserer Höhe angekommen war, auf der anderen Seite. Die Deutschen ritten vorüber, und wir wagten erst wieder zu atmen, als der Hufklang allmählich in Richtung Zamolodycze verhallte.

Etwa eineinhalb Stunden später hörten wir Schüsse, die aus der Richtung zu kommen schienen, wo Zamolodycze lag. Ich zählte etwa dreißig Schüsse, dann war alles wieder ruhig. Nach einer Weile kamen die Deutschen samt Hund wieder zurück und ritten erneut vorüber, ohne daß etwas geschah. Endlich wurde es dunkel. Wir waren durchnäßt, halb erfroren und hungrig. Wir hatten Angst, ein Dorf aufzusuchen.

Ich war dafür, zu Stefans Hof zurückzugehen, obwohl er mich davor gewarnt hatte. Ich kannte ihn und glaubte nicht, daß er seine Drohung wahrmachen werde. Der Weg zum Hof war ein hartes

Stück Arbeit. Manja war krank und fieberte stark. Sie konnte kaum gehen, und wir mußten viele Pausen einlegen.

Wir kamen spät in der Nacht in Lubien an und näherten uns Stefans Hof mit großer Vorsicht. Ich gab das Klopfzeichen, aber niemand antwortete. Ich klopfte lauter, nannte meinen Namen und sagte, daß ich hungrig wäre, aber im Haus bewegte sich nichts. Nun ging es mir also doch so wie damals den russischen Soldaten. Schließlich gab ich es auf und wir gingen zu Wassils Hof hinüber, wo Manja gearbeitet hatte. Sie klopfte ans Fenster, aber auch hier rührte sich nichts.

In unseren nassen Kleidern machten wir uns in jener kalten Dezembernacht nach Hola auf. Von weitem schon erblickten wir Polaschkas Haus. Wir beschlossen, es dort zu versuchen und klopften an. Sie öffnete die Tür, ganz überrascht, uns erneut zu sehen, und ließ uns ein. Als wir eintraten, bekreuzigte sie sich. Ich erklärte, daß Manja krank sei und wir etwas zu essen brauchten. Sie zog Manja sofort die nassen Kleider aus und rieb sie mit einem Handtuch ab. Dabei sprach sie zu sich selbst: »In einer solchen Nacht, und dann kein Dach über dem Kopf? Mein Gott!«

Ihre Kate bestand aus einem Raum mit einer niedrigen Decke. Möbel gab es nicht, nur zwei Holzkisten in der Mitte des Raumes, der zur Hälfte von einem Ofen eingenommen wurde. In einer Ecke stand eine kleine Kiste mit einer Petroleumlampe, die funzeliges Licht verbreitete. Einziger Wandschmuck war ein Kruzifix.

Die Bettstadt war auf dem Ofen, wo Polaschkas Mann schon schlief, als wir ankamen. Er galt allgemein als verrückt, weil er beständig lächelte und die Welt um sich herum nicht zu bemerken schien. Polaschka machte die ganze Arbeit. Sie war eine großzügige, warmherzige Frau, die mit uns alles teilte, was sie hatte, und das war wahrlich nicht viel. Sie gab Manja ein paar trockene Sachen zum Anziehen und mir eine alte zerrissene Joppe und einen Hut von ihrem Ehemann. Danach wärmte sie ein bißchen Milch auf und fand sogar noch ein Stückchen Brot, mit dem sie uns fütterte. Die ganze Zeit sprach sie zu uns wie eine Mutter zu ihren Kindern.

Sie erzählte uns, was sie von den Dorfbewohnern über das Massaker an den Juden in Zamolodycze gehört hatte, wobei sie nicht wußte, daß wir mit zu dieser Gruppe gehört hatten. Alle Bauern, so sagte sie, seien losgezogen, um die in den Wäldern versteckten Juden aufzustöbern. Sie hätten sie dann nach Zamolodycze gebracht und in Seligs Haus eingesperrt. Dann sei einer der Dorfbewohner nach dem acht Kilometer entfernten Sosnowica geritten, um die Deutschen zu benachrichtigen. Die kamen, holten einen Juden nach dem andern aus dem Haus und erschossen sie.

Die Dorfbewohner sahen der Hinrichtung zu. Sie kannten diese Juden, waren zusammen mit ihnen aufgewachsen und hatten Geschäfte mit ihnen getätigt. Sie kannten auch die Eltern und Großeltern dieser Juden. Selig war der Dorfschuster gewesen, er hatte für das ganze Dorf die Schuhe gemacht. Sein Sohn, Mendel, versuchte zu entkommen. Er war aus einer Dachluke gesprungen und weggerannt, aber die Dorfbewohner fingen ihn ein, und die Deutschen erschossen auch ihn. Dann gruben die Dorfbewohner in Seligs Garten ein großes Loch und verscharrten die Leichen. »Wie konnten sie das nur tun?«, rief Polaschka aus. »Es ist das Ende der Welt, und Gott wird sie alle strafen!«

Polaschka sah, wie krank Manja war. Sie fieberte immer noch und litt an Schüttelfrost. Als ich sah, wie rührend Polaschka sich um sie kümmerte, fragte ich, ob Manja noch eine Nacht bei ihr bleiben könne. Ich würde mich im Wald verstecken und am nächsten Abend zurückkommen. Polaschka versprach, Manja auf dem Dachboden zu verstecken. Sie gab mir ein Stück Brot, ich zog mir die alte Joppe über und verließ das Haus. Die Sonne ging gerade auf.

Ich lief den ganzen Tag durch den Wald, ohne große Pausen einzulegen. Am Abend kehrte ich zu Manja und Polaschka zurück. Manja ging es etwas besser, das Fieber war verschwunden. Noch vor Tagesanbruch machten wir uns wieder auf den Weg, nicht ohne Polaschka herzlich zu danken.

Wir gingen zurück in den Wald von Zamolodycze, um, wie wir vorher vereinbart hatten, zu sehen, ob sich noch andere Überlebende bei der Höhle einfinden würden. Außerdem fiel mir ein, daß Moniek während der Aktion der Dorfbewohner nicht bei uns gewesen war. Er hatte uns in der Nacht zuvor verlassen, um dem Bauern, für den er gearbeitet hatte, eine Gans zu stehlen. Es gab viele Gänse auf dem Hof, und er wußte, wo sie nachts untergebracht waren. Ich hatte ihm noch vorgeschlagen, lieber ein Huhn zu stehlen, das würde weniger Lärm machen als eine Gans. Vielleicht war wenigstens Moniek noch am Leben. Nach zwei Tagen fanden wir Josel Barbanel und Fajga, Seligs sechzehnjährige Tochter. Bald darauf kam auch Moniek, unter jedem Arm eine Gans. Als die Dorfbewohner uns aufspürten, hatte Josel einen Revolver dabei. Bei unserer Flucht wurde er von einem Bauern verfolgt, den er verwundete. So konnte er entkommen.

Wir hielten uns noch ein paar Tage in dem Gebiet auf, in der Hoffnung, daß auch andere entkommen wären und nach uns suchten. Josel war untröstlich, daß er seine Freundin Perl nicht hatte retten können. Er hoffte aber, daß sie nicht unter den Erschossenen war und bestand darauf, weiter nach ihr zu suchen.

Ich erzählte ihm also die ganze Wahrheit, wie wir sie von Polaschka erfahren hatten. Ich erzählte von Mendels vergeblichem Fluchtversuch, davon, wie die Deutschen einen nach dem anderen aus dem Haus geholt und erschossen hatten – und daß auch Perl unter den Ermordeten gewesen sei. Josel und Fajga brachen in Tränen aus, als sie das hörten, aber ich fühlte mich verpflichtet, ihnen alles zu sagen.

Kurz danach stießen wir noch auf Isas jüngsten Sohn, David, den Bruder von Perl. Von den 20 Leuten, die ursprünglich im Versteck gewesen waren, hatten nur sechs überlebt: Fajga, Josel, Moniek, David, Manja und ich. Alle anderen waren in Zamolodycze erschossen worden.

Ich verliere Manja im Wald von Skorodnica

Es wurde immer kälter. Moniek hatte seine zwei Gänse, aber wir konnten aus Angst davor, entdeckt zu werden, kein Feuer machen, um sie zuzubereiten.

Josel schlug vor, den Wald von Zamolodycze zu verlassen und uns in Richtung des Dorfes Marianka zu bewegen. Dort stammte er her, und er glaubte, daß seine Familie sich dort irgendwo in den Wäldern versteckt hielt. Sein Vater, Rachmiel Barbanel, war vor

112

dem Krieg ein erfolgreicher Viehhändler gewesen. Mit seiner Frau hatte er vier Söhne – Chaim, Josel, Symcha und Chanina – und drei Töchter. Die Vorfahren waren schon seit Generationen in der Region ansässig gewesen, und so besaß die Familie viele Verwandte in Sosnowica und Wlodawa wie auch in den umliegenden Dörfern. Als die Deutschen alle Juden in die Ghettos schickten, floh Rachmiel mitsamt seiner Familie und den Verwandten in den Wald von Marianka – alles in allem versteckten sich dort an die 50 Menschen. Ich war Rachmiel das erste Mal in David Turnos Synagoge begegnet. Er genoß in seiner Familie den Respekt eines Patriarchen. Dennoch war Josel seiner Freundin Perl und deren Familie in den Wald von Zamolodycze gefolgt.

Als wir uns Marianka näherten, wies Josel auf einen Bauernhof, der etwas abseits des Dorfes am Waldrand lag. Er gehörte einem Bauern namens Pakula, einem glühenden polnischen Patrioten und achtbaren Mann, der mit den Barbanels seit langem befreundet war. Als die Deutschen nach Marianka kamen, erwies sich Pakula als große Hilfe für die Familie Barbanel.

Mitten in der Nacht erreichten wir Pakulas Hof. Josel ging ins Haus, während wir draußen fröstelnd im kalten Regen warteten. Nach einiger Zeit kam Josel zurück und holte uns hinein. Pakula war etwa 35 Jahre alt und lebte hier mit seiner Frau und zwei Töchtern. Das Haus war warm und roch nach frisch gebackenem Brot. Die Wärme und der Duft hüllten uns ein und machten uns schläfrig. Moniek setzte sich auf eine Kiste und schlief sofort ein. Pakulas Frau schnitt das frisch gebackene Brot an und gab jedem von uns eine Scheibe. Wir versuchten Moniek zu wecken, damit auch er essen könne, aber er schlief einfach weiter. Fajga und Manja waren immer noch untröstlich über den Verlust ihrer Familien. Pakula hatte von dem Massaker in Zamolodycze gehört und versuchte sie zu trösten. »Bevor es hell wird«, sagte er in Anlehnung an ein altes Sprichwort, »muß es erst dunkel sein. Auch die Herrschaft der Deutschen wird einmal enden.«

Pakulas ungewöhnliche Freundlichkeit erstaunte mich. Ich nahm ihn beiseite und fragte ihn, ob wir von den Bauern Waffen bekommen könnten. Zweimal war ich jetzt den Verfolgungsjagden mit knapper Not entkommen, und diese Erfahrung hatte mich gelehrt, daß wir ohne Waffen im Wald nicht überleben, ja nicht einmal uns Nahrung verschaffen konnten. Er sagte, viele Dorfbewohner besäßen Gewehre, die sie vergraben hätten. Er kannte sogar einen Bauern, der ein polnisches Kampfflugzeug versteckt hielt. Im September 1939 mußte ein Pilot wegen Treibstoffmangel notlanden, und der Bauer hätte das Flugzeug so, wie es war, auf dem Feld vergraben. Er wisse zwar nicht, wer Waffen hätte, würde aber versuchen, dies für uns herauszufinden.

Pakula hatte keine Ahnung, wo Josels Familie sich aufhielt, aber ab und zu, so sagte er, kämen Josels Brüder zu seinem Hof, um etwas zu essen zu holen. Er sagte uns, wir sollten in die Scheune hinübergehen und dort schlafen. Vor Tagesanbruch sollten wir in die Wälder zurückkehren und die nächste Zeit in der Nähe bleiben. In der Nacht könnten wir wiederkommen, vielleicht würde inzwischen einer von Josels Brüdern auftauchen.

Nachts hielt ich Wache und schlief nur wenig. Durch die Ritzen in der Wand spähte ich nach draußen und bemerkte, daß auch Pakula nicht schlafen konnte. Ständig ging er zwischen dem Hof und der Scheune hin und her. Er wollte uns wohl beschützen. Er trug einen schweren dunklen Mantel, und ich fragte mich, wie wir den näherrückenden Winter überleben sollten.

Ich weckte die anderen vor Tagesanbruch, und wir zogen uns wieder in die Wälder zurück. Drei Nächte und zwei Tage verbrachten wir so in Wald und Scheune. In der dritten Nacht weckte uns Pakula, um uns die Ankunft von Symcha und Chanina mitzuteilen. Sie hatten von dem Massaker in Zamolodycze gehört und Pakula gleich gefragt, ob er etwas über Josels Schicksal wüßte. Statt einer Antwort führte Pakula uns alle ins Haus, und die beiden waren überglücklich, uns zu sehen.

Pakula gab uns einige Laib Brot, Grütze und andere Lebensmittel, während seine Frau Monieks Gänse zubereitete. Wir dankten den beiden und brachen dann mit Symcha und Chanina zu den Wäldern von Skorodnica auf, einem Dorf in der Nähe von Marianka.

Nach Mitternacht zogen wir los. Chanina, 20 Jahre alt und großgewachsen, führte uns. Obwohl er das Gebiet sehr gut kannte, verlor er aufgrund des frisch gefallenen Schnees im dichten Wald die Orientierung. Wir hielten nach einem abgebrochenen Zweig Ausschau, bei dem wir abbiegen sollten. Pfade gab es nicht. Wir liefen kilometerweit, ohne den Punkt, an dem wir abbiegen sollten, zu erreichen.

Es war schon fast hell, als wir sahen, daß wir uns in der Nähe von Zamolodycze befanden, also genau in der entgegengesetzten Richtung marschiert waren. Da wir nicht entdeckt werden wollten, zogen wir uns in den Wald zurück und warteten auf den Anbruch der Nacht. Manja war so müde vom Gehen, daß sie sich niederlegte, noch bevor wir ein paar Zweige als Unterlage sammeln konnten. Der Boden war naß vom Schnee, und wir waren völlig durchgefroren.

Als es dunkel war, marschierten wir weiter. Diesmal führte Symcha uns an, der ein Tempo vorgab, dem Manja und Fajga nicht folgen konnten. Auf meine Bitte hin verlangsamte er seinen Schritt.

Bei Tagesanbruch erreichten wir das Gebiet, in dem Josels Familie ihr Lager aufgeschlagen hatte. Den Rauch von ihren Kochstellen konnten wir schon von weitem sehen. Wir hörten auch, wie sie Holz schlugen, ein Geräusch, das im ganzen Wald widerhallte. Ich wollte sofort wieder umdrehen und sagte unserer Gruppe, sie solle sich den anderen nicht anschließen, sondern in einiger Entfernung bleiben. Symcha stimmte mir zu. Die andere Gruppe umfaßte an die 75 Mitglieder; eine solche Größe konnte leicht Aufmerksamkeit erregen.

Rachmiel und die anderen waren überglücklich, Josel wohlbehalten wiederzusehen. Außerdem trafen wir noch Chaim Weismann aus Marianka mit seiner Frau und fünf Kindern, ferner Herschel aus Skorodnica mit seiner Frau Chana, deren Mutter sowie der zweijährigen Tochter und viele andere.

Ich war sehr müde vom vielen Marschieren. Nachdem ich alle begrüßt hatte, setzte ich mich etwa 50 Meter von der Gruppe entfernt auf den Boden, lehnte mich gegen einen Baum und schlief sofort ein.

Wie lange ich geschlafen hatte, wußte ich nicht, aber ich wachte auf, als der Lärm automatischer Gewehre ertönte. Ich sprang auf und sah mich um. Die Gruppe war nicht mehr zu sehen. Ich floh die Richtung, aus der das Gewehrfeuer kam und gelangte zum Waldrand. Da sah ich, wie die Gruppe aus dem Wald auf ein offenes Feld zu meiner Linken lief. Ich wandte mich nach rechts und lief am

Waldrand entlang. Das Gewehrfeuer war eine Finte der Deutschen, um die Menschen aus dem Wald zu jagen. Das Feld war schlammig und schlüpfrig. Auf der anderen Seite begann wieder der Wald. Ich schaute nach links und sah, wie die Menschen auf dem Feld ausrutschten und hinfielen, wieder aufstanden und weiterrannten. Fortwährend wurde geschossen. Einige fielen hin und standen nicht mehr auf. Andere versuchten, sich vor den Kugeln zu schützen, indem sie Bettdecken über ihrem Kopf hielten.

Als ich weiter am Waldrand entlanglief, fiel ich bis zum Hals in einen Morast. Ein kleiner Junge, der hinter mir her gelaufen war, versank ebenfalls darin, hielt sich aber an überhängenden Zweigen fest. Er stammte aus der Gegend und warnte, ich solle nicht weiterlaufen, weil die Landstraße nur einige Meter entfernt sei. Das Schießen dauerte noch eine Weile an, dann wurde es immer sporadischer.

Wir blieben den ganzen Tag lang im Sumpf und hörten, wie die Deutschen das Gelände durchkämmten. Sie kamen uns aber wegen des morastigen Untergrunds nicht nahe genug, um uns zu entdecken. Am Abend hörten wir das Fahrgeräusch von Lastwagen. Die Deutschen fuhren auf der Landstraße davon.

Als es dunkel geworden war, kletterten wir aus dem Morast heraus und kehrten zu dem Platz zurück, wo der Angriff begonnen hatte. Auch andere kamen in Grüppchen zurück und suchten nach ihren Verwandten. Ich konnte Manja nicht finden, und von den anderen hatte sie keiner gesehen. Nach einigen Stunden bangen Wartens kam sie endlich. Sie hatte sich unter Bäumen versteckt und war von den Deutschen nicht entdeckt worden. Auf dem Rückweg hatte sie sich verlaufen, darum kam sie so spät. Chaim Weismann hatte auf ähnliche Weise überlebt Er war nicht mit den anderen davongelaufen, sondern hatte sich versteckt. Auch seine Frau und seine Kinder hatten überlebt, während Rachmiel Barbanel, seine Frau, eine seiner Töchter und viele seiner Verwandten getötet worden waren, als sie aufs freie Feld liefen. Seine Söhne hatten überlebt, eine weitere Tochter war verwundet worden.

Überlebt hatten auch Wigdor und seine Frau, Herschel mit seinen Angehörigen sowie ein Bruder von Rachmiel Barbanel, Motel, mit seiner Frau Chantsche. Insgesamt waren bei dem Angriff 40 Menschen ums Leben gekommen. Wir begruben die Toten und zogen zu einem anderen Platz, der ungefähr acht Kilometer entfernt lag.

Wir waren jetzt vorsichtiger. Wir saßen in kleinen Gruppen von fünf bis sechs Leuten etwa hundert Meter voneinander entfernt im Wald. Das Essen holten wir uns von freundlich gesonnenen Dorfbewohnern. Herschel und seine Frau Chana gingen zu einem Nachbarn in Skorodnica, bei dem sie einige Haushaltsgegenstände gelassen hatten und kamen mit einem Federbett zurück. Chaim Weismann holte sich aus Marianka Bettzeug. Jetzt, gegen Ende des Jahres 1942, schlug die Winterkälte zu, und wir lagen zu zehnt unter Chanas Federdecke.

Wir waren nun beständig auf der Hut, versteckten uns tief im Wald, fern jeder Straße. Im Januar 1943 traf eine Gruppe von etwa 40 bewaffneten russischen Partisanen in unserem Gebiet ein. Angeführt wurden sie von Fjodor, einem erfahrenen Militär. Sie kamen aus dem Wald von Makoszka bei Parczew, etwa 30 Kilometer westlich von uns. Dort waren sie von den Deutschen eingekreist und angegriffen worden. Sie hatten die Einkreisung unter schweren Verlusten durchbrechen können und sich schließlich in unser Gebiet durchgeschlagen. Auch im Wald von Makoszka, sagten sie, gebe es viele Gruppen von Juden, die sich der Zwangseinweisung in die Ghettos widersetzt hätten. Viele allerdings seien von den Deutschen bereits getötet worden.

Kurz vor der Ankunft der Russen hatte es einen gewaltigen Schneesturm gegeben, so brauchten die Deutschen nur ihren Spuren zu folgen, um sie zu finden. Wenige Tage später tauchten sie auf und eröffneten das Feuer. Die Russen antworteten mit Gegenfeuer. Wir stoben nach allen Richtungen auseinander. Das Gefecht dauerte den ganzen Tag, mit Verlusten auf beiden Seiten. Zum Glück waren die Tage kurz, und als es dunkel wurde, zogen sich die Deutschen zurück.

Da wir Juden keine Waffen hatten, liefen wir davon, als die Schießerei begann. Als ich wegrannte, sah ich, wie Chana von einer Kugel getroffen wurde und auf ihre zweijährige Tochter fiel, die sie auf dem Arm getragen hatte. Ich schlug einen Haken und fiel in eine Schneewehe. Dort blieb ich liegen, bis die Schießerei aufhörte.

Als wir in der Dunkelheit zu unserem Lager zurückkehrten, konnte ich Manja nicht wiederfinden. Niemand hatte sie gesehen, einige wollten bemerkt haben, daß sie, von einer Kugel getroffen, zu Boden gefallen sei. Ich aber konnte es nicht fassen, meine langjährige Freundin verloren zu haben, mit der ich soviel durchgemacht hatte. Ich hoffte wider besseres Wissen, sie eines Tages doch lebend wiederzusehen.

Als die Russen uns verließen, war unsere kleine Gruppe wieder allein im Wald. Sie wollten uns nicht mitnehmen, weil wir keine Waffen besaßen.

Die Jagd

Im Winter 1942/43 hatten wir unser Lager im Wald von Skorodnica nahe dem Dorf Wyryki aufgeschlagen. Wir waren in kleine Gruppen unterteilt, die zusammengenommen etwa 40 Personen umfaßten. Einige von uns besaßen Gewehre, die sie von Bauern aus der Umgegend gekauft hatten.

Die Kälte war so unerbittlich, daß die Birken mit lautem Krachen entzweisplitterten. Vögel erfroren und fielen von den Bäumen. Ohne Feuer ließ es sich nachts nicht mehr aushalten. Wir saßen um kleine Feuerstellen herum, so daß wir von vorne gewärmt wurden, während am Rücken die schneenassen Mäntel brettsteif gefroren. Unsere Hände und Gesichter waren schwarz vor Rauch und unsere Kleider von den Funken mit winzigen Löchern durchsetzt, während wir unsere Füße so nah ans Feuer hielten, daß es unsere Stiefelspitzen versengte.

Wir mußten uns ständig bewegen, um keine Erfrierungen an den Füßen zu bekommen. An extrem kalten Wintertagen waren die Stunden vor der Morgendämmerung am schlimmsten. Furcht und Kälte zehrten uns aus. Wer eine Waffe hatte, fühlte sich etwas weniger ausgeliefert. Wenn wir uns Essen besorgten, konnten wir bisweilen auch ein paar warme Kleider für die anderen Mitglieder der Gruppe mitbringen.

Eines Morgens hörten wir Hörnerklang und Schüsse von fern aus dem Wald. Wir verließen die Feuerstellen und das Essen und rannten davon, zuerst die Älteren und die Unbewaffneten, dann die fünf mit Gewehren, um ihnen Rückendeckung zu geben. Wir wußten nicht so recht, wohin wir laufen sollten, da die Schüsse aus allen Richtungen zu kommen schienen. Außerdem hörten wir das Bellen vieler Hunde, das mir aber nicht von Hofhunden, sondern eher von Wölfen zu stammen schien.

Schon bald sahen wir jede Menge Wild, das in unsere Richtung lief: Wildschweine, Füchse, Wölfe, Rehe und andere Tiere. Es ertönten laute Rufe in polnischer Sprache. Wir erkannten nicht sogleich, daß die Schüsse nicht uns galten. Später erfuhren wir, daß die Deutschen mit einigen polnischen Adligen eine Jagd ausgerichtet und zu diesem Zweck viele Dorfbewohner als Treiber eingesetzt hatten. Unter ihnen waren auch 50 jüdische Gefangene aus Adampol, einem Zwangsarbeitslager bei Wlodawa, das dem Kommando eines deutschen SS-Offiziers namens Selinger unterstand. Sie wurden von einer deutschen Sonderabteilung überwacht, die ebenfalls an der Jagd beteiligt war.

Nun saßen wir zusammen mit den Tieren in der Falle. Unsere fünf Bewaffneten eröffneten das Feuer auf die heranrückenden Deutschen, um den anderen Gruppenmitgliedern Gelegenheit zu geben, zu entkommen.

Dann geschah ein Wunder. Plötzlich erhob sich ein gewaltiger Schneesturm. Der Himmel wurde pechschwarz. Das Geräusch der hurrikan-ähnlichen Windstöße war angsteinflößend. Bäume fielen zu Boden, und wir konnten nichts mehr sehen. Die Deutschen bliesen die Jagd ab. So hatte das Unwetter uns und die Tiere gerettet.

Am Abend flaute der Sturm ab, und wir kehrten in unser Lager zurück. Als einige von uns am Morgen noch nicht wieder aufgetaucht waren, begannen wir mit der Suche. Wir fanden über ein Dutzend, steifgefroren, vom Sturm überrascht. Wir trugen sie in die Höhle, die einige von uns bis dahin als Unterschlupf genutzt hatten. Sie war im Winter zuvor von Russen gegraben worden. Jetzt diente sie als Massengrab, aber es paßten nicht alle Leichen hinein. Einige waren in einer Körperhaltung erfroren, die ein Begräbnis in der

Höhle unmöglich machte. Wir legten sie auf den Boden und bedeckten sie mit Schnee.

Zu ihnen gehörte auch David, der Sohn Isas aus Hola. Er war einer der wenigen, die mit mir dem Massaker von Zamolodycze entkommen konnten. Nun war auch er tot und lag begraben unter dem Schnee.

Wir gehen in die Offensive

Der Schmutz, die Läuse, die Kälte, der Hunger, der Verlust von Angehörigen – all das machte viele Mitglieder unserer Gruppe glauben, sie wären im Ghetto von Wlodawa besser aufgehoben. Wlodawa war die einzige Stadt in der Region, wo die Juden noch im Ghetto lebten, während die Ghettos in den Nachbarstädten bereits aufgelöst und die Bewohner in Konzentrationslager abtransportiert worden waren.

Ich war der Meinung, daß die Deutschen das Ghetto von Wlodawa, wo die Juden noch unter einigermaßen erträglichen Bedingungen leben konnten, deshalb aufrechterhielten, um die in den Wäldern und anderswo Versteckten zum Aufgeben zu bewegen. So könnten sie schließlich alle Juden in der Region auf einen Schlag liquidieren. Ich sagte dies den anderen, die jedoch meinten, sie würden den kalten Winter in den Wäldern nicht überleben.

Chaim Weismann, der bereits seine Frau und vier seiner fünf Kinder verloren hatte, entschied sich dafür, mit seiner jüngsten Tochter, Bebale, ins Ghetto zu gehen. Ihm folgten Chaim Barbanel, seine verwundete Schwester Esther, der ›lange‹ David aus Sosnowica mit seiner Schwester und seinem Stiefbruder Mojsche Szywak und noch viele andere, insgesamt etwa 20 Personen. Sie versprachen, im Frühjahr in die Wälder zurückzukehren, falls sie den Winter im Ghetto überstehen. Damit waren wir nur noch sechs: Moniek, Fajga, die drei Brüder Barbanel – Josel, Symcha und Chanina – und ich.

Pakula sagte uns, er habe von anderen Dorfbewohnern erfahren, daß im Wald von Makoszka bei Parczew noch russische Partisanenverbände aktiv seien. Wir wußten, daß wir in dem Gebiet, wo wir uns augenblicklich aufhielten, nicht mehr lange bleiben konnten. Es wurde immer schwieriger, von den Bauern Lebensmittel zu bekommen, und wir besaßen nur wenige Waffen. Wenn wir überleben wollten, mußten wir uns besser bewaffnen und uns einer größeren Gruppe im Wald von Makoszka anschließen.

Zu diesem Zeitpunkt verfügten wir nur über Josels Revolver und eine Signalpistole, die Chanina einmal auf einem Feld bei Marianka gefunden hatte. Das war natürlich nur dem Aussehen nach eine Schußwaffe.

Ich entschloß mich, zu Stefan zu gehen und mir sein Gewehr zu verschaffen. Vorher jedoch gelang es uns, einem freundlich gesonnenen Bauern eine abgesägte Schrotflinte abzukaufen. Wir zahlten ihm viel Geld dafür, waren aber froh, sie zu besitzen. Weil sie so kurz war, konnten wir sie unterm Mantel tragen, ohne daß sie weiter auffiel.

Wir machten uns auf den Weg zu Stefans Hof in Lubien, wo wir am Abend ankamen. Zu dieser Zeit war Stefan für gewöhnlich im Stall, um die Kühe zu melken. Symcha, Josel, Chanina und ich gingen dorthin, während Fajga und Moniek hinter dem Gebäude warteten. Aus dem Stall drang das Licht einer Petroleumlampe. Ich hatte Josels Revolver, Chanina seine Signalpistole, und Symcha trug die Schrotflinte. Schweigend betraten wir den Stall; der Hund, der mich wie immer freudig begrüßt hatte, folgte uns. Stefan war tatsächlich dabei, die Kühe zu melken. Ich legte den Revolver auf ihn an und brüllte: »Hände hoch!« Stefan drehte sich um, sah mich an und fragte: »Herschku, willst du mich töten?« »Nein«, erwiderte ich, hielt aber den Revolver weiterhin im Anschlag.

Chanina und Symcha hielten ihre Waffen bereit. »Ich will dein Gewehr«, sagte ich, »und ich gebe dir zwei Minuten, um es zu holen. Anderenfalls bist du tot.« »Aber ich habe kein Gewehr«, antwortete er. »Wirst du mich jetzt töten?« »Du hast noch eine Minute. Wo ist das Gewehr?«, fragte ich mit Nachdruck. Er erkannte, daß es mir ernst war. Das Gewehr, so sagte er, sei in der Scheune. Der Hund wußte nicht recht, wie er sich verhalten sollte, aber er spürte die

Spannung, die in der Luft lag. Er blickte von Stefan zu mir und fing an zu knurren.

Wir gingen in die Scheune hinüber, und ich fragte Stefan, wo das Gewehr sei. Er wollte es selbst holen, aber das ließ ich nicht zu. Schließlich sagte er, es sei in der Nische eines Dachbalkens versteckt. Dort fand ich es auch und noch eine Schachtel Patronen dazu. Es war das Gewehr, mit dem er mich bedroht hatte, als ich zu ihm kam, um Lebensmittel zu holen. Bevor wir ihn verließen, sagte ich, wir gehörten zu einer großen Gruppe jüdischer Partisanen. Sollten, so drohte ich, die Dorfbewohner einen Juden jagen und töten, würden wir wiederkommen, um das Dorf niederzubrennen. Er bot uns etwas zu essen an, was wir nicht abschlugen. Waffen verleihen eben Macht. Er bat mich, den Partisanen zu sagen, wie gut er zu mir gewesen war.

Wir rannten in den Wald zurück, und nach etwa einer Viertelstunde hörten wir die Kirchenglocken von Lubien Sturm läuten. Offenbar hatte Stefan mit seiner Alarmvorrichtung, die jeder Hof besaß – eine Glocke oder ein Stück Metall –, für diese Warnung an die Dorfbewohner gesorgt.

Wir verließen die Gegend von Lubien und wanderten nach Marianka hinüber, um Pakula zu besuchen. Der erzählte uns, daß ein Bauer in Marianka, der mit den Deutschen kollaborierte und mit der Polizei von Wlodawa freundschaftlich verkehrte, ein Gewehr besaß. Das wollten wir uns besorgen, notfalls gewaltsam. Wir blieben einige Nächte in Pakulas Scheune, am Tag aber waren wir wie üblich in den Wäldern.

Endlich machten wir uns zu mitternächtlicher Stunde auf den Weg zu diesem Bauernhof, der mitten im Ort gelegen war. Wir klopften an die Tür, aber niemand öffnete. Ein großer Hund verbellte uns, bis ich ihm mit dem Gewehrkolben eins überzog. Danach war er ruhig. Dann sagte ich zu den anderen mit lauter Stimme: »Holt das Kerosin, wir brennen das Haus ab!« Sofort öffnete sich die Tür. Symcha befahl dem Bauern, sein Gewehr herauszurücken, sonst werde er ihn töten. Der Bauer schwor Stein und Bein, daß er kein Gewehr habe. Wir nahmen ihn mit in die Scheune, während Josel die Haustür bewachte, damit niemand fliehen konnte. Wir bearbeiteten ihn kräftig, bis er endlich das Versteck verriet. Das Gewehr – ein nagel-

Chanina Barbanel (links) und Leon (von den Deutschen ›der Athlet‹ genannt) in polnischen Polizeiuniformen, Aufnahme vom 19. Mai 1945. Leon konnte während des Aufstandes in Sobibor am 14. Oktober 1943 aus dem Vernichtungslager fliehen und stieß zu den jüdischen Partisanen in den Wäldern. Er kämpfte in einer Partisaneneinheit bis zur Befreiung.

Jüdische Partisanen im besetzten Polen in der Aufnahme eines russischen Photographen, Ende 1943. Vordere Reihe (von links): Shenka aus Wlodawa, Abram der ›Patzan‹ und Chanina Barbanel. Hintere Reihe (von links): Harold Werner, Symcha Barbanel, Dora Grynszpan, Abram Grynszpan und Welwale der ›Patzan‹.

Welwale ›der Patzan‹ in einer polnischen Polizeiuniform, um 1946.

Sindel und Betty Honigman mit ihrer Tochter in Ostpolen kurz nach der Befreiung im Spätsommer 1944. Sindel konnte, zusammen mit zwei weiteren Lagerinsassen, bei einem Arbeitseinsatz aus dem Vernichtungslager Sobibor fliehen, indem er zwei Wachen tötete und in die Wälder entkam. Betty ließ ihre vierjährige Tochter während des Transports nach Sobibor durch einen Spalt in den Wänden des Viehwaggons gleiten und folgte ihr dann selbst. Sie wurden bis zur Befreiung von befreundeten Bauern versteckt.

Manya Freedman auf einem Paßphoto aus dem Jahre 1939. Harold Werner trug dieses Bild während des ganzen Krieges bei sich und zeigte es überall, wo er hoffte, etwas über ihr Schicksal erfahren zu können.

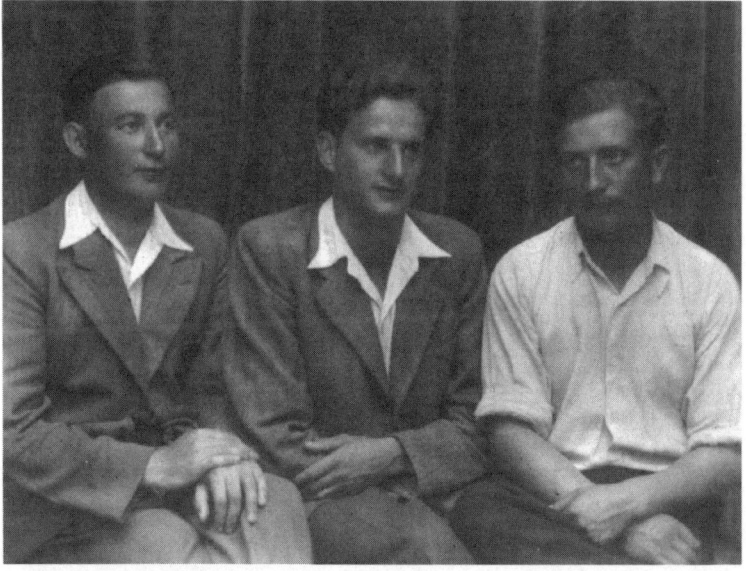

Harold Werner und zwei weitere ehemalige Partisanen, Chanina Barbanel und Herschel aus Skorodnica (von links) in einer Aufnahme aus dem Jahre 1946.

Waffenmeister in einem jüdischen Partisanenlager.

Jüdische Partisanen des Familienlagers von Tuvia Bielski mit ihren
Schutzbefohlenen in den Wäldern von Nablioki, Frühjahr 1944.

Jüdische Partisanen der Armia Ludowa 1944. Rechts der Kommandeur Chiel Grynszpan.

Harold Werner (oben links), Betty und Sindel Honigman (vorne) in einer Aufnahme nach dem Kriege.

neues, noch eingefettetes polnisches Militärgewehr – nahm Moniek an sich. Munition war ebenfalls vorhanden. Nun waren wir alle bewaffnet, bis auf Fajga.

Unser nächstes Ziel war Zamolodycze. Dort wollten wir Rache nehmen für das Massaker vom Vorjahr. Fajga, Seligs Tochter und die einzige Überlebende ihrer Familie, auf deren Hof die ermordeten Juden verscharrt worden waren, führte uns hin. Es war Sonntag nacht, und wir schlichen uns auf Seitenpfaden ins Dorf. Von weitem tönte Musik zu uns herüber. Bald entdeckten wir, daß sie aus Fajgas Haus kam. Fajga hatte unterwegs eine Axt aufgelesen. Voller Wut erinnerte sie sich daran, wie die Dorfbewohner ihre Familie nach Zamolodycze zurückgetrieben hatte.

Wir drangen in das Haus ein, wo gefeiert und getrunken wurde. Ich erkannte Wassil, der die Juden von Zamolodycze an die Deutschen ausgeliefert hatte. Er rannte zum Fenster, aber wir erschossen ihn, bevor er fliehen konnte. Fajga bemerkte einen der Männer, die ihren Vater aus dem Unterschlupf gezerrt hatten. Er trug noch die Stiefel ihres Vaters. Auch ihn erledigten wir. Moniek nahm die Stiefel an sich. Ein anderer Dorfbewohner trug Mojsche Josels Stiefel. Ich befahl ihm, sie auszuziehen. Dann erschossen wir auch ihn. Die anderen flehten um Gnade.

Fajga raste vor Wut. Sie kannte alle Feiernden beim Vornamen. Sie rannte im Haus ihrer Familie umher, schlug alles kurz und klein und schrie die Namen der Anwesenden heraus. Wir wollten das Haus niederbrennen, aber inzwischen war Alarm gegeben worden, und die Kirchenglocken läuteten. Als wir das Haus verließen, rückten die Dorfbewohner schon in großer Zahl gegen uns vor. Wir hörten Gewehrschüsse und schossen zurück. Chanina feuerte seine Signalpistole ab. Sofort war das ganze Dorf hell erleuchtet. Die Bauern erschraken und hielten inne. Wir entkamen in den Wald, mit dem erhebenden Gefühl, den Bauern gezeigt zu haben, daß Juden in der Lage sind, sich zu bewaffnen und Vergeltung zu üben. Vielleicht würde es ihnen von nun an vergehen, Jagd auf Juden zu machen und sie zu töten.

Wir wechselten in die Wälder von Hola hinüber, wo wir eine Weile blieben. Die Beschaffung von Lebensmitteln war nun kein Problem mehr. Die Dorfbewohner gaben sie uns, weil sie ängstlich waren, und wenn sie sich weigerten, bedienten wir uns selbst. Damit wir nicht aufgespürt werden konnten, blieben wir nirgendwo länger als einen Tag. Straßen überquerten wir wegen des Schnees nur im Rückwärtsgang, um zu verschleiern, aus welcher Richtung wir kamen.

Auch Polaschka suchten wir auf, um zu erfahren, ob sich Deutsche in der Nähe aufhielten. Die alte Bäuerin war freudig überrascht, uns zu sehen. Sie hatte von unserem Racheakt gehört und sagte, mit Gottes Hilfe könnten wir überleben. Sie war sehr traurig, als sie von Manjas vermutlichem Schicksal erfuhr. Bevor wir sie verließen, gab sie uns noch etwas zu essen mit.

Ein kurzer Aufenthalt im Wald von Makoszka

Einige Nächte später zogen wir los, um uns in der Nähe der Ortschaft Krupiwiec Lebensmittel zu besorgen. Eine solche Plünderungsaktion bezeichneten wir mit einem von den Russen geprägten Begriff als *bombioschka* (kleine Bombardierung). Was uns die Dorfbewohner verweigerten, nahmen wir uns unter Androhung von Gewalt.

Ich klopfte an eine Tür, die von einem bewaffneten Mann geöffnet wurde. Ich vermutete, er könnte Jude sein und fragte: »Amchu?« Das ist Hebräisch und bedeutet: »Unser Volk«. Es wird von den Juden als Kennwort benutzt. Da er mir entsprechend antwortete, traten wir ein. Im Haus befanden sich drei Männer – zwei Juden und ein Russe –, die alle mit Gewehren ausgerüstet waren. Bei dem Überfall der Deutschen im Wald von Skorodnica waren sie von Fjodors Partisanengruppe getrennt worden. Auch sie suchten hier nach Lebensmitteln. Der Russe hieß Waschka. Er war klein und sehr freundlich, ein erfahrener Partisan. Der eine der beiden Juden, Schajntsche, stammte aus Ostrow Lubelski, der andere, Harry, kam aus Warschau. Harry wurde ›der Americanietz‹ genannt, weil er zehn Jahre in Amerika gelebt hatte. Kurz vor dem Einmarsch der Deutschen war er nach Polen gekommen, um seine kranke Mutter zu besuchen. Da er nicht mehr nach Amerika zurückkonnte, war er in die Gegend von Parczew gegangen, um dort bei Verwandten zu leben. Ich lud die vier ein, sich unserer Gruppe anzuschließen, und sie stimmten dem Vorschlag zu. Jetzt waren wir zu neunt und gut bewaffnet.

Zu Fjodors Gruppe gehörten, wie wir wußten, viele Juden, und jeder, der ein Gewehr besaß, konnte sich den Partisanen anschließen. Harry meinte, die Gruppe habe sich nach dem Überfall durch die Deutschen im Wald von Skorodnica vielleicht in kleinere Einheiten aufgespalten, die dann in den Wald von Makoszka zurückgekehrt seien. Ich schlug vor, sie aufzusuchen, da wir ja nun bewaffnet wären. In einer größeren Widerstandsgruppe könnten wir wahrscheinlich leichter überleben.

Die drei kannten den Wald von Makoszka gut. Viele unbewaffnete Juden versteckten sich dort, so sagten sie. Aber es sei dort auch sicherer, weil es mehr bewaffnete Partisanen gebe als hier.

Natürlich rumorte bei mir im Hinterkopf immer noch der Gedanke an Manja. Vielleicht war sie nicht tot, sondern bei den Partisanen. Ich hatte sie nicht stürzen sehen, und niemand hatte ihre Leiche gefunden. Daß sie getroffen worden war, wußte ich nur vom Hörensagen. Aber möglicherweise war sie auch mit den Russen entkommen.

Die anderen nahmen meinen Vorschlag an, und wir machten uns auf den Weg. Am zweiten Tag bemerkten wir allerdings, daß es Josel und Schajntsche schlecht ging. Josel hatte an einem Fuß die Zehen erfroren. Das war schon vor einiger Zeit passiert, als uns die Deutschen im Wald von Skorodnica jagten, aber er hatte es bis jetzt verschwiegen. Sein Fuß schmerzte stark, und er konnte nicht mit uns Schritt halten. Schajntsche sah blaß und abgezehrt aus. Er hustete fortwährend, beklagte sich aber nicht. Chanina machte für Josel aus einem abgebrochenen Ast eine Krücke, die schon eine gewisse Hilfe darstellte. Schajntsche aber ging es weiterhin sehr schlecht, und wir mußten unser Tempo verlangsamen. Schließlich fiel er zu Boden und konnte nicht wieder aufstehen. Ich beugte mich über ihn und fühlte ihm die Stirn. Er hatte hohes Fieber. Ich fragte ihn, wo es ihm weh täte, aber er konnte kaum sprechen.

Wir waren am Waldrand entlanggegangen und bemerkten nun einen von zwei Pferden gezogenen Schlitten, der uns auf einer nahegelegenen Straße entgegenkam. Der Bauer bemerkte uns ebenfalls und schlug auf seine Pferde ein, um das Weite zu suchen. Wir riefen ihm zu, er solle anhalten. Chanina gab einen Warnschuß ab. Der Bauer gehorchte sofort und bat uns, ihn nicht zu töten. Er trug einen sehr abgenutzten Mantel, und sein Gesicht war weiß von der Kälte. Er habe, sagte er, nichts Böses getan, wir sollten ihn laufen lassen. Wir erklärten ihm unsere Notlage. Er solle uns fahren, wir würden schon sagen, wohin. Er antwortete, die Pferde hätten nicht genug zu fressen und könnten nicht mehr weit laufen. Er solle tun, was wir ihm sagten, befahlen wir ihm, und dann kletterten wir alle in den Schlitten. Als er sah, daß weitere Einwände nutzlos waren, trieb er die Pferde an.

Schajntsche fieberte sehr stark und bat um Wasser. Fajga hielt etwas Schnee an seine Lippen. Nach einigen Stunden setzte die Dämmerung ein. Wir waren jetzt ganz in der Nähe des Waldes von Makoszka, aber Schajntsche war schon zu krank. Er schloß die Augen und starb friedlich auf dem Schlitten. Wir konnten ihn nicht beerdigen, denn der Boden war hartgefroren. Also legten wir ihn unter den nächsten Baum und bedeckten ihn mit Schnee. Harry sprach das rituelle Kaddisch, der Bauer nahm den Hut ab und bekreuzigte sich. Schajntsche, sagte Harry, sei ein tapferer Kämpfer gewesen.

Wir fuhren noch ein paar Kilometer weiter, dann stiegen wir aus und schickten den Bauern nach Hause. Wir waren fast am Ziel. Harry führte uns, und so betraten wir den Wald von Makoszka. Schajntsches Gewehr hatte Fajga übernommen.

Wir wanderten noch einige Kilometer in den Wald hinein. Harry kannte den Weg in das Gebiet, wo Fjodors Gruppe noch vor kurzem gelagert hatte. Plötzlich sprang ein Mann, das Gewehr im Anschlag, hinter einem Baum hervor und befahl uns, anzuhalten. Harry erkannte ihn sofort. »Bocian!« rief er aus. Das war der Spitzname des fremden Partisanen. Die meisten jüdischen Widerstandskämpfer waren unter ihrem Spitznamen eher bekannt als unter ihrem richtigen Namen. Bocian stammte aus Parczew. Er war mittleren Alters und hatte O-Beine. Sein ganzes Leben hatte er als Gepäckträger auf dem Bahnhof von Parczew gearbeitet. Als die Deutschen das dortige Ghetto auflösten und die Bewohner nach Sobibor transportierten, entkamen viele in die Wälder von Makoszka. Natürlich hatten die Deutschen auch hier Suchaktionen durchgeführt und dabei viele Juden erschossen, darunter Bocians Familie.

Trotzdem war die Lage hier ganz anders als in den Wäldern um Hola. Die Anwesenheit bewaffneter russischer Partisanen bedeutete für die Juden mehr Sicherheit, auch wenn sie ihre Probleme mit den Russen hatten. Oft genug wurden die Juden ihres Geldes und ihrer Waffen beraubt, wurden jüdischen Frauen vergewaltigt. Die Situation besserte sich erst, als die Juden sich organisierten und bewaffneten.

Bocian war ein lebhafter und redseliger Geselle. Er nahm uns mit zum Tabor (Lager), wo die Juden sich aufhielten – insgesamt etwa 200 Personen, zumeist Frauen, Kinder und ältere Menschen, aufgeteilt in kleinere Gruppen. Der Großteil von ihnen stammte aus Parczew, einige aus umliegenden Ortschaften wie Kodeniec, Zahajki, Pachil und Krzywowierzby. Viele von ihnen kannte ich bereits von gemeinsam verbrachten Sonntagen in Hola.

Enttäuscht waren wir allerdings, als wir erfuhren, daß ein Treffen mit Fjodors Partisaneneinheit nicht möglich war, weil sie das Gebiet schon vor einer Woche verlassen hatte. Niemand wußte, wo sie sich jetzt aufhielt.

Die meisten Gruppen im Tabor hatten Höhlen, einige Leute besaßen Waffen. Manche Russen waren hiergeblieben, weil sie jüdische Freundinnen hatten. Bevor die Juden sich organisierten, taten sich viele junge jüdische Frauen mit russischen Soldaten zusammen, um nicht von anderen Soldaten angegriffen und vergewaltigt zu werden. Die Jüdinnen lebten dann mit den Russen in deren Höhle. Wir hörten die Geschichte von einem russischen Soldaten, dessen kleine, zumeist aus Juden bestehende Gruppe von Deutschen eingekesselt worden war und ihre Munition aufgebraucht hatte. Die Deutschen befahlen den Widerständlern, mit erhobenen Händen aus der Höhle hervorzukommen. Der Russe erkannte die Hoffnungslosigkeit der Situation, grub eine flache Vertiefung in eine Wand, in die er dann seine jüdische Freundin legte und mit einer dünnen Schicht Erde bedeckte. Dann trat er ins Freie, wo er sofort von den Deutschen erschossen wurde. Seine Freundin wurde nicht entdeckt und überlebte.

Trotz aller Schwierigkeiten mit den Russen fühlten die Juden sich in ihrer Gegenwart sicherer. Die Deutschen trauten sich nicht so leicht in den Wald, wenn sie wußten, daß bewaffnete Partisanen auf sie lauerten.

Ich ging zu jeder einzelnen Gruppe im Tabor, zeigte den Leuten ein verblaßtes, brieftaschengroßes Foto von Manja und fragte, ob sie sie gesehen hätten. Manche kannten sie als ›Manja, die hübsche Blonde aus Warschau‹, aber keiner hatte sie im Wald von Makoszka gesehen. Ich mußte wohl wirklich davon ausgehen, daß sie an jenem Tag im Wald von Skorodnica getötet worden war.

Wir blieben etwa zwei Wochen im Tabor. Josels Zustand verschlechterte sich zusehends. Er schlief in der Eiseskälte unter Bäumen, und seine Zehen machten ihm mehr und mehr zu schaffen. Die meisten Juden kannten Josel und seine Familie noch aus der Vorkriegszeit. Er war sehr beliebt gewesen, gutaussehend und der beste Tänzer auf jüdischen Festen. Auch die Mädchen mochten ihn.

Mittlerweile war es Februar 1943, und das Wetter blieb weiterhin kalt. Es war schwierig, Lebensmittel zu besorgen, weil wir mit dem Gebiet und seinen Bewohnern nicht vertraut waren. Wir wollten nicht zu einem uns unbekannten Bauern gehen, der uns nachher den Deutschen auslieferte. Die anderen Gruppen holten sich, was sie brauchten, aus ihren Heimatdörfern, wollten aber nicht mit uns teilen, und so litten wir Hunger.

Offenbar blieb uns nichts anderes übrig, als in den Wald von Skorodnica zurückzukehren, wo wir uns besser auskannten. Unser Problem war Josel. Er konnte kaum noch gehen, und der Rückmarsch würde zwei Tage und zwei Nächte in Anspruch nehmen. Zum Glück gab es im Tabor eine mit den Barbanels weitläufig verwandte Familie, die sich bereit erklärte, Josel in ihre Höhle aufzunehmen. Sie versicherten, daß sie sich seiner annehmen würden. Seine Brüder gaben ihnen etwas Geld, so daß sie ihm Essen beschaffen könnten.

Wir ließen Josel nur ungern zurück, denn wir wußten, was im Falle eines deutschen Angriffs passieren würde, auch wenn die Höhle in einem separaten Bereich lag und gut getarnt war. Wir hofften, ihn im Frühling zu uns holen zu können.

In der Nacht machten wir uns auf den Rückweg nach Skorodnica. Es war extrem kalt, und wir mußten rasten, um ein kleines Feuer zu machen, weil wir sonst erfroren wären. Moniek, der Experte im Auffinden von trockenem Feuerholz war und es wie kein anderer verstand, das einmal brennende Feuer zu unterhalten, war schwarz vom Rauch; nur das Weiße seiner Augen war noch zu sehen. Er liebte es, ab und zu aufzustehen und seinen Rücken an einem Baumstamm zu scheuern, wobei er die Läuse in allen erdenklichen Tonarten verfluchte. Das brachte uns regelmäßig zum Lachen. Mit seinen zerlumpten Kleidern und seinem Rußgesicht sah er aus wie ein Clown.

Unser erster Angriff auf die Deutschen

Im Wald von Makoszka hatte sich unserer Gruppe ein etwa zehnjähriger Waisenjunge namens Itzik angeschlossen, der eine besondere Zuneigung für mich entwickelte, vielleicht weil ich ihm etwas von den Lebensmitteln und Kleidungsstücken überließ, die wir bei unseren *bombioschkas* erbeuteten. Als wir in den Wald von Skorodnica zurückwollten, bat er uns, mitkommen zu dürfen. Fajga hatte Mitleid mit ihm, elternlos wie er war. Alle seine Angehörigen waren umgekommen. Er schaute mir in die Augen und sagte: »Onkel Herschel, ich werde euch nicht zur Last fallen. Ich werde mir auch ein Gewehr besorgen, und ich kann sehr schnell laufen.« Er erinnerte mich stark an meinen jüngeren Bruder Motel, der in etwa auch so alt gewesen war, als wir uns in Siedlce trennten. Er war damals mit Mojsche nach Gorzkow weitergezogen, während ich nach Hola marschierte.

Also nahmen wir Itzik mit und waren so zu acht: Harry, Waschka, Moniek, Fajga, Symcha, Chanina, Itzik und ich. Unterwegs sahen wir ein einsames Haus, bei dem wir uns Lebensmittel besorgen wollten. Es war spät in der Nacht. Wir klopften an die Tür und verkündeten, wir seien Partisanen. Ein Mann öffnete. Er gab uns zwei Laib Brot und einige Würste und war auch sonst sehr freundlich zu uns. Wir fragten ihn, ob sich Deutsche in der Nähe aufhielten. Im Nachbarort Sojka wären welche gewesen, war die Antwort, sie seien aber gegen Abend nach Parczew abgerückt. Wir geboten ihm Stillschweigen und machten uns davon.

In den Wäldern bewegten wir uns im Gänsemarsch. Chanina, der mit der Gegend am besten vertraut war, führte uns. Itzik hielt gut mit, und nach zwei Nachtmärschen hatten wir unser Ziel erreicht.

Wir ließen äußerste Vorsicht walten, hielten uns nie länger als einen Tag an einem Ort auf und verwischten sorgfältig unsere Spuren. Lebensmittel besorgten wir uns aus ferner gelegenen Dörfern, wobei wir die Bauern nicht beraubten, sondern ihre Unterstützung zu gewinnen suchten. So konnten wir eine ganze Reihe von ihnen in verschiedenen Ortschaften ins Vertrauen ziehen und darauf rechnen, daß sie uns über den Verbleib der Deutschen auf dem Laufenden halten würden. Wir hofften, es so bis zum Frühling aushalten zu können, um uns dann einer anderen Partisanengruppe anzuschließen. Bis dahin versuchten wir, unentdeckt zu bleiben und setzten darauf, daß diejenigen, die ins Ghetto nach Wlodawa gegangen waren, wieder zu uns stoßen würden.

Eines Abends trafen wir unweit von Hola sechs bewaffnete russische Partisanen, die an einem Feuer saßen. Als wir uns näherten, richteten sie ihre Gewehre auf uns, zeigten sich aber freundlich, als sie sahen, daß wir jüdische Partisanen waren. Waschka, der Russe in unserer Gruppe, freute sich, Landsleute zu treffen. Ich schlug vor, die beiden Gruppen zu einer zusammenzuschließen. Dann wären wir dreizehn Erwachsene und ein Kind. Die anderen stimmten dem Vorschlag zu.

Der Anführer der Russen – alles großgewachsene Kaukasier – hieß Sergej. Sie waren von den Deutschen gleich zu Beginn des Einmarsches in die Sowjetunion bei Kiew gefangengenommen worden und dann aus einem Lager bei Chelm entflohen, wo Tausende ihrer Kameraden an Hunger und Kälte gestorben waren. Ursprünglich hatten sie einer größeren Gruppe angehört, wurden aber bei einem deutschen Angriff im Wald von Parczew von den anderen getrennt.

Da wir uns in der Nähe von Hola befanden, suchten wir Po-laschka auf, um etwas zu essen zu bekommen und zu erfahren, ob Deutsche in der Nähe wären. Polaschka hatte gehört, daß zehn Deutsche Unterkunft in Timofis Haus mitten im Dorf gefunden hätten. Wir sollten vorsichtig sein, meinte sie.

Timofi war einer der Rädelsführer der Gruppe, die Jagd auf uns gemacht hatte, als wir im Herbst 1942 Hola verließen, um in die Wälder zu gehen. Manja, Moniek und ich waren damals nur entkommen, weil wir zu Stefans Hof hinübergewandert waren, während die anderen nach Sosnowica gebracht und dort von den Deutschen erschossen wurden. Der andere Rädelsführer, so hatte Polaschka mir berichtet, sei ein Mann namens Wassil gewesen (jedoch nicht der Wassil, den wir bei unserem Rachefeldzug in Fajgas Haus in Zamolodycze getötet hatten).

Zurück im Wald erzählten wir den anderen von den Deutschen in Hola. Alle waren sehr aufgeregt. Symcha, der immer bereit war, etwas zu unternehmen, schlug vor, einen Angriff zu wagen; die Russen schlossen sich seiner Meinung an. Ich wollte aber sichergehen, daß sich keine weiteren Deutschen im Dorf aufhielten. So entschied ich, den alten Kornila aufzusuchen, dessen Hof nicht weit von Polaschkas Haus entfernt lag. Kornila war ein Freund und Nachbar von Manjas Familie gewesen. Er hatte uns im Wagen nach Hola mitgenommen, als wir von Warschau kamen, und sein geräumiges Haus für die Hochzeit von Tante Ziesel und Mojsche Johel zur Verfügung gestellt. Oft war ich in diesem harten Winter zu ihm gekommen und niemals mit leeren Händen fortgegangen.

Ich wollte Kornila fragen, was er von den Deutschen in Hola wüßte. Er war überrascht, mich zu sehen, und sagte mir im wesentlichen das, was ich schon von Polaschka gehört hatte. Die zehn Deutschen, meinte er, kämen des öfteren nach Hola, um dort zu trinken und zu feiern. Dann kehrten sie zu ihrer Garnison in Sosnowica zurück. Er gab mir den Rat, zu unserer eigenen Sicherheit das Gebiet zu verlassen und uns ruhig zu verhalten.

Wir aber waren nunmehr fest entschlossen, die Deutschen anzugreifen. In der Dunkelheit näherten wir uns vom Waldrand her Timofis Haus. Zwischen dem Wald und der Rückseite des Hauses lagen einige hundert Meter offenes Feld. Von weitem konnten wir

Gesang und den Klang einer Mundharmonika hören. Die Russen hatten außer ihren Gewehren auch noch Handgranaten bei sich und überließen Symcha, Chanina und mir je eine. Unser Plan war, so dicht wie möglich an das Haus heranzukommen, eine Handgranate hineinzuwerfen und dann die herausstürzenden Deutschen zu erschießen. Obwohl es dunkel war, bemerkten wir, daß ein bewaffneter Posten vor dem Haus Wache schob. Der Posten mußte beseitigt werden, sonst konnten wir den Plan nicht durchführen. Um ihn abzulenken, schickten wir Fajga, die wie ein ukrainisches Bauernmädchen aussah, zu ihm. Sie sollte ein bißchen mit ihm schwatzen. Wir hofften, daß der Posten kein Deutscher war, weil Fajga kein Deutsch sprach, während sie das Ukrainische einigermaßen beherrschte. Zum Glück war es ein Ukrainer, und sie fing ein Gespräch mit ihm an. Derweil arbeitete sich Moniek zum Wachtposten vor, packte ihn an der Kehle und erwürgte ihn. Dann waren wir auch schon zur Stelle. Symcha erreichte das Haus als erster und warf eine Handgranate hinein, Sergej tat es ihm nach. Es gab zwei gewaltige Explosionen. Die Deutschen sprangen aus den Fenstern und stürzten aus der Tür, ganz wie geplant. Wir feuerten auf sie und versuchten, sie zu treffen, ehe sie entwischen konnten. Sie hatten keine Möglichkeit, an ihre Waffen zu gelangen.

Itzik wollte auf das Haus zulaufen, aber ich hielt ihn zurück, weil ich erst überprüfen wollte, ob sich noch weitere Deutsche im Haus aufhielten. Ich warf eine weitere Granate hinein. In dem Augenblick hörten wir Gewehr- und MG-Feuer vom anderen Ende des Dorfes. Es kam von einer Gruppe von Deutschen, die in einem anderen Haus feierte. Timofis Gebäude war völlig zerstört. Ich bemerkte, wie ein Deutscher in der Dunkelheit davonrannte und erschoß ihn. Itzik nahm das Gewehr des Soldaten an sich. Die Schüsse vom anderen Ende des Dorfes kamen näher. Wir entschlossen uns, in die Wälder zurückzugehen und die Gegend von Hola zu verlassen. Wir wußten, daß die Deutschen das Gebiet durchkämmen würden.

Freundlich gesonnene Dorfbewohner erzählten uns später, wir hätten sechs Deutsche und einige Bauern getötet, darunter auch Timofi. Ich glaube übrigens nicht, daß Polaschka und Kornila uns belogen hatten. Wahrscheinlich war die andere Gruppe erst kurz vor unserem Angriff im Dorf eingetroffen.

Das war unsere erste offensive Aktion, die sich gegen die Deutschen als Gruppe richtete, und die Dorfbewohner wußten, daß »Herschku« aus Hola, der junge Mann, der bei Stefan gearbeitet hatte, sich unter den Partisanen befand. Die Fähigkeit, gegen die Deutschen zurückzuschlagen, stärkte unsere Kampfmoral enorm. Außerdem war es uns wichtig, den Dorfbewohnern zu zeigen, daß bewaffnete Juden zum Gegenangriff übergehen. Wir zogen uns anschließend ins Gebiet um Wyryki zurück, das näher bei Wlodawa gelegen war.

März 1943

Einige Wochen später wollten unsere sechs Russen nach Osten aufbrechen, um sich am jenseitigen Ufer des Bug anderen Partisanen anzuschließen. Wir begleiteten sie nicht, sondern beschlossen, auf diejenigen zu warten, die uns verlassen hatten, um ins Ghetto nach Wlodawa zu gehen. Wir hofften, daß Pakula im Frühling den Kontakt zu ihnen würde aufnehmen können.

Anfang März 1943 war es immer noch bitterkalt. An einem Tag gab es einen heftigen Schneesturm. Ein Feuer anzufachen erwies sich als unmöglich. Wir machten uns daran, eine Höhle in den Schnee zu graben: Wir legten Äste auf den Boden und packten Schnee darauf, um eine Dachkonstruktion herzustellen. Unter den Ästen gruben wir dann einen Tunnel, der an einer Seite für die Luftzufuhr offenblieb, und krochen zu acht hinein. Das hatten wir im letzten Jahr von den Russen gelernt. Unter dem Schnee war es warm. Itzik konntenicht begreifen, woher das kam. Wir blieben zwei Tage lang in dem Unterschlupf, während es ununterbrochen weiterschneite. Solange niemand den Tunnel verließ und Spuren machte, war es unmöglich, das Versteck zu entdecken. Es waren die sichersten, von Furcht völlig freien Tage, die wir bis dahin erlebt hatten. Aufgrund der höheren Körpertemperatur wurden allerdings auch die Läuse aktiv, von denen Moniek besonders geplagt wurde. Er wälzte sich fortwährend hin und her, fluchte und weckte uns auf.

Schließlich aber mußten wir den Tunnel verlassen, um auf Nahrungssuche zu gehen. Ich schlug vor, Stefans Hof aufzusuchen, was sich bei dem hüfthohen Schnee als eine mühselige Angelegenheit erwies. Endlich in Lubien angekommen, klopfte ich wie die Male zuvor ans Fenster, aber niemand machte auf. Herschku sei da, rief ich, mit einer Gruppe bewaffneter Partisanen. Da wurde im Haus Licht gemacht, und Stefan öffnete die Tür. Er gab sich freundlich, da er sah, daß wir alle bewaffnet waren. Er sagte, er habe von dem Überfall auf die Deutschen in Hola gehört und wußte auch, daß ich dabei gewesen war. Dann erkundigte er sich, wie wir es nur bei der Kälte im Wald aushielten. Seine Frau und seine Schwiegermutter bekreuzigten sich und fragten, ob wir Hunger hätten. Wir bekamen etwas zu essen und sogar einen Schluck *Bimber* (hausgebrannten Wodka).

Stefan hatte sichtlich Angst vor uns. Ich bat ihn, etwas Stroh ins Haus zu bringen, damit wir ein paar Stunden unter einem festen Dach schlafen konnten. Außerdem teilte ich ihm mit, daß wir zu einer umfangreichen Gruppe von Partisanen gehörten, die sich im Wald aufhielt. Ich ging nach draußen, um Wache zu halten, während die anderen sich hinlegten. Stefan kam mit hinaus. Er gab mir einen alten schweren Mantel, der mich warmhalten sollte und leistete mir Gesellschaft. Er erinnerte mich daran, daß er mir geraten hatte, nicht ins Ghetto zu gehen, denn anderenfalls wäre ich jetzt nicht mehr am Leben. Ich hingegen hielt ihm vor, wie er mich mit dem Gewehr bedroht und die Dorfbewohner alarmiert habe. Er wiederum erklärte, er habe Angst gehabt, weil die Deutschen schon viele Bauern getötet hätten, weil sie Juden und Russen geholfen hatten. Dann holte er aus seiner Hosentasche eine kleine Schachtel, in der eine Damenarmbanduhr lag. Es war die Uhr, die er in Wlodawa bei einem Juden gegen Mehl eingetauscht hatte. Er gab sie mir und sagte, ich solle sie behalten, weil sie zuvor auch einem Juden gehört habe. Aber ich hatte das Gefühl, er wollte mich bestechen und lehnte ab.

Ich versuchte, ihm klarzumachen, daß die Deutschen, die wir bekämpften, Feinde der Juden und der Polen seien. Der Unterschied, so meinte ich, bestehe darin, daß die Juden umgebracht würden, während die Polen und Ukrainer am Leben blieben, um später den Deutschen als Sklaven zu dienen. Aber vielleicht würden auch sie am Ende von den Deutschen umgebracht werden. Ob er schon von den Rückschlägen der Deutschen an der russischen Front gehört habe? »Ja, Herschku. Wir beten darum, daß die Russen gewinnen«, sagte er. »Wir beten nicht nur«, sagte ich. »Wir kämpfen dafür.«

Dann ging ich mit Stefan ins Haus zurück und bat Waschka, mich abzulösen, damit ich auch ein bißchen schlafen könne. Er solle aber ein Auge auf Stefan haben, damit der nicht die Gelegenheit nutze, um das Dorf zu alarmieren. Ich döste für eine Weile, während Stefan wach blieb. Vor Tagesanbruch verließen wir seinen Hof, versehen mit Lebensmitteln und einem warmen Mantel für Fajga. Wir gingen in Richtung Marianka.

Endlich, Ende März, wurde es etwas wärmer. Mitten im Wald angekommen, machten wir ein Feuer, zogen uns aus und hielten unsere Kleidung darüber. Aber diese Entlausungsaktion brachte keinen längerfristigen Erfolg, weil immer noch einige dieser lästigen Quälgeister übrigblieben, und die in den Haaren wurden wir sowieso nicht los. Außerdem hatten wir natürlich kaum jemals Gelegenheit, die Wäsche zu wechseln.

Später lernten wir eine wirksame Methode kennen, um die Läuse loszuwerden. Als wir einmal in einem Dorf einen älteren Bauern um Nahrung baten, bemerkte dieser, daß Moniek sich fortwährend kratzte. Er wußte natürlich, worunter Moniek litt und verriet uns einen einfachen Trick: Wir müßten Quecksilber mit Eiweiß vermischen, einen Streifen dicken Filz in diese Mixtur tauchen, ihn trocknen lassen und dann diagonal über der Brust tragen, wobei er nach einer Weile in der entgegengesetzten Richtung angelegt werden müsse. Diese Methode war wirksamer als das Feuer, weil sie auch die Nissen zerstörte. Der Alte hatte das Rezept im Ersten Weltkrieg kennengelernt, als er Soldat in der russischen Armee war. Damals wäre man bei dem wochenlangen Aufenthalt in den Schützengräben mit demselben Problem konfrontiert gewesen und hätte das Rezept von einem Apotheker bekommen. Es wirkte tatsächlich und stellte für uns eine ungeheure Erleichterung dar. Wir gaben es an andere Partisanengruppen weiter, und bald war die Methode allgemein verbreitet. Schwierigkeiten bereitete nur die Beschaffung von Quecksilber, aber das besorgte uns der gute Pakula aus Wlodawa.

Es war jetzt also milder geworden, aber noch nicht warm, und wir mußten nachts immer noch ein Feuer anzünden. Nach wie vor besorgten wir uns, was wir brauchten, aus weiter entfernten Dörfern. Moniek stahl bisweilen Hühner, die Fajga für uns kochte. Der kleine Itzik mochte Hühnersuppe sehr gern.

Itzik erzählte uns Geschichten von zu Hause. Am Freitagabend, wenn sein Vater aus der Synagoge kam, saß die ganze Familie beim Essen zusammen, und seine Mutter tischte Hühnersuppe auf. Der Geruch der Suppe im Wald erinnerte ihn an diese Abende mit seiner Familie, deren Mitglieder nun alle tot waren, abtransportiert zusammen mit den anderen Juden seines Dorfes nach Sobibor. Seine Mutter hatte ihn durch eine schmale Öffnung in der Waggonwand noch hinausstoßen können. Es war ihr und anderen gelungen, ein Brett zu lockern. Itzik landete in der Freiheit, nicht weit von Parczew. Dort nahm ihn eine jüdische Familie auf. Zwei Wochen später ordneten die Deutschen die ›Umsiedlung‹ aller Parczewer Juden in den Osten an. Alle wußten, was das bedeutete. Die meisten Juden aus Parczew flohen in die Wälder von Makoszka, so auch die Familie, die Itzik aufgenommen hatte. Eines Morgens aber wurden viele von ihnen zusammengetrieben und getötet. Dabei verlor Itzik auch seine zweite Familie. Allerdings gab es bei dieser Aktion heftigen Widerstand seitens jüdischer und russischer Partisanen, dem viele Deutsche zum Opfer fielen.

Nachdem er einige Zeit bei uns, seiner dritten Familie, gewesen war, fing Itzik an zu humpeln. Der große Zeh an seinem rechten Fuß hatte sich entzündet. Der Fuß schwoll an, und er konnte beim Laufen nicht mehr mithalten. Er litt furchtbare Schmerzen. Ich besprach das Problem mit Symcha und Chanina. Wir waren uns einig darin, daß wir für ihn ein sicheres Versteck finden mußten, wo er sich erholen konnte.

Ich schlug vor, ihn bei Wassil aus Hola zu lassen, der 1942, wie uns gesagt worden war, zusammen mit Timofi die Aktion gegen die Juden im Wald von Hola geleitet hatte. Wir gingen also spät nachts zu Wassils Haus. Dabei brauchten wir nicht zu befürchten, daß Alarm geschlagen würde, denn mittlerweile kannten uns die Dorfbewohner und hatten von unseren Vergeltungsaktionen gehört.

Ich sagte Wassil, seine Rolle bei der Aktion im Wald von Hola sei uns bekannt, doch seien wir nicht gekommen, um Rache zu nehmen. Wir hätten einen kranken Jungen bei uns, den er in der Scheune verstecken solle, bis es ihm besser gehe. Er solle Medikamente für Itziks kranken Fuß besorgen. Wir kämen wieder, wenn die Entzündung abgeheilt sei.

Zwar schwor Wassil Stein und Bein, daß er nicht zu den Anführern gehört habe, aber wir erwiderten, wir hätten sichere Informationen, die das Gegenteil besagten. Er solle tun, was wir von ihm verlangten; wir würden das von Zeit zu Zeit überprüfen. Wenn Itzik irgendetwas geschähe, hätten er und seine Frau die Folgen zu tragen.

Wahrscheinlich, so dachte ich, wäre Wassil wohl der letzte, dem man zutraute, daß er einen Juden bei sich versteckt hatte. Und er würde uns gehorchen, weil er Angst vor uns hätte. Itzik war gar nicht angetan von dem Gedanken, bei diesem Bauern bleiben zu müssen, aber uns blieb keine andere Wahl. Wir fürchteten, daß die Entzündung sich zum Wundbrand entwickeln könnte.

Wassil lebte am Waldrand, und wir versicherten ihm, daß uns niemand gesehen hätte, als wir sein Haus betraten. Sonst nämlich hätte er den Deutschen melden müssen, daß die ›Banditen‹ (wie die Deutschen uns nannten) dagewesen seien. Dann wären sie höchstwahrscheinlich der Sache nachgegangen und hätten den Hof durchsucht. Wassil gab uns etwas zu essen, dann nahm er Itzik mit in die Scheune und versprach, gut für ihn zu sorgen. Wir hofften, hier einen sicheren Platz für den Jungen gefunden zu haben, weil nur Wassil und seine Frau auf dem Hof lebten.

Wir retten Juden aus dem Ghetto von Wlodawa

Symcha meinte, jetzt, da es etwas wärmer werde, würden die Menschen, die uns zu Beginn des Winters verlassen hatten, um ins Ghetto nach Wlodawa zu gehen, zu uns in die Wälder zurückkehren, wenn sie noch lebten. Dazu gehörten unter anderem Chaim Weismann und seine Tochter Bebale, sowie Chaninas und Symchas Bruder Chaim und ihre verwundete Schwester Esther. Wir waren so verblieben, daß sie für den Fall ihrer Rückkehr über Pakula mit uns Verbindung aufnehmen sollten.

So suchten wir denn Pakula in Marianka auf, um herauszufinden, ob sich jemand aus der Gruppe bei ihm gemeldet hätte. Er hatte zwar keine Neuigkeiten für uns, sagte aber, er werde am kommenden Donnerstag nach Wlodawa zum Markt fahren. Er könne einen von uns mitnehmen und nach Wlodawa hineinschmuggeln, um ihn am jüdischen Ghetto abzusetzen. Wir beratschlagten die Lage im Wald, und schließlich erklärte Chanina sich bereit, mit Pakula nach Wlodawa zu fahren. Als wir zu ihm gingen, um ihm dies mitzuteilen, führte er uns in sein Haus, wo wir zu unserer großen Überraschung Chaim Barbanel und einen weiteren Mann vorfanden. Beide waren aus dem Ghetto hierher gekommen. Symcha brach vor Freude in Tränen aus, und wir fielen uns in die Arme. Unsere Freude wurde jedoch durch die Nachricht getrübt, daß Esther im Ghetto gestorben war.

Chaim, der älteste der vier Brüder Barbanel, hatte sich stark verändert. Er sah blaß und abgezehrt aus. Aber wir waren froh, ihn bei uns zu haben; außerdem mußte Pakula jetzt nicht mehr sein Leben riskieren, indem er Chanina nach Wlodawa schmuggelte.

Pakula war zu uns wie ein Vater. Als polnischer Patriot haßte er die Deutschen ebenso wie wir. Er half uns auf jede erdenkliche Weise, und wir gaben acht, daß wir ihn nicht in Gefahr brachten. Wir suchten ihn nur dann auf, wenn es absolut notwendig war. Pakula übergab Chaim das gute polnische Militärgewehr, das der bei ihm gelassen hatte, als er ins Ghetto ging. Dann machte er uns etwas zu essen und ließ uns ein paar Stunden unter seinem Dach schlafen. Vor Tagesanbruch zogen wir uns wie gewohnt in den Wald zurück.

Dort beschrieb uns Chaim das Leben im Ghetto. Die Menschen starben an Hunger, während die Deutschen wieder und wieder Juden ins Todeslager von Sobibor abtransportierten. Viele Ghettobewohner versteckten sich in Erdlöchern, unter Toiletten, Öfen oder

Vorratskammern und tarnten diese Verstecke, um nicht von den Deutschen entdeckt zu werden.

Trotzdem ging das Leben im Ghetto weiter. Man betete gemeinsam, trieb Handel, schmuggelte sich in die Stadt, um Lebensmittel zu kaufen. Es wurden selbst Hochzeiten gefeiert, und einigen Orthodoxen gelang es sogar, zum Pessachfest Mazze zu backen.

Auf unseren Märschen durch den Wald von Marianka waren wir vor einiger Zeit zwei Juden begegnet, von denen einer ein Gewehr besaß. Sie waren aus dem 40 Kilometer entfernten Wald von Makoszka hierher gekommen und hatten sich unserer Gruppe angeschlossen. Bei Makoszka war es ihnen gelungen, einer deutschen Durchsuchungsaktion zu entkommen. Weil sich zu dem Zeitpunkt keine russischen Partisanen dort aufgehalten hatten, waren die Deutschen zum Angriff auf alle Verstecke und Höhlen der Juden übergegangen, wobei sie auf wenig Widerstand stießen. Wir fragten die beiden nach Josel und den anderen, aber sie hatten nichts von ihnen gehört. Sie sagten jedoch, die Deutschen hätten Handgranaten in die Höhlen geworfen. Möglicherweise war also auch Josel tot. Damit lebten von den sieben Geschwistern Barbanel nur noch Chaim, Chanina und Symcha.

Der Mann, der mit Chaim aus dem Ghetto gekommen war, hieß Mojsche Lichtenstein und war etwas älter als wir. Vor dem Krieg hatte er in der polnischen Armee gedient. Er war besser gekleidet und sah gesünder aus als Chaim. Er hatte im Ghetto die jungen Leute auf einen möglichen Ausbruch und die Flucht in die Wälder vorbereitet. Das war den Deutschen nicht verborgen geblieben. Sie fahndeten nach ihm und hatten sogar ein Kopfgeld für seine Ergreifung ausgesetzt.

Chaim erzählte uns auch, daß im Ghetto Berichte über unsere Taten umliefen. Man kannte unsere Namen, und viele hofften, wir würden kommen und die Bewohner befreien. Daß die Alternative Sobibor hieß, war allen bekannt. Nachdem Chaim uns dergestalt über die Situation im Ghetto aufgeklärt hatte, waren wir entschlossen, so viele Juden wie möglich dort herauszuholen und in die Wälder mitzunehmen. Das wäre, so meinten wir, der beste Weg, um den Kampf gegen die Deutschen mit aller Entschiedenheit aufzunehmen.

Mojsche, dessen aus der Armee übernommenen Kommandoton wir weitgehend ignorierten, berichtete uns von seinen Vorbereitungen im Ghetto. Etwa 50 junge Männer waren bereit, in die Wälder zu fliehen. Er hatte warme Mäntel und Stiefel für sie besorgt und zu diesem Zweck bei den wohlhabenderen Juden im Ghetto Spenden gesammelt. Außerdem hatte er Waffen ins Ghetto geschmuggelt, für die er in Wlodawa viel Geld bezahlen mußte.

Am nächsten Tag entschieden wir, daß Mojsche so schnell wie möglich ins Ghetto zurückkehren solle. Da er sich dort auskannte, konnte er noch am ehesten so viele Juden wie möglich auf unauffällige Weise herausschleusen. Wir wollten solche Aktionen so oft es ging durchführen, ohne die Aufmerksamkeit der Deutschen zu erregen. Außerdem mußten wir uns vor jüdischen Informanten in acht nehmen. Am nächsten Abend gingen wir alle mit Mojsche nach Wlodawa und lagerten im umliegenden Wald. Mojsche ging in die Stadt und betrat das Ghetto.

Während wir im Wald auf ihn warteten, erinnerte uns Chaim daran, daß dies der erste Seder des Pessachfestes sei. Fajga sprang auf und rief: »Oh, es ist der erste Sederabend, und wir haben es nicht einmal bemerkt!« »Und was wäre, wenn wir es bemerkt hätten?«, fragte Moniek in herausforderndem Ton. »Hättest du Mazze gebacken und Hühnersuppe gekocht?« Ich meinte, wir sollten unsere Aktion nicht des Festes wegen verschieben. Ganz im Gegenteil. Wenn wir den Juden zur Flucht aus dem Ghetto verhalfen, dann war das fast mit dem biblischen Auszug aus Ägypten vergleichbar. Dem stimmten alle zu, auch Waschka, der Russe, der doch vom Exodus des jüdischen Volkes gar nichts wußte.

So warteten wir auf Mojsche am verabredeten Ort in einem Waldgebiet unweit der Straße. Es war Vollmond, wie es sich für eine Pessachnacht gehört. Jeder hing seinen Gedanken nach.

Ich erinnerte mich daran, wie wir früher zu Hause Pessach gefeiert hatten, als ich noch ein kleiner Junge war. Das Haus war sauber und hübsch gestrichen. Auf dem Tisch lag eine besondere Tischdecke. Verschiedene Gerichte wurden aufgetragen, die es nur an Feiertagen gab. Jedes Kind erhielt einen Becher Wein, und auch für den Propheten Elia stand ein Becher mit Wein bereit. Es gab Mazze, Fisch und Hühnersuppe. Alles roch so gut. Während des

Seder-Gottesdienstes wurden mit die traditionellen vier Fragen gestellt, während wir es gar nicht abwarten konnten, bis mein Vater aus der Haggada gelesen hatte, so sehr freuten wir uns auf das Essen. Und jetzt standen wir im kalten Wald nicht wie abgehärtete Partisanen, die gegen die deutschen Streitkräfte Widerstand leisteten, sondern wie Kinder, die von einem Fest träumten, das wohl nie wieder so sein würde wie einst.

Drei Stunden harrten wir aus. Endlich hörte Moniek, der am Waldrand Wache hielt, wie sich Leute näherten. Auf Russisch rief er: »Halt! Wer da?« Wir hielten schweigend die Gewehre bereit. »Ich bin's, Mojsche Lichtenstein«, kam die geflüsterte Antwort. Er hatte 15 Personen bei sich.

Mojsche berichtete uns, wie es zugegangen war. Während einige Juden in ihren Verstecken die Haggada zum Pessach lasen, war er mit seiner Gruppe über Zäune geklettert, durch Gassen gelaufen und hatte schließlich zu uns zurückgefunden. Die Flüchtlinge waren jung, gerade über 20. Sie waren erstaunt, uns, deren Taten im Ghetto die Phantasie beflügelten, nun leibhaftig vor sich zu sehen, bewaffnet mit Gewehren und Granaten – richtige Soldaten. Nur daß wir keine Uniformen trugen, mit Ausnahme von Mojsche, der mit seinem langen Militärmantel und Gürtel, an dem ein Revolver hing, wie ein Offizier gekleidet war.

Wir waren glücklich, alle bei uns zu haben. Chanina erkannte Jankale wieder, einen Freund aus Vorkriegstagen. Jankales Vater betrieb einen größeren Laden in Wlodawa, wo Chanina oftmals Vorräte einkaufte. Dann war da noch Mojsche Peszalis, ein groß gewachsener Mann mit gerötetem Gesicht, der vor dem Krieg Schlachter gewesen war. Er besaß beeindruckende körperliche Kräfte und wurde deswegen überall respektiert. Die Nichtjuden, so hieß es, hätten vor dem Krieg einen großen Bogen um ihn gemacht und nie den Versuch gewagt, ihn zusammenzuschlagen. Ebenfalls in Mojsches Gruppe befand sich Schmuel Stul, ein junger Mann, dürr wie ein Skelett. Und dann waren da noch zwei Leutnants, die Mojsche Lichtenstein unterstützten: Motel Rosenberg, der ebenfalls in der polnischen Armee gedient hatte, und Chaim Tencer. Alle trugen ordentliche Kleidung und waren auf die Flucht gut vorbereitet gewesen. Waffen aber besaßen nur Mojsche Lichtenstein und seine Leutnants.

Wir machten uns jetzt auf den Weg zum Wald von Skorodnica bei Marianka. Unterwegs unterbrachen wir unseren Marsch in Wyryki, wo wir einen Verwandten von Pakula aufsuchten, um zu erfahren, ob sich Deutsche im Dorf aufhielten. Das war aber nicht der Fall.

Weil Pakulas Verwandter sehr arm war, holten wir uns die nötigen Lebensmittel nicht von ihm, sondern von anderen Bauern in der Nähe. Wir brauchten jetzt natürlich mehr, weil sich unsere Gruppe vergrößert hatte. Die Leute aus dem Ghetto nahmen wir allerdings nicht mit in die Häuser. Mittlerweile hatten sich die Dorfbewohner an unser Kommen und Gehen gewöhnt und verhielten sich meist kooperativ. Wir drohten ihnen nur, wenn sie uns nichts geben wollten oder gar nicht erst die Tür öffneten. In solchen Fällen nahmen wir uns, was wir an Nahrungsmitteln fanden. Für unsere Mitglieder aus dem Ghetto war das eine neue Erfahrung, und sie begriffen langsam, wie wir im Wald überleben konnten.

Wir verließen das Dorf und begaben uns in den Wald von Marianka, der zum Waldgebiet von Skorodnica gehörte. Unweit von Marianka errichteten wir in einem uns vertrauten Gebiet ein Basislager. Abends entzündeten wir ein Feuer, an dem wir Kartoffeln buken. Moniek stahl hin und wieder ein paar Hühner, die Fajga, die einzige Frau in der Gruppe, zubereitete. Sie kochte auch Grütze, Kartoffeln, oder was wir sonst noch auftrieben. An Fleisch litten wir keinen Mangel, aber Brot war immer knapp, und so ersetzten wir es durch Kartoffeln.

An der Art und Weise, wie die Menschen aus dem Ghetto beständig um sich sahen, bemerkte ich, wie unsicher und ängstlich sie waren. Sie nahmen nur die Bäume in der Dunkelheit und die Sterne am Himmel wahr, und sie konnten die entfernten Geräusche wilder Tiere im Wald vernehmen. Ich versuchte, ihnen ein wenig Mut zu machen, indem ich ihnen erklärte, daß die Wälder groß waren und sie sich hier sicherer fühlen konnten als im Ghetto. Wenn die Deutschen kamen, konnte man immer noch weiter in den Wald hinein fliehen. Ich erinnerte sie daran, daß es mit dem Frühling auch wärmer wurde, und daß wir mit unseren Waffen in den Dörfern Lebensmittel besorgen konnten, ohne Angst haben zu müssen, an die Deutschen ausgeliefert zu werden. Die Bauern respektierten und fürchteten uns. Und schließlich erinnerte ich sie daran, daß wir sie in der ersten Nacht des Seder aus dem Ghetto geholt hätten, wo traditionellerweise der Text aus der Haggada gelesen wurde: »Sklaven wart ihr im Land des Pharaoh. Jetzt aber seid ihr frei.« Sie verstanden, was ich damit sagen wollte, und hörten meinen aufmunternden Worten mit großer Aufmerksamkeit zu.

Bevor wir noch mehr Juden aus dem Ghetto von Wlodawa herausholten, wollten wir Waffen für sie besorgen. Auf diese Weise könnten sie sich selbst verteidigen und uns unterstützen.

Bei Pakula versuchten wir, weitere Informationen einzuholen. Er sagte, er habe in Wlodawa eine deutsche Zeitung gesehen und mitgebracht. Er zeigte sie uns und fragte, ob wir etwas damit anfangen könnten, weil er kein Deutsch verstünde. Ich konnte immerhin soviel verstehen, daß der Krieg für die Deutschen nicht gut lief. Offenbar, so erkannte ich nach mehreren Versuchen, das Blatt zu verstehen, wurde das Heldentum der deutschen Soldaten bei Stalingrad gepriesen. Die deutsche Armee müsse sich, so Hitler, neu formieren, um eine weitere Offensive zu beginnen.

Die Dorfbewohner spürten ebenfalls, daß der Krieg für die Deutschen kein Siegeszug mehr war. Auf dem Dorfplatz hingen keine Karten mehr, die den unaufhaltsamen Vormarsch der Deutschen feierten. Es war keineswegs mehr sicher, daß die Deutschen den Krieg gewinnen würden. So fingen einige Einheimische an, mit uns zu sympathisieren, weil wir gegen die Deutschen kämpften. Sie verrieten uns, wer zu den Kollaborateuren gehörte, die Juden gefangen und an die Deutschen ausgeliefert hatte, und nannten uns Bauern, die Gewehre versteckt hielten.

Auf diese Weise erhielten wir die Information, daß zwei Bauern im Dorf Mosciska auf ihrem Grund und Boden Waffen vergraben hatten. Bewaffnet machten wir uns zusammen mit Mojsche Lichtenstein, Motel Rosenberg und Chaim Tencer zu einer Expedition nach Mosciska auf. Auch Mojsche der Schlachter kam mit. Er war zwar unbewaffnet, konnte aber allein durch seine Erscheinung Schrecken verbreiten.

Um Mitternacht brachen wir auf. Als wir den ersten Bauern gefunden hatten, nahmen wir ihn mit zu seiner Scheune. Wir sagten ihm auf den Kopf zu, er habe Waffen versteckt, die wir brauchten. Schließlich bekämpften wir die Deutschen auch für sein Land und seine Freiheit. Er solle also mit uns zusammenarbeiten. Er stritt ab, Waffen zu besitzen, aber wir wußten, daß er log. Mojsche der Schlachter packte ihn und warf ihn mit einem Faustschlag zu Boden. Er leugnete weiterhin. Da nahm Moniek einen Stock, befahl dem Bauern, die Hosen herunterzulassen und prügelte ihn auf seinen Allerwertesten. Danach war der Bauer zur Zusammenarbeit bereit. Er führte uns auf die Rückseite der Scheune und grub eine Holzkiste aus, die sechs nagelneue polnische Gewehre und einige hundert Schuß Munition enthielt. Wir nahmen alles mit und erreichten nach einem Nachtmarsch gegen Morgen unser Basislager.

Ein paar Tage später gingen wir erneut los, um den zweiten Bauern aufzusuchen, der Waffen versteckt hielt. Motel Rosenberg sah in seinem Militärmantel und dem am Gürtel befestigten Revolver recht beeindruckend aus. Wir nahmen auch den dürren Jankale mit, der, wenn er zornig wurde, sehr dämonisch wirkte. Auch dieser Bauer stritt ab, Waffen zu besitzen. Jankale wurde furchtbar wütend und drohte, den Bauern auf der Stelle umzubringen, wenn er das Versteck nicht verrate. Der Bauer bekam es mit der Angst zu tun und überließ uns das Gewehr, das er in der Scheune versteckt hielt.

Beim dritten Mal ging alles völlig reibungslos vonstatten. Wir suchten einen Bauern in Marianka auf. Wieder war Motel Rosenberg bei uns, wie üblich in seiner respektheischenden militärischen Aufmachung. Der Bauer starrte ihn fortwährend an. Da nahm ich ihn beiseite und flüsterte ihm zu, daß dieser großgewachsene Mann gerade aus Rußland geflohen und mit dem Fallschirm hier abgesetzt worden sei. Motel sagte nur, wir bräuchten Waffen, um die Deutschen zu schlagen, und wo der Bauer sein Gewehr versteckt hätte. Der übergab ihm die Waffe ohne weitere Widerrede. Wir bedankten uns und erhielten sogar noch eine Flasche *Bimber* und ein paar Laib Brot. So leicht waren wir noch nie an ein Gewehr gekommen.

Nachdem wir so einiges an Waffen zusammengesammelt hatten, faßten wir den Entschluß, weitere Juden aus dem Ghetto von Wlodawa zu befreien. Wir marschierten die Nacht durch, etwa 15 Kilometer, und planten in einem Wald vor Wlodawa an einer Straße das weitere Vorgehen. Mojsche Lichtenstein, einige andere Ghettoflüchtlinge und Chaim Barbanel unternahmen den Versuch, ungesehen ins Ghetto zu gelangen. Wir anderen warteten auf ihre Rückkehr.

Wir wußten, daß viele Ghettobewohner in die Wälder fliehen wollten. Es gab immer wieder Auseinandersetzungen mit Mojsche Lichtenstein darüber, wer mitgenommen werden solle und wer nicht. Mojsche bevorzugte seine Freunde und junge Leute. Aber die hatten Eltern, Brüder, Schwestern und weitere Verwandte die auch weg wollten. Nach einigen Stunden kam Mojsche mit etwa 20 Personen zu uns zurück.

Einige Tage später unternahm unsere ursprüngliche Gruppe – die wir Marianka-Gruppe nannten, weil die meisten aus Marianka kamen –, zusammen mit einigen der Männer, die wir vor kurzem aus dem Ghetto befreit hatten, eine weitere Rettungsaktion. Mojsche Lichtenstein war diesmal nicht dabei. Zwölf von uns stahlen sich über Schleichwege ins Ghetto. Wir machten jetzt keine Unterschiede mehr, sondern nahmen alle mit, die mitkommen wollten. Die meisten von ihnen hatten Verwandte, die schon bei uns in den Wäldern waren. Insgesamt kamen etwa 25 Personen aller Altersgruppen mit uns. Wir ahnten, daß man das Ghetto bald auflösen und seine Bewohner nach Sobibor schicken würde. Die Ghettos der umliegenden Ortschaften wie Lubartow, Parczew und Leczna waren bereits liquidiert worden. Wir ließen die Flüchtlinge wissen, daß wir für ihre Sicherheit in den Wäldern keine Garantie übernehmen könnten. Aber dort wenigstens hätten sie eine Chance zu entkommen und sich selbst zu verteidigen, während sie im Ghetto gefangen waren wie Mäuse in der Falle.

Danach gab es noch eine vierte Aktion, die von Mojsche Lichtenstein und seinen Leuten durchgeführt wurde. Insgesamt hatten wir mehr als hundert Personen aus dem Ghetto geholt, darunter Motel Barbanel (ein Onkel der Brüder Barbanel) mit seiner Frau Chance und ihrer kleinen Tochter, Chaim Weismanns Tochter Bebale, Wigdor von Skorodnica, David ›der Lange‹ aus Sosnowica mit seiner Schwester und seinem Schwiegersohn Mojsche Szywak. Im Mai 1943, eine Woche nach unserer letzten Aktion, wurde das

Ghetto aufgelöst. Die Deutschen umstellten es, schickten einige ins Arbeitslager nach Adampol, töteten die übrigen oder verbrachten sie ins Konzentrationslager Sobibor.

Unsere Gruppe zählte jetzt an die 120 Personen. Wir besaßen etwa 20 Gewehre, einige Revolver und ein paar Handgranaten. Damit konnten wir schon einiges gegen die Deutschen aufbieten, aber wir brauchten noch Waffen. Wir fühlten uns jedoch stark genug, einen kleineren deutschen Konvoi zu überfallen, um uns das Notwendige zu besorgen. Viele deutsche Konvois benutzten die Hauptroute von Lublin über Parczew nach Wlodawa. Unsere Gruppe schlug Mojsche Lichtenstein vor, einen dieser Konvois aus dem Hinterhalt zu überfallen.

Wir stellten ungefähr 20 Partisanen ab, die sich an der Hauptstraße bei Parczew, etwa 30 Kilometer von unserem Basislager entfernt, auf die Lauer legten. Im Wald nahe der Straße versteckten wir uns. Die Marianka-Gruppe mit Mojsche Lichtenstein und seinen Leuten wartete in der Nähe. Bewegungslos lagen wir auf dem Boden und beobachteten die Straße. Mojsche sollte das Angriffszeichen geben. Einige Konvois fuhren vorbei, waren aber zu stark für einen Angriff.

Spät am Nachmittag näherte sich ein Geländewagen mit hohem Tempo unserem Versteck, gefolgt von einem Lastwagen mit deutschen Soldaten. Mojsche gab das Signal, als der Jeep uns fast erreicht hatte. Wir eröffneten sofort das Feuer. Symcha warf eine Granate auf den Jeep und Waschka eine weitere unter den Lastwagen. Die Insassen versuchten davonzurennen, aber ein paar Minuten später lagen acht Deutsche tot auf der Straße. Einer entkam in den Wald. Im Jeep befand sich auch ein deutsches Mädchen, das gefangen genommen wurde, als es hinaussprang. Mojsche der Schlachter erwischte einen großen deutschen Soldaten, dessen Hals giraffenartig lang war. Er riß ihn an den Haaren und grollte: »Der gehört mir.« Der Deutsche weinte und bat um Gnade, aber wir sahen im Geiste nur die jüdischen Frauen und Kinder, die auch um Gnade gefleht hatten und trotzdem von den Deutschen getötet worden waren. Mojsche übernahm den Deutschen und Moniek das Mädchen, und sie erschossen sie im Wald. So erblickten die Juden aus dem Ghetto zum ersten Mal tote Deutsche, während sie bis dahin nur tote Juden gesehen hatten.

Es gelang uns, neun Gewehre und vier Pistolen, dazu einige Handgranaten und jede Menge Munition zu erbeuten. Wir wußten, daß wir uns jetzt schleunigst davonmachen mußten. Später erfuhren wir, daß die Deutschen nach diesem Angriff auf allen Straßen der Umgebung die Bäume zu beiden Seiten in einer Breite von 500 Metern fällen ließen, um die Gefahr eines Überfalls zu verringern.

Als wir zu unserem Basislager im Wald von Skorodnica zurückkehrten und den dort Gebliebenen von unserem Erfolg berichteten, wurde ein großes Fest gefeiert. Die Neuigkeit breitete sich rasch in den umliegenden Dörfern aus. Da wir eine deutsche Vergeltungsaktion befürchteten, wollten wir das Gebiet schnell verlassen. Mit den mittlerweile vorhandenen Waffen und der Munition fühlten wir uns sicherer. Wir rückten ab in Richtung Hola.

Wir erfuhren auch, daß das Kriegsglück sich gegen die Deutschen gewendet hatte, und hörten vom Aufstand im Warschauer Ghetto, der am Pessachfest begonnen und einige Wochen gedauert hatte. Die Deutschen mußten Artillerie und Panzer einsetzen, um die letzten Juden zu vernichten und das Ghetto niederzubrennen. Viele Deutsche wurden bei diesem Aufstand getötet.

Je weiter der Frühling voranschritt, desto wärmer wurde es. Die Bäume bekamen Blätter, und es war einfacher, sich zu verstecken. Wir hegten neue Hoffnung, obgleich wir uns immer noch wie wilde Tiere fühlten, die von todbringenden Feinden umgeben waren. Aber unsere Kampfmoral war schon viel besser als in den Wintermonaten, da wir fast ohne Waffen und Nahrung in den Wäldern lagerten und von den Deutschen ebenso gejagt wurden wie von den Dorfbewohnern. Viele unserer Freunde waren vor unseren Augen erschossen worden oder einfach in der grausamen Kälte erfroren.

Ich versuchte, die Mitglieder meiner Gruppe mit meinem Optimismus anzustecken und auch die Neuankömmlinge aus dem Ghetto aufzumuntern. Viele hatten Freunde und Verwandte in Wlodawa zurückgelassen, die bei der Auflösung des Ghettos vermutlich nach Sobibor geschickt worden waren. Für uns jedoch war es besser, frei im Wald zu leben, als in einem Konzentrationslager eingesperrt zu sein.

Wir schließen uns den Partisanen von Chiel Grynszpan an

Im Laufe unserer Wanderungen in den Wäldern machten wir viele Male im Gebiet von Hola halt und schauten dann immer nach, wie es Itzik ging. Wassil versorgte ihn mit Nahrung und Medizin, so daß Itziks erfrorene Zehen langsam besser wurden. Wenn es sehr kalt war, durfte er auch in Wassils Haus schlafen.

Jedesmal, wenn wir kamen, beschwor Itzik mich, ihn mitzunehmen. Er sagte, er habe ein Gewehr und wollte ein Partisan sein und Deutsche töten. Wir aber meinten, er sollte bei Wassil bleiben, bis sein Fuß ausgeheilt sei und das Wetter sich bessere.

Auch nach dem Überfall auf den Konvoi machten wir in Hola Station und gingen zunächst zu Polaschka, die allerdings schlechte Neuigkeiten für uns hatte. Vor ein paar Wochen war ein starker Trupp deutscher Soldaten hierhergekommen, um nach Juden und Partisanen zu suchen. Sie durchsuchten die Wälder, die Häuser der Bauern und alle Gebäude in Hola, Zamolodycze und den Nachbarorten. Als sie zu Wassils Haus kamen, wurde der Bauer nervös und bekam es mit der Angst. Als die Deutschen seine Scheune durchsuchen wollten, rannte Wassil hinter ihnen her und schrie, es sei niemand dort. Dann stellte er sich in die Tür, so als wolle er ihnen den Zutritt verwehren. Einer der Deutschen erschoß ihn auf der Stelle. Die Deutschen durchsuchten die Scheune, fanden aber niemanden. Sie bemerkten, daß an der Rückseite der Scheune ein Brett herausgebrochen war. Fußspuren führten in den nahegelegenen Wald. Sie durchkämmten den Wald, aber ohne Erfolg. Wir wußten nicht, was mit Itzik geschehen war.

Die Nahrungsbeschaffung war weiterhin ein großes Problem. Wir mußten jetzt mehr als hundert Leute versorgen, konnten aber aus den umliegenden Dörfern nicht so viele Vorräte herbeiholen. So verließ ich mit einigen anderen das Gebiet von Hola in Richtung der Karolin-Siedlungen bei Marianka, um dort Lebensmittel aufzutreiben. Jede dieser Siedlungen bestand nur aus ein paar Bauernhöfen;

es waren keine Dörfer, sondern verstreut liegende Weiler. Die Nacht war sehr dunkel. Wir hatten wie gewöhnlich vor, an jedes Haus zu klopfen und um Lebensmittel zu bitten. Wir hielten es nicht für möglich, daß in einem so abgelegenen Gebiet ein Haus von Deutschen besetzt sein könnte, zudem hatten wir in der Dunkelheit den Posten übersehen, der Wache stand. Er aber bemerkte uns und gab einen Warnschuß ab. Die Deutschen stürmten aus dem Haus und beschossen uns mit einem Maschinengewehr. Wir erwiderten das Feuer. Bei diesem Schußwechsel wurde Waschka, unser Russe, getötet. Wir waren leichtsinnig gewesen, und mußten den Preis dafür zahlen: Waschka unser guter Freund und Mitkämpfer.

Wir stoben auseinander und liefen auf den Wald zu. Die Deutschen setzen die Beschießung fort, verfolgten uns aber nicht, weil es so dunkel war und sie nicht wußten, wie viele wir waren. Die Brüder Barbanel waren bei mir, aber was mit Motel Rosenberg und Moniek geschehen war, konnte im Augenblick keiner sagen. Dank den Brüdern fanden wir nach einigen Stunden ins Basislager zurück, wo Motel und Moniek erst am frühen Morgen eintrafen, weil sie sich verlaufen hatten.

Später im Frühling trafen wir im Wald von Skorodnica eine Gruppe polnischer und russischer Partisanen, die von Wanka Kirpicznik angeführt wurden. Ich hatte sofort den Eindruck, Wanka von irgendwoher zu kennen. Schließlich fiel es mir ein: ich war ihm im Herbst 1941 im Wald begegnet, als ich noch für Stefan die Kühe hütete. Damals hatte Deutschland gerade Rußland angegriffen, und Tausende russischer Soldaten waren in die Wälder entflohen. Wanka erzählte mir damals, er habe in der polnischen Untergrundbewegung gearbeitet und wolle die geflohenen Russen zu einer Partisaneneinheit zusammenfassen. Deutschland, so meinte er damals, werde den Krieg verlieren und Polen wieder unabhängig werden. Davon würden auch die Juden profitieren. Ich sagte ihm, ich hätte zwar Russen im Wald gesehen und ihnen auch etwas zu essen gegeben, wüßte aber nicht, wo genau sie sich aufhielten. Damals war Wanka etwa 40 Jahre alt gewesen, hatte graues Haar, ein rundes Gesicht und eine dicke Nase. Er trug hohe, bis zu den Knien geschnürte Stiefel. Und nun traf ich ihn wieder als Anführer einer großen Einheit polnischer und russischer Partisanen. Auch er erkannte mich und fragte, ob ich der Viehhirte aus Lubien wäre. Ich bejahte und wir schüttelten einander die Hände.

Bei der Gelegenheit entdeckte ich auch einige jüdische Männer aus dem Wald von Makoszka, und unter den russischen Partisanen in Wankas Gruppe befand sich Fjodor, der selbst einmal eine Einheit geführt hatte. Er war damals zu uns gestoßen, kurz bevor die Deutschen uns angriffen. Bei diesem Angriff hatte ich Manja verloren. Ich fragte Fjodor, ob er etwas von ihr wüßte. Er antwortete, er habe sich während des Gefechts nicht um die Unbewaffneten kümmern können, weil viele seiner eigenen Leute getroffen worden wären. Außerdem seien damals viele an der furchtbaren Kälte zugrunde gegangen.

Wanka schlug vor, daß wir uns seiner Gruppe anschließen sollten, aber darauf konnten wir uns nicht einigen. Zwar hielt ich es für vorteilhaft, zu einer größeren Einheit zu gehören, aber einige der Juden aus dem Ghetto scheuten davor zurück, weil Wankas Gruppe mit dem linken Flügel des polnischen Widerstands verbunden war. Ich dagegen meinte, es solle uns vor allem ums Überleben und den Kampf gegen die Deutschen gehen und nicht um politische Allianzen.

Wanka akzeptierte die Meinungsverschiedenheiten in unserer Gruppe und wies uns darauf hin, daß im Wald von Ochoza bei Zahajki eine jüdische Partisaneneinheit unter Führung von Jechiel (›Chiel‹) Gynszpan ihr Operationsgebiet habe. Er meinte, wir sollten versuchen, uns mit dieser Gruppe zu verbünden. Außerdem sei das Gebiet sicherer, weil es dort ausgedehnte Sümpfe gebe, die den Deutschen einen Großangriff ziemlich unmöglich machten.

Mojsche Lichtenstein war nicht gerade begeistert von dem Gedanken, sich einer anderen Gruppe anzuschließen, weil er sich nicht gern unterordnete. Aber unsere Marianka-Gruppe und einige Leute aus dem Ghetto entschieden, zum Wald von Ochoza aufzubrechen, um nach Chiel Grynszpans Gruppe Ausschau zu halten. Wir waren insgesamt 25 Personen, auf die die übrige Gruppe mit Mojsche warten sollte, bis wir wieder von uns hören ließen. Wanka gab uns einen seiner Männer, Janek, mit, um uns zu führen.

Wir brachen auf, wanderten die Nacht durch und befanden uns am frühen Morgen noch in einiger Entfernung von Zahajki, das am

Rande des Waldes von Ochoza lag. Wir machten Rast am Straßenrand und beobachteten zwei Pferdewagen, die sich uns rasch näherten. Etwa ein Dutzend deutsche Soldaten fuhren damit durch die Gegend. Wir blickten uns an und wußten instinktiv, daß wir den Angriff wagen sollten. Chaim Weismann brach das Schweigen und schrie: »Da kommen Deutsche!« Die waren zum Glück zu weit weg, um diesen Ausbruch zu vernehmen.

Wir versteckten uns in den Büschen und eröffneten das Feuer, als die Pferdewagen dicht genug herangekommen waren. Die Deutschen sprangen von den Wagen herunter und rannten in alle Richtungen davon. Wir hatten sie kalt erwischt, aber bald darauf erwiderten sie das Feuer. Einige Deutsche stürzten zu Boden, als die Wagen umkippten.

Das Feuergefecht dauerte etwa 15 Minuten. Danach lagen vier Deutsche tot auf der Straße, während die anderen sich in den Wald geflüchtet hatten. Wir verfolgten sie nicht, das wäre zu riskant gewesen. Wir nahmen vier Gewehre mit und machten uns davon. Es war ein ungeplanter, aber erfolgreicher Überfall.

Im Wald legten wir eine Ruhepause ein. Neben mir saß Chaim Weismann mit seiner zehnjährigen Tochter Bebale, der einzigen, die ihm noch geblieben war. Seine Frau und vier weitere Kinder waren von den Deutschen erschossen worden. Wir hatten die beiden im Frühling aus dem Ghetto geholt, wo Chaim Augenzeuge vieler grausamer Vorkommnisse geworden war. Seine Nerven waren zerrüttet, und er witterte überall Deutsche. Bebale versuchte dann immer, ihn zu beruhigen. Diesmal allerdings hatte er richtig gesehen.

Am nächsten Morgen gelangten wir zu einem Sumpfgebiet ganz in der Nähe von Zahajki, wo wir Rast machten. Ich hielt Wache. Wir hofften, hier auf Partisanen zu treffen. Viele aus Chiel Grynszpans Gruppe stammten aus den umliegenden Dörfern, deren Bewohner zumeist mit den Partisanen sympathisierten. Auf einmal hörte ich am Knistern trockener Blätter, daß sich jemand näherte. Ich alarmierte die Gruppe, und wir hielten unsere Gewehre bereit. Als das Geräusch näher kam, sahen wir, daß es sich um Partisanen handelte, und wir riefen ihnen zu: »Amchu?« »Amchu«, war die Antwort, und wir waren erleichtert.

Bei den Partisanen handelte es sich um Chiel Grynszpan und fünf seiner Leute. Chiel war nicht groß, aber breitschultrig. Er trug eine deutsche Uniform und einen langen Militärmantel, Offiziersstiefel und eine Mütze. Wegen seiner Uniform erkannte ich ihn nicht sofort, obwohl ich ihn 1942 bei Fjodors Gruppe im Wald von Skorodnica gesehen hatte. Er erinnerte sich ebenfalls an mich. Seine Begleiter waren zum einen zwei Brüder aus Zaliscze, Mortche und Jurek, ferner Josel, den jeder Jefim nannte und sein Schwager Herschel, beide aus Kodeniec stammend. Jefim und Herschel kannte ich aus Hola, wo sie sich an jüdischen Feiertagen im Haus von Manjas Familie mit anderen Jugendlichen trafen.

Chiel hatte vor Kriegsbeginn 1939 in der polnischen Armee einen Zug (die Unterabteilung einer Kompanie) befehligt und war, wie viele andere auch, in die Wälder geflohen, als die Deutschen begannen, die Juden zusammenzutreiben, um sie in Ghettos abzutransportieren. Ich begriff später, daß nicht nur seine militärische Ausbildung ihn zu einem guten Partisanenführer werden ließ, sondern auch sein rasches und sicheres Einschätzen von Situationen sowie seine Menschenkenntnis. Zudem konnte er die Gruppe für gewöhnlich von der Richtigkeit seiner strategischen und taktischen Überlegungen überzeugen.

Chiel, der viele aus unserer Gruppe noch aus der Vorkriegszeit kannte, war ebenso überrascht wie glücklich, uns zu sehen. Wie die meisten anderen, stammte auch er aus dieser Gegend, genauer gesagt, aus Sosnowica. Moniek und ich waren die einzigen, die von weiter her kamen. Chiel schlug mir auf die Schulter und meinte, er sei beeindruckt von unseren Aktivitäten gegen die Deutschen im Wald von Skorodnica und von der Befreiung der Juden aus dem Ghetto.

Er nahm uns mit zu seinem Lager. Der Weg führte durch sumpfiges Gebiet, das wir bisweilen nur überqueren konnten, indem wir uns von Ast zu Ast hangelten. Die ganzen Wälder dort waren von Sümpfen durchzogen, in deren Mitte sich kleine Inseln mit dichtem Baumbestand erhoben.

Das Lager selbst bestand aus mehreren nahe beieinander liegenden Inseln. Chiels Leute kamen heraus, um uns zu begrüßen. Wir kannten viele von ihnen. Abram ›Bocian‹ erinnerte sich an mich von meinem kurzem Aufenthalt im Wald von Makoszka her. Er umarmte und küßte mich. Er war der Koch der Gruppe und lud uns sofort zum Essen ein. Man hatte uns zwar nicht erwartet, teilte aber bereitwillig alles mit uns.

Von Natur aus war Bocian ein lustiger Kerl, vor allem, wenn es ein Publikum gab. Er war an die Vierzig und hatte, wie schon erwähnt, als Gepäckträger am Bahnhof von Parczew gearbeitet. Er konnte hinreißend pantomimisch und lautmalerisch darstellen, wie er die schweren Koffer für die Reisenden schleppte, wie sie ihre Fahrkarten kauften und abstempeln ließen und wie die Lokomotive beim Anfahren ihren Pfiff ertönen ließ. Das war seine Lieblingsnummer, damit unterhielt er uns nur zu gerne. Hinter seinen komischen Darbietungen verbarg er seine Trauer über den Verlust seiner Frau und seiner Kinder, die von den Deutschen getötet worden waren.

Unsere Einheit blieb etwa eine Woche in Chiels Lager. Dann marschierten wir in den Wald von Skorodnica zurück, um Mojsche und die vielen anderen zum Sumpfgebiet zu bringen. Zusammen mit Chiels Gruppe bildeten wir eine Einheit von etwa 200 jüdischen Partisanen, von denen die meisten bewaffnet waren.

Außer Chiels Partisanen lebte noch eine Gruppe älterer Menschen, Frauen und Kinder für sich auf einer nahegelegenen Insel. Bei einigen handelte es sich um Eltern und Verwandte der Partisanen. Die meisten stammten aus den umliegenden Dörfern. Auch sie zogen das Leben im Wald dem Ghetto von Wlodawa vor. Zunächst hatten sie sich bei Makoszka aufgehalten, bis viele von ihnen bei einer deutschen ›Säuberungsaktion‹ zum Opfer fielen. Danach zogen sie sich in das Sumpfgebiet bei Ochoza zurück.

Die Insel, auf der die Zivilisten untergebracht waren, hieß Tabor (das russische Wort für ›Lager‹). Einige ihrer Bewohner, die aus der Gegend stammten, gingen nachts zu ehemaligen Nachbarn, um Lebensmittel zu besorgen. Sie nahmen das Risiko auf sich, weil die Dorfbewohner über Chiels Aktivitäten Bescheid wußten; auch er hatte schon Bauern bestraft, die Juden an die Deutschen verraten hatten. Wir brachten unsere Alten, Frauen und Kinder ebenfalls im Tabor unter.

Auch hier war die Nahrungsbeschaffung eines der Hauptprobleme, das hauptsächlich die Partisanen zu lösen hatten. Mehrmals in der Woche schickten wir zwei bis drei kleinere Einheiten zu einer *bombioschka* los. Die wurde zumeist in der Nacht in entfernteren Ortschaften durchgeführt, so daß ein solches Unterfangen bisweilen zwei Tage dauerte. Hinzu kamen noch militärische Aktionen, so daß die meisten Partisanen einen Großteil der Zeit gar nicht im Lager waren.

Gewöhnlicherweise führten uns ein oder zwei Partisanen, die aus dem Zielort stammten und die wohlhabenderen Höfe kannten. Ärmere oder uns wohlgesonnene Bauern ließen wir am liebsten unbehelligt. Die Bauern wagten es zwar nicht, Widerstand zu leisten, wollten ihre Vorräte aber natürlich nicht hergeben, sondern versteckten ihr Vieh, ihr Brot, ihr Fleisch und andere Lebensmittel. Wir waren besonders an Schweinen interessiert (Rind war leicht verderbliche Ware), weil wir deren Fleisch längere Zeit lagern konnten. An koscheres Schlachten war unter den gegebenen Umständen allerdings nicht zu denken.

Die Dorfbewohner kannten natürlich unsere Vorliebe, folglich versteckten sie die Schweine in Scheunen und Kellern, ja sogar in Erdlöchern, um deren Entdeckung zu verhindern. Wir wiederum kannten alle möglichen Tricks, mit deren Hilfe die Schweine doch zu finden waren. Bisweilen gingen wir auf dem Hof umher und stießen Grunzlaute aus, auf die es dann eine entsprechende Antwort gab.

Hatten wir ein Schwein gefunden, schlachteten und vierteilten wir es an Ort und Stelle und transportierten es auf Wagen zum Basislager. Die meisten von uns wußten, wie man eine Kuh oder ein Schwein fachgerecht zerlegt. Einige waren vor dem Krieg Schlachter gewesen und kannten sich in der Herstellung von Wurst aus. Die besten Würste machten Sucha Korn und sein Bruder Itzik.

Wenn wir ein Schwein schlachteten, schnitten wir lange, etwa acht bis zehn Zentimeter dicke Streifen Nackenspeck heraus, die auf Polnisch *slonina* genannt werden. Diese Streifen teilten wir dann in Stücke, salzten sie, packten sie in Leinensäcke und vergruben sie an verschiedenen Stellen im Wald. Obwohl einige von uns sich eine Faustskizze über die Lage der *slonina*-Verstecke machten, fiel es bisweilen schwer, sie wieder zu finden. Auf diese Vorräte griffen wir dann in Notfällen zurück. Die Speckstücke waren äußerst

159

lange haltbar und blieben auch nach einem Winter im Versteck noch eßbar. Zudem mußten sie nicht gekocht oder gebraten werden. Wir aßen sie roh, und sie schmeckten ausgezeichnet.

Ähnlich verfuhren wir mit Wodkafässern. Wenn wir eine Destillierfabrik zerstörten, behielten wir ein Faß Schnaps für uns und vergruben es im Wald. Die Stelle war nur Chiel und mir bekannt, damit die Männer sich nicht zu ungelegener Zeit daran zu schaffen machten. Wenn wir in der Nähe waren, schenkten wir unseren Leuten kleine Rationen Alkohol aus.

Die Lebensmittel, die wir nicht lagerten, wurden schnell unter die Leute gebracht. Auf jeder Insel gab es jemanden, der gut kochen konnte. Die Taborbewohner verteilten das Fleisch gerecht auf alle Inseln des Basislagers auf. Wir Partisanen hatten an unseren Gürteln Teller befestigt, Löffel und Messer steckten im Schuh, damit sie im Ernstfall nicht verlorengingen. Aus diesem Grund ließen wir die Schuhe auch während des Schlafens an.

Ein weiteres Problem stellten die ehemaligen russischen Kriegsgefangenen dar, die oftmals in unorganisierten Banden die Wälder durchstreiften und die Juden in Angst und Schrecken versetzten, indem sie ihnen Waffen und Geld abnahmen und die Mädchen und Frauen vergewaltigten. Das hatten wir schon im Wald von Skorodnica erlebt. Allerdings waren wir solchen Übergriffen jetzt nicht mehr schutzlos ausgeliefert. Als wir einmal sahen, wie in unmittelbarer Nähe unseres Lagers ein russischer Soldat einem jüdischen Mädchen aus dem Tabor nachstellte, griffen wir ihn uns, verabreichten ihm eine Tracht Prügel und drohten, ihn das nächste Mal zu erschießen. So schützten wir die Alten und die Frauen vor Belästigungen und versuchten, ein gewisses Maß an Disziplin im Wald durchzusetzen.

Die meisten von uns wurden voll und ganz in Chiels Gruppe integriert. Nur Mojsche Lichtenstein machte da nicht mit, sondern siedelte sich mit einigen Gefolgsleuten aus dem Ghetto auf einer Insel in unserer Nähe an.

Außer Chiels Einheit und den Russen operierte in unserer Nähe noch eine Gruppe von etwa 50 polnischen Partisanen unter dem Kommando von Wanka Kirpicznik. Das war die erste polnische Widerstandsgruppe in unserem Gebiet, die mit der linksgerichteten

Gwardia Ludowa (›Volkswacht‹) verbunden war. Als die Gruppe dann größer wurde, nannte sie sich *Armia Ludowa* (›Volksarmee‹). Wanka erhielt seine Befehle vom Hauptquartier der polnischen Widerstandsbewegung in Moskau.

Außerdem gab es noch andere polnische Widerstandsgruppen. (Die *Armia Krajowa* (›Landarmee‹) operierte allerdings weiter von uns entfernt.) Sie standen den jüdischen Partisanen wie den Juden überhaupt ebenso feindselig gegenüber wie der Armia Ludowa. Sie erhielten ihre Befehle von der polnischen Exilregierung in London.

Ferner war da noch das *Batalion Chlopski* (›Bauernbataillon‹), dessen Mitglieder ausschließlich aus der Landbevölkerung stammten. Ihr Anführer war ein Mann namens Mikolajczyk, der seine Befehle ebenfalls aus London erhielt. Diese Gruppe war liberaler als die Armia Krajowa und bedrohte uns nicht, sondern kooperierte bisweilen bei militärischen Aktionen mit uns.

Schließlich gab es noch eine kleinere Gruppe, die sich *Narodowe Sily Zbrojne* (NSZ, ›Nationaler Kampfverband‹) nannte und aus ultrakonservativen polnischen Faschisten bestand. Es waren die gleichen Leute, die vor dem Krieg der Endecja angehört hatten. Damals hatten sie Juden zusammengeschlagen, die Fensterscheiben von Synagogen und jüdischen Geschäften eingeworfen und sich vor jüdischen Läden aufgebaut, damit keine Kunden dort eintreten konnten. Allerdings gab es in unserem Gebiet nicht viele von ihnen, und sie stellten keine wirkliche Bedrohung dar.

Bei einem unserer Treffen mit der Armia Ludowa schlug Wanka Kirpicznik vor, Chiels Einheit solle sich mit der seinen unter Wankas Führung zusammenschließen. Wir sagten ihm zu, die Angelegenheit zu überdenken. Ich vertrat Chiel gegenüber die Auffassung, diesem Vorschlag zu folgen. Als größere Kampfeinheit wären unsere Überlebenschancen besser, zudem hatten wir neben den Deutschen noch weitere Feinde wie die Armia Krajowa und den NSZ, die sich ebenfalls an der Jagd auf Juden beteiligten. Zudem gelänge es einem größeren Verband mehr Gewehre zu erbeuten.

Chiel und viele andere waren der gleichen Meinung, ebenso die älteren Juden vom Tabor. Wir würden uns so besser schützen und die Deutschen wirkungsvoller bekämpfen können. Wenn es sich als notwendig erweisen sollte, wären unsere Aktivitäten immer noch unabhängig von den anderen planbar und ausführbar.

Also schickten wir eine Gruppe zu Wanka und sagten ihm unsere Bereitschaft zu, an militärischen Aktionen gegen die Deutschen teilzunehmen, betonten dabei aber, daß wir eine unabhängige jüdische Kampfeinheit unter Chiels Führung bleiben wollten. Wanka nahm unser Angebot dankend an.

Mojsche Lichtenstein indes sprach sich dagegen aus. Er traute aus Prinzip keiner polnischen Organisation und meinte, alle Polen wären Antisemiten. Viele aus seiner Gruppe stimmten ihm zu. Wir diskutierten mehrfach mit ihm, aber ohne Erfolg. Auch Wanka sprach mit ihm und erklärte, die Army Ludowa sei nicht antisemitisch eingestellt, sondern wolle mit den Juden gegen den gemeinsamen Feind kämpfen.

Mojsches Verhalten legte für viele den Schluß nahe, daß er einfach nur machthungrig sei. Er wollte der Anführer sein. Er verstand sich auch mit Chiel nicht, der ein sanftmütiger Mensch war, den alle mochten, weil er seine Befehle auf ganz unautoritäre Weise erteilte. Chiel war ein guter Anführer, den wir alle respektierten.

Viele Partisanen bekamen Spitznamen. *Bocian* zum Beispiel war das polnische Wort für ›Storch‹. Und weil ich unsere Partisaneneinheit dazu gebracht hatte, sich mit der Armia Ludowa zu verbünden und später Chiels erster Verbindungsmann zu dieser Organisation wurde, nannte mich Chiel scherzhaft *Politruk* (›politischer Kommissar‹). Ich war durch meine Mitgliedschaft in der Gewerkschaft politisch bewußter als die meisten anderen Partisanen in den Wäldern. Viele Kämpfer, die sich Chiels Einheit nach dem Bündnis mit der Armia Ludowa angeschlossen hatten, kannten mich nur als Herschel Politruk.

Wir retten Juden aus dem Arbeitslager von Adampol

Etwa zwölf Kilometer von Adampol entfernt lag der Landsitz Adampol. Er gehörte zu den Besitztümern des Grafen Zamoyski, der zu beiden Seiten des Bug ausgedehnte Ländereien hatte. Nach dem Ersten Weltkrieg wurde das Landgut flächenmäßig verkleinert, weil die neue polnische Regierung unter Marschall Pilsudski Land enteignete und den Bauern übergab, die für den Grafen gearbeitet hatten. Trotzdem verfügte das Gut immer noch über weite Flächen mit Feldern und Wäldern, dazu über Viehzuchtbetriebe, Höfe und kleinere Güter, wo land- und forstwirtschaftliche Produkte der verschiedensten Art hergestellt wurden.

Die Deutschen übernahmen Adampol und zwei der kleinen Gutshöfe – Lesniczowka und Natalin –, um dort ein Arbeitslager einzurichten, das von dem deutschen SS-Offizier Graf Selinger geleitet wurde. Arbeitskräfte besorgten sich die Deutschen aus den Reihen der Juden, die mit dem Zug in das nahegelegene Konzentrationslager Sobibor gebracht werden sollten. Natürlich wählten sie nur die Stärksten und Gesündesten aus.

Graf Selinger richtete Werkstätten ein, in denen genäht, Holz, Metall und Edelsteine bearbeitet und Goldschmiedearbeiten verfertigt wurden. Es gab auch Gerüchte über eine geheime Druckerei, in der Dollar- und Pfundnoten gefälscht würden. Die Deutschen nahmen zudem die Viehzucht und den Getreideanbau in ihre Hände.

Alle Zwangsarbeiter mußten Könner in ihrem jeweiligen Fach sein. Graf Selinger leitete den Betrieb, als wäre er der Besitzer, aber die Produkte gingen alle nach Deutschland. Trotz seines Offiziersrangs kleidete er sich wie ein Zivilist und schien sich gegen die Juden weniger grausam zu verhalten als andere SS-Leute. Er sagte seinen Zwangsarbeitern, daß er sie vor dem Konzentrationslager bewahren könne, wenn sie nur hart genug arbeiteten.

Am Ende eines jeden Arbeitstages gingen die Arbeiter von Adampol zu den ihnen zugewiesen Baracken, wobei es für Männer und Frauen getrennte Bereiche gab. Die attraktiveren Frauen und Mädchen waren in einer Sonderbaracke untergebracht, um als Zwangsprostituierte den ukrainischen und litauischen Wachmannschaften und bisweilen auch deutschen Soldaten zur Verfügung zu stehen.

Unsere Gruppe wußte, was in Adampol vor sich ging, weil viele von uns Verwandte dort hatten, die nach der Liquidierung des Ghettos von Wlodawa für die Zwangsarbeit selektiert worden waren.

Über die Dorfbevölkerung konnten wir mit den Lagerinsassen Kontakt aufnehmen. Sie waren zwar bereit, den Versprechungen Graf Selingers zu glauben, aber wir wußten es besser und wollten so viele wie möglich von ihnen retten.

Ein Jugendlicher aus Wlodawa namens Shenka gehörte zu den Juden, die in Adampol gearbeitet und den Deutschen bei der Jagd im letzten Winter als Treiber gedient hatte. Während des Schneesturms war er entkommen und schließlich zu Chiels Gruppe gestoßen. Weil er mit dem Grundriß des Lagers vertraut war, hatten wir ihn als Führer ausgewählt. Chiel bestimmte zehn Leute, die mit Shenka gehen und erkunden sollten, wie wir ins Lager gelangen konnten. Dazu gehörten Symcha, Chanina, ›Welwale der Patzan‹ (was soviel bedeutet wie ›Welwale, der Kleine‹) aus Sosnowica, Chiels Bruder Abram, Motel Barbanel, Moniek, Jankale aus dem Ghetto von Wlodawa, ein weiterer Partisan aus Sosnowica namens Nisen und ich.

Wir wußten, daß die Menschen in Adampol aus dem Lager heraus wollten, sich aber zugleich vor den Lebensbedingungen in den Wäldern fürchteten. Sie hatten von den Aktionen der Deutschen im Winter gehört und wußten, wieviele Juden dabei getötet worden waren. Ich war der Meinung, bei unserem Anblick – lebende, bewaffnete jüdische Partisanen – könnten sie leichter zur Flucht überredet werden.

Shenka kannte eine Stelle an der Rückseite des Lagers, wo der Zaun soweit angehoben werden konnte, daß eine Person hindurchpaßte. Wir schickten ihn vor, und er schlich zu der Baracke, in der sein Vater untergebracht war. Nach einer Weile kam er mit fünf Juden zurück, die uns berichteten, daß die meisten Leute im Lager Angst davor hätten, es zu verlassen und sich mit ihrem Schicksal abgefunden hätten. Sie hofften auf den Schutz durch Graf Selinger und hielten zudem unseren Plan für nicht durchführbar.

Wir gingen mit den fünf aus Adampol zurück in die Wälder, wobei wir uns wegen der kurzen Sommernächte beeilen mußten. Ich schlug vor, Shenka im Lager zu lassen, damit er beobachten könne, ob das Verschwinden der fünf Arbeiter von den Wachen bemerkt würde. Wir vereinbarten mit ihm, in der nächsten Nacht zurückzukommen, wo er auf uns bei der Zaunlücke warten solle. Wir wollten versuchen, weitere Fluchtwillige zu finden.

In der nächsten Nacht nahm uns Shenka mit ins Lager und führte uns zu einer verlassenen Hütte. In einigen weiter entfernt stehenden Baracken sahen wir Licht flackern. Es war kurz vor Mitternacht und fast vollständig dunkel. Die Hütte besaß einen Keller, dessen Stufen Shenka uns jetzt hinunterführte. Dort trafen wir eine Gruppe Juden, deren Gesichter wir im Dunkel nicht erkennen konnten. Wir waren bewaffnet, und Shenka hielt draußen Wache.

Ich erklärte, daß wir zu einer großen Gruppe bewaffneter Partisanen gehörten und so viele Lagerinsassen wie möglich retten wollten, denn es gäbe Gerüchte, daß Adampol bald aufgelöst werden würde. Die im Keller Versammelten aber hatten Angst. Sie wußten nicht, wie sie im Wald überleben sollten und fürchteten deutsche Suchaktionen. Außerdem waren sie der Meinung, daß die deutsche Armee viel zu mächtig sei, als daß sie bekämpft werden könnte.

Wir suchten ihnen klarzumachen, daß die Deutschen schon oft versucht hätten, uns zu töten. Natürlich seien sie der Anzahl nach stärker, aber unsere Kugeln seien genau so tödlich, und die Deutschen hätten durchaus Angst vor uns. Die Wälder seien unser Schutz, wir hätten dort viele Rückzugsmöglichkeiten. Wir hätten im Wald schon viele Gefechte und einen der härtesten Winter seit langem überlebt. Ich zeigte auf mein Gewehr und sagte: »Nur dies kann uns retten. Im Lager seid ihr Gefangene. Glaubt nicht, daß die Nazis euch verschonen, nur weil ihr gute und geschickte Handwerker seid.«

Daraufhin verließen einige der im Keller Versammelten mit uns das Lager. Eine Woche später kehrten wir erneut zurück und mußten diesmal keine Überzeugungsarbeit leisten. Etwa 30 Männer waren bereit, mit uns zu kommen. Wir hießen sie warten und gingen zu den Frauenbaracken hinüber. Dort warteten zehn Frauen bereits auf unser Kommen, darunter zwei Schwestern aus Wlodawa, Pesia und Temi, ein Mädchen aus Hamburg namens Greta, Rachel aus Warschau, Chasia aus Wlodawa und andere, an deren Namen ich mich nicht erinnere. So verließen in dieser Nacht 40 Personen mit uns das Lager. Wir brachten sie im Tabor unter.

Auf dem Weg zu unserer Basis machten wir in einem Dorf Station, wo wir von den Bauern Lebensmittel sowie Pferd und Wagen verlangten. Nachdem wir die Lebensmittel in unserem Lager abgeladen hatten, befestigten wir die Zügel an den Wagen, drehten die Pferde in die Richtung, aus der wir gekommen waren und ließen sie zu ihren Besitzern zurücklaufen.

Einige Tage später brach eine aus fünf Mann bestehende Abteilung, zu der auch Jurek aus Zaliszcze und Jantsche (Jacob) Barbanel gehörten, erneut zu einer Befreiungsaktion auf, an der ich diesmal nicht teilnahm. Sie wollten den Tag über im Lager bleiben, um die Flucht zu organisieren. Ihre Gewehre hatten sie in einer der Baracken versteckt.

Einer der Lagerinsassen hatte Graf Selinger offensichtlich von der geplanten Flucht unterrichtet. In kurzer Zeit traf eine große Abteilung SS-Leute aus Wlodawa ein und umstellte das Lager. Sie fanden sehr schnell die Lücke im Zaun. Dann befahlen sie allen Insassen – etwa 800 Personen –, sich zu versammeln und brachten sie zu einem Feld außerhalb des Zauns.

Die Partisanen befanden sich unter den Lagerinsassen. Die SS hatte rings um das Feld Maschinengewehre aufgestellt, und die Partisanen erkannten sofort, was die Deutschen vorhatten. Als sie auf dem Feld angekommen waren, riefen sie den anderen zu, sie sollten weglaufen. Die Deutschen eröffneten sofort das Feuer. Jurek wurde an der Hand verletzt, aber er und die anderen Partisanen konnten entkommen. Von den Lagerinsassen überlebten nur wenige.

Das war das Ende des Arbeitslagers von Adampol. Insgesamt hatten wir vor dem Massaker fast einhundert Insassen befreit.

Bald nach den Aktionen von Adampol erkannte Mojsche Lichtenstein, daß er viele seiner Gefolgsleute an unsere Gruppe verlor. Um die Reste seiner Einheit zusammenzuhalten, entschloß er sich, uns zu verlassen und brach eines Tages, ohne uns zu informieren, mit 30 Mann in Richtung Bug auf.

Etwa eine Woche später kehrte eine junge Frau namens Chasia, die zu der Gruppe gehört hatte, zurück und berichtete, was geschehen war. Während die Gruppe mit Mojsche in Richtung Bug marschierte, trafen sie einige russische Partisanen, die sich ihnen anschlossen. Neben den Gewehren besaß Mojsches Gruppe auch noch ein schweres Maschinengewehr, das Mojsche zwei der Russen anvertraut hatte. Nahe des Bug wurden sie von einer deutschen Patrouille aufgespürt. Es kam zu einem Feuergefecht und die meisten Partisanen schwammen über den Fluß zum Ostufer hinüber. Einige, darunter auch die beiden Russen mit dem Maschinengewehr, entkamen nach Westen und wollten zu uns zurückmarschieren. Auf dem Rückweg machten sie Rast in einem Dorf, wo ein Bauer sie in seiner Scheune übernachten ließ. Sie schliefen alle ein, wobei sie den einen Russen, Wolodka, mit dem MG Wache halten ließen. Als sie erwachten, war Wolodka mit seinem Kameraden und dem MG verschwunden.

Mojsche war es nicht gelungen, den Bug zu überqueren. Er hatte mit ein paar seiner Leute einen anderen Weg zurück nach Ochoza eingeschlagen. Als er mit dem übrigen Kontingent zusammentraf, erkundigte er sich nach dem MG. So erfuhr er von dem Diebstahl. Er wurde furchtbar wütend und schwor, er werde sich das Maschinengewehr zurückholen.

Mojsche hatte ein Gerücht gehört, demzufolge Wolodka sich im Dorf Holeszow aufhielte. Dorthin begab er sich in Begleitung von Schmuel Stul, Chaim Tencer, Motel Rosenberg und Chasia. Als sie in Holeszow ankamen, sahen sie, daß in einem der Häuser eine Hochzeit gefeiert wurde. Sie vermuteten Wolodka unter den Gästen und hatten recht: Er und sein Kamerad waren auf der Hochzeit. Mojsche betrat das Haus und forderte von Wolodka sein MG zurück. Daraufhin gab es eine Auseinandersetzung, bis der Bräutigam die beiden aufforderte, ihre Streitigkeiten draußen zu regeln. Mojsche und seine Leute folgten der Aufforderung und Wolodka kam hinterher. Dabei nahm er das MG mit, das nahe der Tür unter einem Tuch versteckt war. Sobald er draußen ankam, eröffnete er das Feuer, dem Mojsche, Chaim und Motel zum Opfer fielen. Chasia und Schmuel konnten entkommen, um uns das traurige Ende von Mojsche zu berichten.

Monate später hörten wir, daß die Partisanen aus Mojsches Gruppe, die ans jenseitige Ufer des Bug gelangen konnten, sich verschiedenen russischen Partisaneneinheiten anschlossen und in der Mehrzahl den Krieg überlebten.

Spione

Wann immer ein Jude im Südosten Polens aus einem Ghetto, einem Konzentrationslager oder einem Versteck fliehen und der Verfolgung durch feindselige Dorfbewohner, die Armia Krajowa, den NSZ oder die Deutschen entgehen konnte, wurde er von befreundeten Bauern zu unserer Gruppe im Wald von Ochoza geschickt. Manche kamen von weither und mußten wochenlang marschieren, bis sie uns endlich gefunden hatten.

Fortwährend patrouillierten wir im Umkreis unseres Lagers. Leute, die mit dem Gebiet nicht vertraut waren, hatten es sehr schwer, uns aufzuspüren. Die Patrouille diente dazu, uns die Annäherung feindlicher Streitkräfte möglichst früh zu melden, oder Juden, die bei uns Schutz suchten, den Weg zum Lager zu zeigen. Wir nahmen alle auf, die bei uns ankamen. Rüstige Erwachsene verstärkten unsere Einheit, die anderen wurden im Tabor untergebracht.

Selbst Mitgliedern unserer Einheit, die in benachbarten Dörfern Nahrungsmittel aufzutreiben und Informationen über die Stellungen deutscher Streitkräfte zu erhalten suchten, fiel es nicht immer leicht, den Weg zurück zu finden. Wir hatten einen außergewöhnlich großen Baum als Orientierungspunkt gewählt, eine alte Eiche, die von weither zu sehen war. Von dort war es nicht mehr weit bis ins Lager.

Wir wußten, daß den Deutschen die Existenz unserer Einheit bekannt war und daß sie versuchten, unser Gebiet mit Spionen zu infiltrieren, um die genaue Lage unseres Verstecks auszumachen. Jeder Unbekannte, der uns zu nahe kam, wurde angehalten und verhört.

Eines Tags war Janek aus Wyryki auf Patrouille im Umfeld unseres Lagers. Er gehörte zusammen mit seinen Brüdern Jurek und Abram sowie seiner Schwester Tzescha zu den Gründungsmitgliedern von Chiels Gruppe. Auf seinem Rundgang bemerkte er einen ihm unbekannten Polen, der im Wald unweit des Lagers umherging.

Er hielt ihn an und fragte ihn aus, aber der Mann konnte für seinen Aufenthalt im Wald keine befriedigende Erklärung abgeben. Jankel brachte ihn ins Lager zu Chiel. Wir verhörten ihn, und es bedurfte keiner großen Überredungskunst, bis er zugab, daß er von den Deutschen als Spion zu uns geschickt worden war. Wir erschossen ihn in einiger Entfernung vom Lager.

Bei einer anderen Gelegenheit befand sich eine größere Einheit unserer Kämpfer in Marianka. Sie kam von einer Sabotagemission. Uns freundlich gesonnene Dorfbewohner berichteten von einer Gruppe russischer Partisanen im nahegelegenen Wald. Die Dorfbewohner trauten dieser Gruppe allerdings nicht so recht, weil es Asiaten waren, die brandneue deutsche Waffen trugen. Außerdem waren sie sehr anständig gekleidet und sahen eigentlich gar nicht wie russische Partisanen aus. Sie suchten, sagten sie, nach anderen russischen Partisanengruppen, nachdem sie bei einem Gefecht mit den Deutschen die Orientierung verloren hatten. Die Gruppe umfaßte etwa 20 Mann. Wir wußten allerdings, daß die Deutschen aus den russischen Kriegsgefangenen, von denen sie sich Loyalität erhofften, Kampfeinheiten und Spionagegruppen gebildet hatten.

Unsere Gruppe, die sich in Marianka aufhielt, war etwa 70 Personen stark. Symcha und ich votierten dafür, die Russen näher in Augenschein zu nehmen. Chiel meinte, wir sollten unsere Gewehre bei der Gruppe lassen und so tun, als seien wir zwei Bauern, die sich gerade in dem Gebiet aufhielten.

Also marschierten Symcha und ich unbewaffnet in das Gebiet, wo die Russen ihr Lager haben sollten. Als wir näherkamen, hörten wir jemanden, der augenscheinlich der Anführer war, Deutsch sprechen. Er war offenkundig auch kein Asiate. Wir gingen nicht direkt auf sie zu, sondern taten so, als seien wir in eine andere Richtung unterwegs. Sie hielten uns an und fragten uns auf Russisch, ob wir irgendwelche Partisanen in der Gegend bemerkt hätten. Außerdem wollten sie wissen, wo wir herkamen. Wir antworteten, wir kämen aus Marianka. Wir hätten in der näheren Umgegend keine Partisanen gesehen, es sollten aber welche im Wald von Makoszka sein. Während wir so redeten, sahen wir, daß die Beobachtungen der Dorfbewohner richtig gewesen waren: Die neuen deutschen Gewehre und die neuen Kleidungsstücke paßten nicht zur normalen

Aufmachung russischer Partisanen. Sie ließen uns gehen, und wir waren froh, daß sie uns nicht dabehalten und weiter befragt hatten. Wahrscheinlich wollten sie sich die örtlichen Bauern nicht zum Feind machen. Wir kehrten zu unserer Gruppe zurück.

Daraufhin wurde beschlossen, sich der Sache anzunehmen. Wir umstellten das Lager der Spione und riefen auf russisch, wir seien jüdische Partisanen. Sie sollten sich uns anschließen. Sie antworteten, daß sie nach russischen Partisanen suchten, nicht nach jüdischen. Sie weigerten sich, herauszukommen. Da eröffneten wir das Feuer. Zehn von ihnen wurden getötet, darunter ihr deutscher Anführer. Der Rest verlor sich im Wald. Wir sammelten die Gewehre auf und fanden auch einige Dokumente, die zeigten, daß es sich um eine Spionagesonderabteilung der deutschen Armee handelte.

Ein Überlebender des Aufstands im Warschauer Ghetto

Eines Tages stand ich Wache an einem der Zugänge zu unserem Lager, etwa zwei Kilometer von unserer Basis entfernt, auf der Seite, wo es zum Dorf Zahajki ging. Durch das Unterholz bemerkte ich, wie sich zwei Personen näherten. Ich forderte sie mit dem Gewehr im Anschlag auf, stehenzubleiben und sich auszuweisen. Den einen kannte ich, er stammte aus Zahajki. Der andere sagte, er sei Herschel Rubinstein, ein Überlebender des Aufstands im Warschauer Ghetto. In den Wäldern hatten wir viel über den heroischen Widerstand gehört, den die Juden vier furchtbare Wochen lang gegen die Deutschen geleistet hatten. Aber ich begriff zunächst kaum, daß tatsächlich jemand aus der Hölle entkommen war und seinen Weg in den Wald von Ochoza gefunden hatte.

Während der Dorfbewohner nach Zahajki zurückkehrte, blieb Herschel Rubenstein bei mir. Als die Wachablösung kam, brachte ich ihn zu uns ins Lager. Die Nachricht von seiner Ankunft verbreitete sich schnell, und alle unsere Leute versammelten sich, um den Mann zu sehen, der den legendären Aufstand überlebt hatte.

Wir hatten zuvor schon öfter am Feuer gesessen und über den heldenhaften Widerstand der Warschauer Juden gesprochen. Wir fühlten mit ihnen, die wie Ratten in der Falle gefangen saßen, und schätzten uns glücklich, hier im Wald zu sein, frei und bewaffnet, in der Lage, uns selbst zu verteidigen. In der tragischen Geschichte des jüdischen Volkes gab es nur wenige Parallelen zum Warschauer Aufstand vom April 1943. Fast ohne Hilfe von außen und ohne Aussicht auf Erfolg vermochten die Juden die deutsche Armee ebenso lange in Schach zu halten, wie es die Polen nach dem Ausbruch des Krieges 1939 geschafft hatten. Erst nachdem die Deutschen schwere Verluste hatten hinnehmen müssen, war es ihnen mittels Bomben und Granaten gelungen, das Ghetto vollständig zu zerstören und den Widerstand zu brechen.

Natürlich wollten wir wissen, wie es Herschel geschafft hatte, aus dem Ghetto zu fliehen und zu uns zu gelangen. Herschel war klein und wirkte nicht besonders kräftig. Er war etwa 35 Jahre alt, hatte dunkles Haar, eine breite Nase und durchdringende dunkle Augen. Sein linker Arm war nach hinten verdreht und hing bewegungslos herab. Er trug eine schwarze Lederjacke und Khakihosen, die in Stiefeln steckten. Im Gürtel hatte er eine Pistole. Herschel war sehr freundlich und beantwortete geduldig alle unsere Fragen.

Er berichtete uns, daß nach dem Ende des Aufstands einige Ghettobewohner aus den rauchenden Ruinen über die Warschauer Abwässerkanäle entkommen seien. Jenseits der Ghettomauer hätten als Straßenkehrer verkleidete Polen sie auf einen Lastwagen verfrachtet und in die Wälder östlich der Hauptstadt gebracht. Von dort aus hätten ihn polnische Partisanen der Armia Ludowa von Dorf zu Dorf bis zu unserem Lager im Wald von Ochoza geführt.

Im Warschauer Ghetto hatte Herschel zur Führungsmannschaft der Kommunistischen Partei gehört, die zusammen mit anderen Parteien wie dem ›Bund‹ sowie mit religiösen und zionistischen Gruppierungen eine Einheitsfront gebildet und den Aufstand organisiert hatte. Sein linker Arm war während des Kampfes schwer in Mitleidenschaft gezogen worden. Er war durch brennende Gebäude gelaufen und aus dem zweiten Stock gestürzt. Dabei hatte sich sein Arm irgendwo verfangen und war aus dem Gelenk gerissen worden.

Medizinische Hilfe gab es nicht, und so hing sein Arm weiterhin nutzlos herab.

Wir hörten gebannt zu, während Herschel berichtete, was sich im Ghetto zugetragen hatte. Die Lage der Juden war hoffnungslos gewesen. Männer, Frauen und Kinder waren auf offener Straße Hungers gestorben, an Krankheiten zugrunde gegangen oder willkürlich von den Deutschen erschossen worden. Andere waren wie Vieh zusammengetrieben und auf Waggons verladen worden, um in den Osten ›umgesiedelt‹ zu werden. Bald begriffen die Zurückgebliebenen, was diese Umsiedlungsaktionen wirklich bedeuteten. Hunderttausende von Juden warteten hinter den Mauern des Ghettos auf den Tod. Daraußen lauerten junge Schläger auf Juden, die sich hinausstahlen. Sie griffen sie auf und übergaben sie gegen eine Belohnung den Deutschen. Solche Fluchtversuche wurden mit dem sofortigen Tod bestraft. Voller Verzweiflung entschlossen sich die Ghettobewohner endlich, lieber den ebenso tapferen wie hoffnungslosen Aufstand zu wagen, als weiterhin auf den Tod oder den Abtransport zu warten.

Als ich dies alles hörte, mußte ich an meinen Vater denken, der in Warschau geblieben war, während ich ostwärts floh. Ich wußte jetzt, daß ich ihn nie wiedersehen würde.

Herschel schloß sich unserer Einheit an und erwies sich als tapferer und wertvoller Kämpfer. Er tat alles Mögliche, um uns in schwierigen Situationen oder vor Gefechten mit den Deutschen aufzumuntern und erinnerte uns immer daran, wieviel besser unsere Lage war als die der Juden im Ghetto. Er war ein begnadeter Redner und bei allen beliebt. Viele Menschen in unserer Einheit hatten einen Spitznamen, und natürlich bekam auch er einen. Chiel nannte ihn ›Herschel der Kommissar‹.

Ein Hinterhalt und ein glückliches Wiedersehen

Kurz nach Herschel Rubensteins Ankunft setzte uns ein befreundeter Dorfbewohner aus Zahajki davon in Kenntnis, daß am nächsten

Tag 20 deutsche Soldaten ins Dorf kämen. Am darauffolgenden Tag sollten zehn von ihnen in andere Dörfer der Gegend gebracht werden, zunächst nach Holowna, während die zehn übrigen in Zahajki blieben. Er hatte dies vom Bürgermeister gehört, der für die Deutschen Transportmöglichkeiten ausfindig machen sollte.

Wir besprachen die Sache mit Chiel und entschlossen uns, die zehn Deutschen, die Zahajki verlassen sollten, zu überfallen. Die Straße von Zahajki nach Holowna führte am Wald von Ochozka vorbei und verlief ein Stück weit durch bewaldetes Gebiet.

Mit Chiel und Herschel Rubenstein (der jetzt seine erste Partisanenaktion mit uns durchführte) waren wir etwa 40 Personen, darunter einige Frauen. Wir begaben uns an die Stelle, wo die Straße in das Waldgebiet abbog, weil das der beste Ort für einen Überfall war. Wanka Kirpicznik hatte uns zwei seiner Leute mit einem schweren polnischen Maschinengewehr überlassen, das er 1939 von einer auf dem Rückzug befindlichen polnischen Armeeeinheit bekommen hatte.

Wir erreichten die Stelle vor Sonnenaufgang und versteckten uns am Straßenrand, wo wir einige Stunden warteten. Schließlich, gegen elf Uhr, sahen wir, wie sich die Deutschen auf drei Pferdewagen näherten. Es waren allerdings eher 20 statt der erwarteten zehn.

Ich lag zusammen mit den Brüdern Barbanel und Chuna Kot aus Ninin, Herschel und seiner Frau Chana aus Skorodnica, Moniek und anderen an der Straßenbiegung. Wir erblickten die Deutschen zuerst. Das Maschinengewehr hatten Wankas Leute, Janek und Cesiek, ein paar Meter von uns entfernt auf der Ladefläche eines Pferdewagens aufgebaut. Weiter unten an der Straße warteten Chiel, sein Bruder Abram, dessen Freundin Dora, Jefim und sein Schwager Herschel aus Kodeniec, Jurek und sein Bruder Mortche aus Zaliszcze, Lova und Lonka aus Parczew, Janek und Jurek aus Wyryki, die vier Brüder aus Zahajki – Schlojme, Dudke, Itzik und Abram der Patzan – und viele andere.

Nun lauerten wir darauf, daß Chiel das Signal zum Angriff gebe. Wir hatten nicht damit gerechnet, auf so viele Deutsche zu treffen, aber wir waren erfahrene Kämpfer mit guten Waffen und einem MG. Das gab uns Selbstvertrauen.

173

Die ersten beiden Wagen ließen wir passieren, doch beim dritten gab Chiel das Signal. Wir eröffneten das Feuer. Die Deutschen sprangen von den Wagen herunter und liefen zur anderen Seite der Straße hinüber, wobei sie das Feuer erwiderten.

Ich sah, wie ein polnischer Polizist vom dritten Wagen herabsprang und erkannte ihn sofort. Es war Zaremba, der an vielen Aktionen gegen die in den Wäldern versteckten Juden und, wie ich gehört hatte, auch an Erschießungen beteiligt gewesen war. Ich schoß auf ihn aus der Deckung eines Baumes und verwundete ihn. Er schoß zurück und verfehlte mich, nicht jedoch meinen Freund Chuna Kot, der direkt neben mir stand. Er traf ihn tödlich.

Wir beschossen uns eine Zeit lang, wobei die Deutschen schlechter dran waren, weil sie auf der ungeschützten Seite der Straße lagen, während wir sie, hinter Büschen versteckt, gut im Visier hatten. Ich zielte auf Zaremba, der unabhängig in meine Richtung feuerte. Eine seiner Kugeln streifte mich am linken Ohr und riß ein kleines Stück heraus. Schließlich bewarfen wir die Deutschen mit Handgranaten.

Das Maschinengewehr indes versagte den Dienst. Es blockierte sofort und war für uns nutzlos. Die Pferde scheuten und gingen mit den Wagen durch. Nach etwa 20 Minuten Gefecht hörten wir Schüsse aus der Richtung von Zahajki, und Chiel gab den Befehl zum Rückzug. Ich schnappte mir Chunas Gewehr, und wir zogen ab.

Später hörten wir, daß zehn Deutsche getötet und viele weitere verwundet worden seien. Wir konnten allerdings nicht herausfinden, ob auch Zaremba unter den Getöteten war. Wir hatten Chuna Kot, einen tapferen jungen Partisanen verloren. Außerdem erfuhren wir, daß die Deutschen ihre Truppe von 20 auf 40 Mann verstärkt hatten, von denen die Hälfte Zahajki am Morgen verlassen hatte. Als die Zurückgebliebenen den Schußwechsel hörten, machten sie sich auf den Weg, um ihren Kameraden beizuspringen. Wir hatten gut daran getan, uns so schnell zurückzuziehen.

Kurz nach unserer Rückkehr vom Überfall auf die Deutschen traf eine Gruppe russischer Partisanen in unserem Lager ein. Obwohl es acht waren, nannten sie sich *Schestka*, Russisch für ›die Sechs‹. Neben den sechs Russen gehörten noch zwei jüdische Partisanen dazu, die aus einem anderen Teil des Waldes von Makoszka stammten. Wir hatten schon bei unserem Aufenthalt im Wald von Skorodnica von der Schestka gehört. Sie war ehemals Teil von Fjodors Gruppe gewesen und hatte sich abgespalten, als Fjodor mit seinen Leuten zum östlichen Ufer des Bug aufgebrochen war. Bei den acht befand sich auch der kleine Itzik, von dem wir nichts mehr gehört hatten, seit Wassil in Hola von den Deutschen erschossen worden war.

Als die Russen eintrafen, war ich mit einigen Leuten unterwegs, um an einer entfernteren Verbindungsstraße Telefonmasten zu kappen und so die deutschen Kommunikationsverbindungen zu unterbrechen. Die Deutschen schickten dann wiederum ein paar Leute los, um die Leitungen zu reparieren. Wir brauchten nur auf diese Gruppe zu warten, um sie anschließend gleich zu überfallen.

Ich kehrte zwei Tage nach der Ankunft der Schestka ins Lager zurück. Fajga lief mir entgegen, um mir die gute Nachricht über Itzik zu überbringen. Schnell ging ich hin, um ihn zu begrüßen. Wir freuten uns über alle Maßen, einander wiederzusehen. Wir fielen uns in die Arme und er gab mir sogar einen Kuß. Dann erzählte er, was er durchgemacht hatte.

Wassil hatte ihn sorgfältig gepflegt, so daß sein erfrorener Zeh wieder heilte. Als die Deutschen auf den Hof kamen, dachte er, nun sei alles zu Ende. Aber er entwischte durch ein loses Brett in der Rückwand der Scheune und floh in den Wald. Die Deutschen verfolgten ihn, und er rannte immer tiefer in den Wald hinein. Schließlich kletterte er auf einen Baum, um sich im dichten Geäst zu verstecken. Die Deutschen gaben die Suche nicht so schnell auf und standen einmal sogar direkt unter seinem Versteck, blickten aber nicht nach oben. Als es dunkel wurde, zogen sie ab. Itzik stieg vom Baum herunter und gelangte schließlich zu einem Feld, an dessen Rand ein Heuhaufen aufgeschichtet war. Er kroch hinein und schlief sofort ein. Am Morgen kam ein Bauer mit seiner Frau, um Heu zu holen und bemerkte ihn. Itzik fing an zu weinen und erzählte den beiden alles. Er bat die beiden um etwas zu essen, da er seit zwei Tagen nichts mehr gegessen hätte. Außerdem würde er gerne noch weiter im Heuhaufen schlafen. Die beiden besprachen sich und nahmen Itzik dann zu sich nach Hause. Drei Wochen lang blieb er bei ihnen. Am Tage versteckten sie ihn in der Scheune, bei Nacht im Haus. Eines Nachts kam die Schestka-Gruppe zum Haus der beiden und klopfte ans Fenster. Itzik flüchtete in den Keller. Als er aber hörte, daß es Partisanen wären, rannte er nach oben und bat, sie möchten ihn mitnehmen, was sie dann auch taten.

Itzik war jetzt etwa elf Jahre alt und trug eine Pistole, die die Partisanen ihm besorgt hatten. Sein Haar hing ihm mittlerweile bis auf die Schultern. Er sah halb wie ein Junge und halb wie ein Erwachsener aus.

Die Schestka-Gruppe blieb einige Tage bei uns. Sie war unterwegs zum russischen Ufer des Bug und bot an, Itzik dorthin mitzunehmen, weil er dort eine bessere Überlebenschance hätte, denn die russischen Partisanen seien zahlreicher und besser organisiert. Itzik wäre lieber bei uns geblieben, aber ich erklärte ihm, daß er jenseits des Flusses vor den Deutschen sicherer wäre als hier. Moniek schnitt ihm die Haare, und Itzik sagte uns Lebewohl. Ich ließ ihn nicht gerne fort, denn ich mochte ihn sehr, doch war er auf russischem Gebiet sicher besser aufgehoben.

Erfolgreiche Aktionen mit der Armia Ludowa

Mittlerweile war es Sommer geworden, und unsere Reihen hatten sich unter Chiels Führerschaft erheblich verstärkt. Wir zählten jetzt an die 300 jüdische Partisaninnen und Partisanen, die alle bewaffnet waren. Dazu kamen noch die etwa 200 Personen, die im Tabor unter unserem Schutz standen.

Die Armia Ludowa beriet uns dahingehend, welche militärischen Ziele wir angreifen konnten und half uns in jeder erdenklichen Weise. Ihre Partisanen machten bei einigen unserer Aktionen mit und versorgten uns mit Waffen. Sie verfügten in den Dörfern über eine gute Organisationsbasis. In jedem Dorf verfügte die Armia Ludowa über einen Informanten, der sie über die Aktivitäten der Deutschen auf dem laufenden hielt. Auch wir nahmen zu ihm Kontakt auf, wenn wir ins Dorf kamen. Der Informant konnte uns Dorfbewohner nennen, die mit den Deutschen zusammenarbeiteten, und er wußte auch über Spionagetätigkeiten Bescheid. Die anderen im Dorf hatten keine Ahnung von seiner Verbindung zur Armia Ludowa.

Nach der Kapitulation der Sechsten Armee vor Stalingrad und der Aufhebung der Belagerung von Leningrad im Januar und Februar 1943 hatte sich das Kriegsglück gegen die Deutschen gekehrt. Das wußten die Dorfbewohner in Polen natürlich auch und unterstützten jetzt bereitwilliger die Armia Ludowa und die jüdischen Partisaneneinheiten, statt sie in den Wäldern aufzuspüren und zu töten oder an die Deutschen auszuliefern. Weil die jüdischen Partisanen bewaffnet und organisiert und zudem durchaus willens und fähig waren, Strafaktionen gegen Kollaborateure durchzuführen, stießen sie jetzt auf Furcht und Respekt. Immer wenn wir in der Gegend von Lubien waren, ging ich zu Stefan, der sich nun sehr freundlich verhielt, uns Essen und Trinken gab und die einst gegen mich ausgestoßene Drohung anscheinend vergessen hatte.

Auch die Juden aus dem Tabor konnten sich jetzt leichter Lebensmittel aus den Dörfern beschaffen, weil sie von der örtlichen Bevölkerung nichts mehr zu befürchten hatten. Andererseits wurde die Armia Krajowa jetzt aktiver. Sie unterhielt auch Partisaneneinheiten in diesem Gebiet, wurde aber von der Bevölkerung weniger geschätzt. Im Westen, jenseits des Wieprz, war sie stärker. Ihre Führer entstammten der polnischen Armee und der staatlichen Verwaltung.

Die Armia Krajowa leistete den Deutschen erheblichen Widerstand. Sie besaß gute Waffen und militärisch ausgebildetes Führungspersonal. Wenn der Gegner in der Überzahl war, konnten ihre Mitglieder, wie auch die Partisanen der Armia Ludowa, in der Bevölkerung untertauchen. Das war uns natürlich nicht vergönnt.

Die Mitglieder der Armia Krajowa waren, wie bereits gesagt, zutiefst antisemitisch und verfolgten die Juden, da sie bewaffnet waren, jetzt noch hartnäckiger als vor dem Krieg. Wo immer sie kleiner Gruppen von Juden habhaft werden konnten, nahmen sie sie gefangen und erschossen sie. Ob dies auf Weisung von oben oder aus eingefleischtem Antisemitismus geschah, blieb uns verborgen.

Aufgrund der Aktivitäten der Armia Krajowa konnte ich auch nicht nach Gorzkow, meinem Heimatort gehen, um zu sehen, was aus meiner Familie geworden war. Eine zwölf Mann starke Einheit der Armia Ludowa war dort bei einer militärischen Aktion von Leuten der Armia Krajowa umstellt und getötet worden. Chiels Einheit war wegen ihrer Größe gefürchtet und genoß überall Respekt, aber als Einzelpersonen waren wir selbst in unserem Gebiet vor Angriffen durch antisemitische Partisaneneinheiten nicht sicher. Folglich betrachteten wir die Armia Krajowa als für uns ebenso gefährlich wie die Deutschen. Das hatte im übrigen nichts mit politischer Ideologie zu tun, denn nur wenige unserer Kämpfer gehörten den Kommunisten oder überhaupt der Linken an.

Eines Morgens tauchte Wanka Kirpicznik in unserem Lager auf und berichtete, daß die Armia Ludowa eine schwere Mörsergranate aufgetrieben hätte, mit der wir bei unserer nächsten Unternehmung einen Zug in die Luft sprengen könnten. Die Granate konnte mittels Zündschnur und Zünder aus der Entfernung operiert werden. Einen Sabotageakt dieses Kalibers hatten wir noch nie ausgeführt, aber in unseren Reihen gab es einige, die sich mit Sprengstoffen auskannten. Wir gingen auf Wankas Vorschlag ein.

Wanka brachte die Granate zu uns ins Lager, und wir versuchten herauszufinden, wie der Zünder befestigt werden mußte, um die Zündung aus der Distanz zu bewerkstelligen. Wir wollten damit den Zug in die Luft jagen, der auf der Linie zwischen Wlodawa und Chelm bei dem Dorf Dubeczno einen Fluß überquerte. Die Brücke lag etwa 50 Kilometer von unserem Stützpunkt entfernt. Jede Nacht gegen zwölf Uhr passierte ein Zug die Brücke.

Unsere Gruppe, angeführt von Chiel, umfaßte fünfundsiebzig Mann. Die Granate war an die vier Meter lang und sehr schwer. Vier Leute mußten sie anheben, damit sie auf einen Pferdewagen geladen werden konnte. Wir nahmen ebenfalls Pferdewagen und erreichten die Brücke bei Dubeczno einige Zeit vor Mitternacht.

Die Nacht war pechschwarz. Um zur Brücke zu gelangen, mußten wir eine sehr steile Uferböschung erklimmen. Vier Leute trugen die Granate auf einer improvisierten Trage vorsichtig zu den Gleisen hoch. Chanina, ich und noch zwei andere hoben unter den Gleisen eine Vertiefung aus, in die die Granate gelegt wurde. Die anderen vier hielten derweil Wache, und auch unten am Fluß wurde nach deutschen Patrouillen Ausschau gehalten. An den Zünder schlossen wir eine etwa 200 Meter lange Schnur an, die bis zum Ufer hinunterreichte. Wir gaben Chiel die Ehre, die Zündschnur in Brand zu setzen, wenn es soweit war.

Es ging jetzt auf Mitternacht zu. Alle waren nervös und hofften auf das Gelingen der Operation. Ich kletterte auf einen Baum, um den nahenden Zug sichten zu können. Moniek hielt sein Ohr auf die Schienen und versuchte, an den Vibrationen das Näherkommen des Zuges zu erspüren.

Ich strengte meine Augen an, als wollte ich die Dunkelheit durchbohren. Endlich sah ich ein kleines Licht, das schnell größer wurde. Ich stieg vom Baum herab und Moniek rannte zum Flußufer. Der Zug nahte mit großer Geschwindigkeit. Wir hielten den Atem an, als der Zug die Brücke erreichte. Chiel setzte die Zündschnur in Brand, und eine ungeheure Explosion zerstörte die Brücke direkt vor der Lokomotive. Der Boden unter unseren Füßen bebte, und unsere Ohren schmerzten vom Knall der Explosion. Die Lokomotive stürzte 40 Meter tief in den Fluß und riß die Waggons mit sich.

Es war ein Militärtransport mit Hunderten von deutschen Soldaten. Einige von ihnen sprangen aus den Abteilen ins flache Wasser. Sie rannten in alle Richtungen davon und waren offenkundig schockiert und orientierungslos. Wir standen am Flußufer und feuerten unsere Gewehre auf die wild um sich schlagenden Soldaten ab.

Ein verwundeter Soldat schrie laut nach seiner Mutter. Da hörte ich Welwale den Patzan, der neben mir stand und schoß, murmeln: »Sie haben noch ihre Mütter. Wir haben keine mehr. Sie haben sie alle getötet.«

Nach 15 Minuten verließen wir den Schauplatz und kehrten mit den Pferdewagen zum Lager zurück. Unsere Operation war ein großer Erfolg. Die Deutschen hatten, so erfuhren wir später, erhebliche Verluste erlitten, und es dauerte einige Tage, bis die Brücke repariert war. Wir sprengten danach noch mehr als 25 Züge in die Luft, wobei wir des öfteren mit der Armia Ludowa zusammenarbeiteten. Allerdings verwendeten wir in jenen Fällen raffiniertere Sprengstoffe.

Einer unserer Kämpfer, der den Spitznamen Wujo trug, stammte aus Dubeczno. Er war etwa 17 Jahre alt, als wir ihn aus dem Lager Adampol herausholten. Sein richtiger Name war Jankel Barbanel, er war ein Schwager der Brüder Barbanel.

Wujo war meistens in Chiels Nähe zu finden. Er trug dessen Habe, machte ihm etwas zu essen, brachte ihm von einer unserer *bombioschkas* ein Extrapaar Stiefel mit oder eine Flasche von Chiels Lieblingsschnaps. Kurz, Wujo folgte Chiel wie sein Schatten.

Wujo war zunächst mit seiner gesamten Familie ins Ghetto von Wlodawa gegangen, von wo aus seine Angehörigen nach Sobibor abtransportiert wurden. Wujo dagegen kam nach Adampol, bis wir ihn und andere befreiten.

Wujo liebte es, uns Geschichten aus seinem Heimatdorf zu erzählen. Er wollte gern wieder einmal dorthin, um zu zeigen, daß er noch am Leben sei – ein jüdischer Partisan mit einem Gewehr und einem deutschen Militärmantel, der allein deshalb schon bedeutungsvoll war, weil er dafür einen deutschen Soldaten hatte töten müssen.

Es gab aber noch einen anderen Grund für Wujo, nach Hause zurückzukehren. In Dubeczno gab es nämlich eine große, in ganz Polen bekannte Glasfabrik, die Dubeczno Huta. Vor dem Krieg hatte sie einer jüdischen Familie gehört, mit der Wujo weitläufig verwandt war. Aber die Besitzer waren von den Deutschen umgebracht worden und die Fabrik in deutsche Hände gefallen. Geleitet wurde sie jedoch von einem Polen, der als eingefleischter Antisemit bekannt war und eine Gruppe von Juden, zu der auch Wujos Onkel gehörte, an die Deutschen ausgeliefert hatte.

Die Fabrik war Tag und Nacht in Betrieb, um Präzisionsgläser für die Deutschen herzustellen. Es war darum, so dachten wir, keine schlechte Idee, die Dubeczno Huta zu zerstören. 30 Leute aus unserer Gruppe wurden für dies Unternehmen ausgewählt. Sollten wir den Leiter erwischen, würden wir ihn Wujo überlassen, der uns nach Anbruch der Dunkelheit an den Ort des Geschehens führte. Wir hatten einige Kanister Benzin dabei, falls wir den Öltank nicht finden sollten, der sich laut Wujo in der Nähe der Fabrik befand. Spät nachts kamen wir in Dubeczno an. Wujo geleitete mich und einige andere gleich zum Haus des Fabrikleiters, aber der war nicht da. Seine Frau war sehr verängstigt, als sie uns sah, und sagte, ihr Mann sei nach Wlodawa gefahren und noch nicht zurückgekehrt. Der Rest der Gruppe betrat die Fabrik – ein sehr großes Gebäude – und forderte die Arbeiter auf, die Fabrik zu verlassen. Wir fanden den Tank in einem Nachbargebäude, gossen überall Benzin aus, auch im Haus des Leiters, nachdem wir dessen Frau hinausgetrieben hatten, und steckten alles in Brand. Wir beeilten uns, denn wir wußten, daß eine große Abteilung deutscher Soldaten in Wlodawa stationiert war, wo der Widerschein des Feuers gut zu sehen wäre. Sie konnten sehr schnell hier sein.

Wujo war enttäuscht daüber, daß der Leiter außer Haus war, zeigte aber den Fabrikarbeitern stolz seinen Militärmantel. Wir machten uns auf den Rückweg, hatten jedoch, bevor wir das Feuer legten, noch die großen Ledergurte von den Fabrikmaschinen entfernt und mitgenommen. Aus diesen Gurten ließen sich Schuhe anfertigen. Wir verschenkten sie später an uns freundlich gesonnene Dorfbewohner als Dank für ihre Loyalität.

Ein trauriges Wiedersehen

Zu unseren militärischen Aufgaben gehörte die Vernichtung größerer deutscher Lebensmittellager, die Brandschatzung von Gutshöfen, aus deren Ernteerträgen die Deutschen ihre Vorräte bezogen und die Zerstörung kleinerer Außenposten. Während der Erntezeit im Spätsommer 1943 konzentrierten wir uns darauf, das eingefahrene Getreide, das nach Deutschland transportiert werden sollte, zu vernichten. Drei Wochen lang brannten wir Gutshöfe und große Bauernhöfe nieder, auf denen dieses Getreide lagerte.

In dem unweit des Waldes von Ochoza gelegenen Dorf Pachole befand sich ein solcher Gutshof, der von den Deutschen und der polnischen Miliz bewacht wurde. Neben einem Getreidelager gab es dort große Viehbestände (Rinder, Schweine, Geflügel), die die Deutschen bei den Bauern der Umgegend requiriert hatten, um sie nach Deutschland zu schaffen. Wir wollten den Gutshof angreifen, niederbrennen und möglichst viele Mitglieder des dort stationierten Wachpersonals umbringen. Von unseren Informanten bekamen wir die Nachricht, daß der Gutshof nicht allzu scharf patrouilliert wurde.

Wir stellten einhundert Mann zusammen und führten die Aktion am hellichten Tage durch. Als wir uns Pachole näherten, sahen wir viele Bauern auf ihren Feldern arbeiten, die sich angesichts einer so großen Anzahl von Partisanen ängstlich bekreuzigten und davonrannten. Sie merkten, daß sich da etwas zusammenbraute. Wir bemächtigten uns der Pferdewagen, die die Bauern im Stich gelassen hatten und fuhren so nah wie möglich an den Gutshof heran, um die Deutschen kalt zu erwischen. Das letzte Stück gingen wir zu Fuß. Chiel teilte uns in zwei Gruppen ein, von denen die erste alle Gebäude und Vorratslager in Brand stecken sollte, während die zweite unter der Führung von Chiel das Gebäude des Wachpersonals angreifen würde. Ich gehörte zur zweiten Gruppe.

Beide Gruppen schlugen gleichzeitig zu. Wir hatten ein Maschinengewehr dabei, das von einem Verwandten Chiels, Dennis aus Sosnowica, mitgeführt wurde. Als wir unserem Ziel nahe genug waren, eröffneten wir das Feuer, das die Deutschen erwiderten. Ich schlich mich an das Gebäude heran und warf eine Handgranate hinein. Sie explodierte mit lautem Knall, und die Deutschen sprangen aus den Fenstern. Sie boten eine gute Zielscheibe und hatten nicht die Chance einer Gegenwehr.

Alles war schwarz vom Rauch, der aus den brennenden Gebäuden emporstieg. Er verdunkelte sogar die Sonne, und es schien, als würde gleich die Nacht hereinbrechen. Die Rauchwolke war kilometerweit zu sehen. Mit unseren rußgeschwärzten Gesichtern glichen wir Schornsteinfegern. Das aufgescheuchte Vieh lief in alle Richtungen davon.

Etwa 15 Kilometer weiter, in Wisznice, war eine größere deutsche Einheit stationiert. Wir wußten, daß sie anrücken würde, sobald sie den Rauch wahrnahm. Also beeilten wir uns und verschwanden, so schnell wie wir gekommen waren, wieder in die Wälder. Fünf deutsche Soldaten und fünf polnische Milizionäre kamen bei dem Überfall ums Leben, der Gutshof wurde vollständig zerstört. Als die Deutschen aus Wisznice den Ort des Geschehens erreichten, hatten wir uns längst auf und davon gemacht.

Während solcher Missionen mußte ich oft an den nahegelegenen Hof von David Turno, den reichen jüdischen Bauern, denken. Viele Jahre lang hatte sein Haus als Synagoge gedient, in der sich die Juden aus den umliegenden Dörfern zum Gottesdienst versammelten. Auch Manja und ich waren häufig dort gewesen. Ich hatte oft mit meinem Freund Jankel über unsere gemeinsame Zeit in Warschau gesprochen. Jankel hatte im gleichen Viertel gewohnt wie ich und auch in der selben Fabrik gearbeitet. Als die Juden von Hola ins Ghetto nach Wlodawa gebracht wurden, befanden sich auch David Turno und Jankel unter ihnen, – seitdem hatte ich nichts mehr von ihnen gehört.

Im Verlauf unserer im Spätsommer 1943 durchgeführten Aktionen beschlossen wir auch, David Turnos Hof niederzubrennen. Dort, wie auf zwei weiteren Höfen des Dorfes, befanden sich Traktoren, Mähdrescher und andere landwirtschaftliche Maschinen, mit deren Hilfe die Deutschen Getreide und andere Feldfrüchte zu Vorratszwecken ernteten. Davids Hof lag auf einem Hügel an einem Ende des Dorfes, die beiden weiteren Höfe am anderen Ende. Das gesamte Dorf erstreckte sich über drei Kilometer zu beiden Seiten der Straße.

70 Partisanen sollten diese nächtliche Aktion durchführen, darunter viele Frauen. Die eine Hälfte unserer Einheit nahm sich Davids Hof vor, die zweite, zu der auch ich und die Kämpfer der Marianka-Gruppe gehörten, war für die beiden Höfe am anderen Ende des Dorfes bestimmt.

Alles verlief plangemäß. Wir marschierten schnurstracks auf die Scheunen zu, zerschlugen die Maschinen mit großen Hämmern und steckten dann die Gebäude in Brand. Nach einer halben Stunde hatten wir unsere Aufgabe erledigt.

Chiel machte mit Davids Hof ebenso kurzen Prozeß. Die Flammen schossen empor und tauchten das ganze Dorf in flackerndes Licht. Unsere Gruppe machte sich auf den Weg zu Davids Hof, um dort mit Chiel und seinen Leuten zusammenzutreffen. Auf halber Strecke hörten wir hinter uns Schüsse und MG-Feuer. Ein starkes Kontingent deutscher Soldaten verfolgte uns. Wir rannten weiter und erwiderten das Feuer. Vor dem Widerschein der Flammen boten wir ein prächtiges Ziel. Chiel erkannte die Bedrohlichkeit unserer Lage und gab uns Rückendeckung, indem er über unsere Köpfe hinweg auf die herannahenden Deutschen zielte. Das hielt sie eine Weile in Schach und verschaffte uns die Möglichkeit, zu Chiel und seinen Leuten aufzuschließen. Dann beschossen wir den Feind mit vereinten Kräften und organisierten den Rückzug.

Dabei entdeckte ich eine Gestalt, die wie ein Tier auf allen vieren kroch und seltsame Laute von sich gab. Sie versuchte, sich aufzurichten, fiel aber wieder zu Boden. Ich verständigte mich mit Symcha, und wir halfen der menschenähnlichen Kreatur auf die Beine, indem wir sie mit uns fortschleppten. Währenddessen ging das Gefecht um uns herum weiter. Erst als wir einige Kilometer vom Hof entfernt waren, schauten wir uns das Wesen näher an. Es war ein Mann; seine Haare reichten bis zu den Hüften, seine Kleidung hing in Fetzen an ihm herum, und er glitt immer wieder zu Boden, wenn wir ihn nicht festhielten. Er war zum Skelett abgemagert und hatte keine Zähne mehr. Aus seinem Gemurmel erriet ich, daß dieser Haufen Mensch mein Freund Jankel war, David Turnos Neffe aus Warschau. Er delirierte und erkannte mich nicht. Soviel ich verstand, hatte er sich unter den Futtertrögen im Kuhstall ein Versteck gegraben, von dem keiner etwas wußte. Von dem Futter und der Milch hatte er sich ernähren können. Er hatte es fast ein Jahr lang in dem Versteck ausgehalten, und erst die Hitze des Feuers hatte ihn ins Freie getrieben.

Wir schleppten ihn zunächst bis Mosciska und transportierten ihn von dort aus mit dem Pferdewagen zu unserem Lager. Moniek schnitt ihm die Haare, und wir versuchten ihm Nahrung einzuflößen, aber er konnte nichts bei sich behalten. Er war schon zu sehr geschwächt und starb ein paar Tage später an Unterernährung. Wir begruben ihn im Wald und betrauerten das Schicksal von Jankel, der ein guter Mensch und mein Freund gewesen war.

Wir treffen zum zweiten Mal auf Zaremba

Unsere Sabotagearbeit zielte unter anderem darauf ab, möglichst viele deutsche und polnische Außenposten zu beseitigen. Wir hofften, mit der Vernichtung der Verwaltungsunterlagen den Deutschen die Möglichkeit zu nehmen, die Höhe der Naturalabgaben zu überprüfen. Außerdem wollten wir ihre Kontrolle über das Gebiet im allgemeinen schwächen.

Um größere Garnisonen in den Städten anzugreifen, hatten wir nicht genug Leute, aber die kleineren Vorposten konnten wir liquidieren. Mittlerweile fühlten wir uns in unserem Operationsgebiet einigermaßen frei. Sehr oft schliefen wir jetzt bei Bauern im Dorf, statt im Wald zu übernachten. Jedem Dorfbewohner wurden ein paar von unseren Leuten zugewiesen, die er beherbergte und verköstigte. Nach einigen Tagen wechselten wir in ein anderes Dorf hinüber, damit wir den Leuten nicht zu lange zur Last fielen. Wir blieben nur dann im Wald, wenn stärkere deutsche Truppenverbände im Gebiet auftauchten, was indes nicht allzu häufig der Fall war.

Gefechte und Auseinandersetzungen mit Deutschen innerhalb von Ortschaften versuchten wir zu vermeiden, damit die Häuser und Höfe nicht zerstört würden. Deshalb respektierten uns die Einheimischen und ließen uns Informationen über deutsche Truppenbewegungen zukommen. Gegen Ende 1943 hielt sich der Feind nur noch selten in den Dörfern auf. Die Deutschen waren vollauf mit der russischen Front beschäftigt und waren daher kaum in der Lage, Truppen abzustellen, um die ländlichen Gebiete von Partisanen zu säubern.

Die Ortschaft Krzywowierzby war der Verwaltungssitz für die umliegenden Dörfer. Dorthin wurden auch die Naturalabgaben für die Deutschen geliefert. Zudem gab es eine polnische Polizeistation, in der sich die Deutschen wie zu Hause fühlten. Wir beschlossen, das Verwaltungsgebäude zu überfallen, alle Unterlagen zu vernichten und dabei möglichst viele Deutsche zu töten.

Einer der dort stationierten Polizisten war, wie wir hörten, der berüchtigte Zaremba, ein Kollaborateur, der viele Juden an die Deutschen ausgeliefert hatte. Bei unserer letzten Begegnung, im Wald von Ochoza, hatte er einen unserer besten Leute, Chuna Kot, erschossen. Ich hatte Zaremba im Gesicht getroffen, aber er war mit dem Leben davongekommen. Diesmal, so hofften wir, sollte er uns nicht entwischen.

An einem Spätnachmittag griffen wir mit 75 Mann den Vorposten an. Alles geschah sehr schnell und gut koordiniert. Bewaffnet mit zwei MGs sowie Granaten und Gewehren umstellten wir unsere Hauptangriffsziele: das Verwaltungsgebäude und die Polizeistation. Die Maschinengewehre wurden von Dennis aus Sosnowica und von Lonka aus Parczew bedient. Mit von der Partie waren auch zwei ›Patzans‹: Welwale aus Sosnowica und Abram aus Zahajki, der mit seinen drei Brüdern in den Wäldern aufgewachsen und jetzt an die zwölf Jahre alt war. Beide Patzans konnten zielgenau Granaten werfen, was uns bei unserer Unternehmung sehr gelegen kam.

Ich war wie üblich mit der Marianka-Gruppe zusammen, zu der auch die drei Brüder Barbanel gehörten sowie Jefim, Jurek aus Zaliszce, Herschel mit seiner Frau Chana, und Abram Grynszpan. Wir alle waren kampferprobte Partisanen, die zahlreiche Kämpfe gegen die Deutschen bestanden hatten. Nach dem Verlust unserer Familien war Rache am Feind beinahe schon eine heilige Tat für uns.

Wir hatten keine Schwierigkeiten, das Verwaltungsgebäude zu erstürmen. Die Insassen verließen fluchtartig das Haus, das wir unverzüglich niederbrannten. In der Polizeistation kam keiner der Anwesenden mit dem Leben davon. Vergeblich versuchten die Polizisten, außerhalb des Gebäudes eine Verteidigungslinie zu errichten. Auch dem verhaßten Zaremba gelang diesmal nicht die Flucht. Ich sah ihn fortrennen, aber weit kam er nicht. Ich schoß auf ihn, und er fiel zu Boden.

Dann ebbte das Kampfgeschehen ab, und wir machten uns daran, die Polizeistation niederzubrennen. Just in dem Moment fielen Schüsse. Ein verwundeter Polizist hatte sich hinter dem Gebäude versteckt und feuerte jetzt auf uns. Jefim ging schwer verwundet zu Boden. Sein Schwager, Herschel, hatte bemerkt, aus welcher Richtung die Schüsse kamen. Er warf eine Handgranate, die den Polizisten erledigte. Als wir die Stadt verließen, standen die Gebäude in hellen Flammen.

Später erfuhren wir, daß insgesamt 15 deutsche Soldaten und polnische Polizisten bei dem Angriff ums Leben gekommen waren. Jefim hatte eine Kugel in die Brust getroffen. Doch wir pflegten ihn gesund und er konnte noch viele weitere Aktionen mit uns durchführen. Die Kugel aber steckt bis auf den heutigen Tag in seinem Körper.

Donachys Rache

Immer wenn wir uns in unserem Basislager im Wald von Ochoza aufhielten, kamen die Menschen aus dem Tabor zu uns herüber, um ihre heimgekehrten Töchter und Söhne oder ihre Freunde zu besuchen. Ich hörte ihnen gerne zu, wenn sie vom Leben vor dem Krieg erzählten. Da ich nicht aus der Gegend stammte, interessierten mich diese Geschichten sehr.

Die älteren Mitglieder des Tabor waren die Lagerführer. Sie organisierten die Lebensmittelzuteilung und berieten die anderen, wenn Probleme auftauchten. Sie galten als weise und erfahren, und wir beratschlagten uns oft mit ihnen. Bei den drei Ältesten aus dem Tabor handelte es sich um Abram aus Zaliszcze, Jankel aus Holowna und Nuchem aus Krasnowka. Abrams zwei Söhne, Jurek und Mortche, waren bei den Partisanen, Jankel hatte zwei Töchter und einen Sohn, Schmuel (Spitzname ›Soltys‹), der ebenfalls bei den Partisanen war. Nuchems Familie wohnte im Tabor.

Wenn wir das Tabor besuchten, begegneten wir oftmals einer Frau, die Geschichten aus Zahajki, ihrem Heimatdorf, erzählte. Wir nannten sie ›Donachy‹, wohl weil ihr Mann Don hieß. Sie hatte zwei junge Töchter bei sich und kümmerte sich außerdem noch um einen Vierjährigen, dessen Familie von den Deutschen umgebracht worden war. Er hieß Aron, aber weil er noch so klein war, rief sie ihn ›Arale‹.

Bevor Donachy in den Wald geflohen war, hatte sie, wie viele andere auch, ihr Haus und Eigentum einem Nachbarn anvertraut. Donachy ging ins Dorf hinüber, um sich Essen zu besorgen, mit den Nachbarn zu reden und nach ihrem Haus zu sehen.

Sie erzählte uns gern von ihrem Haus, ihrer Scheune, und ihrer Kuh, dank derer sie immer Milch und Butter gehabt hatte. Sie träumte von dem Tag, an dem der Krieg zu Ende gehen und die Deutschen aus Polen verjagt würden. Dann könnte sie in ihr Haus zurückkehren und wieder wie ein Mensch leben. Immer wenn sie Chiel sah, triezte sie ihn, er solle endlich Zahajki angreifen. Sie war sicher, daß Deutsche im Dorf wären, und selbst wenn es dort keine gäbe, könnte er die zahlreichen Kollaborateure aufspüren, die die Juden an die Deutschen ausgeliefert hatten. Wir erklärten ihr, daß wir schon lange dabei wären, Kollaborateure zu bestrafen, aber das schien sie nicht zu beeindrucken. Sie wollte unbedingt, daß wir Zahajki angriffen.

Eines Abends kam Donachy aus ihrem Dorf gelaufen und brachte Chiel die Nachricht, daß dort eine Hochzeit stattfinde. »Ja und wenn schon!«, neckte Chiel sie. Sie erklärte ihm, daß einer der Kollaborateure die Hochzeitsfeier für seine Tochter ausrichte. Acht deutsche Soldaten sollten an der Hochzeit teilnehmen. Es wäre für uns ein leichtes, sie zu töten. Als die vier Brüder aus Zahajki das hörten, rangen sie Chiel die Erlaubnis ab, eine Gruppe von Partisanen nach Zahajki mitzunehmen.

Die vier Brüder waren erfahrene Partisanen. Sie lebten in den Wäldern, seitdem die Deutschen ihre Familie umgebracht hatten. Das war noch vor der Zwangseinweisung ins Ghetto von Wlodawa geschehen. Im Wald trafen sie auf eine Gruppe von fünf entlaufenen russischen Kriegsgefangenen, mit denen sie die Gegend als bewaffnete Bande durchstreiften. Sie lauerten den Deutschen an der Straße auf und erwarben sich einen Ruf als gnadenlose Kämpfer. Die vier Brüder schlossen sich Chiel an, als er im Winter 1942 seine jüdische Partisaneneinheit gründete. Von den Russen hatten sie eine Menge über Kampftaktiken gelernt.

Der Älteste der vier, Schlojme, war etwa 25 Jahre alt, groß und breitschultrig, von dunkler Gesichtsfarbe. Er hatte dichtes schwarzgelocktes Haar und einen wilden Blick. Er trug ein deutsches Gewehr und im Halfter eine Pistole. Der zweite Bruder, Dudke, war nicht ganz so breitschultrig und ungestüm wie sein Bruder. Auch er trug ein deutsches Gewehr und – schräg auf dem Kopf – eine deutsche Mütze. Itzik, der dritte im Bunde, war groß und unglaublich mager. Abram, der jüngste, zählte ganze zwölf Jahre. Er hatte dunkle Augen, ein rundes Gesicht und hohe Wangenknochen. Abram konnte sehr schnell laufen und war mit seinem kurzen Kavalleriegewehr ein ausgezeichneter Schütze. Seinen Beinamen ›Patzan‹ verabscheute er, denn er wollte wie ein Erwachsener behandelt werden. Er rauchte Zigaretten und trank bisweilen sogar Alkohol mit den älteren Partisanen, konnte reiten und hatte sich schon oft als furchtloser Kämpfer gegen die Deutschen erwiesen. Während des Gefechts stieß er wilde Flüche aus und schrie seinen Zorn heraus.

Wir zogen mit etwa 20 Leuten nach Zahajki. Als wir uns dem Ort näherten, hörten wir bereits die Musik der Hochzeitsfeier. Wir umstellten das Haus und konnten die Tanzenden beobachten, unter ihnen die deutschen Soldaten. Die vier Brüder stürmten als erste - hinein und schrien: »Hände hoch!«. Panik brach aus. Alle Gäste versuchten zu fliehen, auch der Kollaborateur. Er sprang aus dem Fenster, aber Donachy, die mit uns gekommen war, entdeckte ihn. Wir fingen ihn ein und erschossen ihn.

Wir wollten nicht ins Innere des Hauses schießen, um die Gäste nicht zu verletzen. Nur die Deutschen mußten dableiben. Wir erschossen sie und ließen ihre Leichen im Haus des Kollaborateurs zurück.

Moniek und Abram sammelten das Essen und Trinken ein, das vom Fest noch übrig war, um es mit in unser Lager zu nehmen. Donachy ließ es sich nicht nehmen, den aus dem Haus stürzenden Gästen zu sagen, dies sei die Rache dafür, daß die Polen jüdische Familien an die Deutschen ausgeliefert hätten.

Sobibor

Gegen Ende des Sommers 1943 waren alle Ghettos in den Ortschaften und Städten aufgelöst und ihre jüdischen Bewohner in verschiedene Konzentrationslager abtransportiert worden. Die Juden aus unserer Gegend kamen nach Sobibor bei Wlodawa, etwa 30 Kilometer von unserem Operationsgebiet entfernt. In Sobibor arbeiteten die Verbrennungsanlagen Tag und Nacht. Züge brachten Juden aus ganz Europa dorthin, wo sie vergast und dann in den riesigen Öfen verbrannt wurden.

Mittlerweile gab es ermutigende Nachrichten von der russischen Front. Die Deutschen waren auf dem Rückzug. Wenn wir uns gelegentlich mit Wanka und anderen Führern der Armia Ludowa trafen, nutzten wir die Möglichkeit, Radio zu hören. Über Radio Moskau erfuhren wir, welch herbe Niederlagen die Deutschen einstecken mußten. Wir schöpften Hoffnung, daß die Deutschen den Krieg irgendwann endgültig verlieren und wir wieder freie Menschen sein würden. Wir waren stolz darauf, unseren kleinen Teil zu ihrer Niederlage beitragen zu können.

Grauenerregend allerdings war die Vorstellung, daß nur 30 Kilometer von uns entfernt im Schreckenslager Sobibor unsere Leidensgenossen Tag für Tag zu Tausenden ermordet wurden, ohne daß wir etwas dagegen tun konnten. Immer wieder versuchte ich Chiel zu überreden, unsere Gruppe näher an das Lager heranzubringen. Wir könnten dann in den umliegenden Dörfern Nachforschungen über den Grad der Bewachung anstellen. Vielleicht könnten wir mit unserer geballten Kraft und der Unterstützung durch die Armia Ludowa einen Plan für den Angriff auf das Lager und für die Befreiung der Gefangenen ausarbeiten und in die Tat umsetzen.

Wir besprachen unsere Vorstellungen mit Wanka und einmal auch mit Mietek Mocha, als er sich gerade in der Gegend aufhielt. Mocha war der Führer der Armia Ludowa in Südostpolen. Ich hoffte, daß wir mit ihrer Unterstützung einen Angriff wagen könnten.

Wanka und Mietek waren auch der Meinung, daß etwas getan werden müßte, aber konkrete Vereinbarungen wurden nicht getroffen.

Chiel war ein ausgezeichneter Organisator und Stratege. Bevor wir uns in den Kampf stürzten, holte er alle erdenklichen Informationen ein, um zu gewährleisten, daß die Schlacht nicht verloren würde. Schließlich brachten wir ihn dazu, unsere Gruppe in die Gegend des Konzentrationslagers zu verlegen.

Viele von uns begleiteten Chiel in die unmittelbare Nähe von Sobibor. Unsere Marianka-Gruppe kannte die Gegend sehr gut. In den Dörfern rund um das Lager gab es viele Anhänger der Armia Ludowa, die uns bereitwillig informierten. So erfuhren wir, daß das Gelände um das Lager mit Minen gespickt war. Es war nicht bekannt, ob einem Juden jemals schon die Flucht gelungen sei. Das Lager wurde von deutschen SS-Leuten sowie ukrainischen und litauischen Mannschaften bewacht. Insgesamt waren es an die drei- bis vierhundert Soldaten. Zudem war das Lager von einem dreifachen Zaun aus elektrischem Stacheldraht umgeben. Außerhalb des Zauns vereitelte ein dreifacher Minengürtel jede Fluchtmöglichkeit. Wenn Waldtiere zufällig auf diesen Gürtel gerieten und eine Mine zum Explodieren brachten, wurden das gesamte Umfeld des Lagers von Suchscheinwerfern ausgeleuchtet

Das waren entmutigende Nachrichten. Eine derart überlegene und durch solche Anlagen geschützte Macht konnten wir nicht angreifen. Im Schutz der Dunkelheit wagten wir uns so weit wie möglich ans Lager heran, ohne Gefahr zu laufen, von den Wachen entdeckt zu werden. Das Lager befand sich in einem großen Waldgebiet, aber starke Scheinwerfer tasteten den Waldrand ab. Weiter entfernt sahen wir das Feuer aus den Krematorien quellen. Wir erkannten, daß es für uns unmöglich wäre, das Lager anzugreifen. Zu streng waren die Sicherheitsmaßnahmen, zu groß daher das Risiko.

Bevor wir uns zurückzogen, wollten wir den Juden innerhalb des Lagers ein Zeichen geben, daß draußen jemand an sie dachte. Wir feuerten drei Gewehrsalven ab und traten den Rückzug an. Unmittelbar danach ertönte Sirenengeheul, und es klang, als ob im Lager eine Million MGs und Gewehre abgefeuert würden. Überall flammten die Sicherheitsscheinwerfer auf. Wir hörten das Schießen noch, nachdem wir bereits einige Kilometer vom Lager entfernt waren. Wir blieben eine Zeit lang in der Nähe des Lagers und nutzten die Gelegenheit, um einen deutschen Güterzug in die Luft zu sprengen, der die Fronttruppen mit Waffen und Vorräten versehen sollte.

Einige Wochen später begaben wir uns nach Wyryki, wo wir von unseren Gewährsleuten erfuhren, daß es im Lager Sobibor einen Aufstand gegeben hatte. Viele Wachleute waren getötet worden und eine ganze Anzahl von Lagerinsassen hatte fliehen können. Viele waren allerdings im elektrischen Stacheldraht oder im Minenfeld umgekommen. Manche der Überlebenden hielten sich noch in den umliegenden Wäldern auf.

Wir blieben länger als geplant in dem Gebiet um Sobibor, zogen kreuz und quer durch die Wälder und sprachen mit vielen Dorfbewohnern, in der Hoffnung, einige der aus Sobibor Entkommenen zu finden. Als wir eines Nachts in einem Bauernhaus nach Lebensmitteln fragten, hörten wir ein Geräusch aus dem angrenzenden Zimmer. Der sichtlich nervöse Bauer sagte uns, dort hielten sich zwei Männer auf, die auch um Essen gebeten hätten. Als sie unser Klopfen hörten, hatten sie sich versteckt. Chanina ging zur Tür und sprach die Versteckten auf Russisch an, während ich ihnen in Jiddisch sagte, daß wir jüdische Partisanen wären. Da öffnete sich die Tür. Die beiden – Boris aus dem weißrussischen Slonim und Wladek aus Warschau – waren überglücklich, uns zu sehen und erzählten uns, daß sie eigentlich zu dritt unterwegs seien. Ihr dritter Mann, Atleta, sei zu einem anderen Hof gegangen. Wir machten uns also zu viert auf die Suche nach Atleta, den wir auch bald in einem Nachbarhaus fanden. Atleta war ein 17jähriger aus Warschau, der wegen seiner enormen Körperkräfte von den Deutschen seinen Spitznamen ›der Athlet‹ erhalten hatte. Sein richtiger Name war Leon. Er hatte bei dem Aufstand im Lager zwei Deutsche mit seinen bloßen Händen erwürgt. Er trug eine Pistole bei sich, die er einem deutschen Wachmann abgenommen hatte. Boris und Wladek sahen aus wie lebendige Leichname. Wir nahmen die drei mit zu uns in die Wälder, wo sie vom Aufstand berichteten. Viele deutsche und ukrainische Wachleute seien getötet worden, viele Juden entkommen, die sich möglicherweise noch in der Gegend aufhielten. Wir suchten noch einige Tage nach weiteren Flüchtlingen, konnten aber niemanden finden.

Sie erzählten uns auch, daß die Lagerinsassen unsere drei Gewehrsalven gehört hatten. Die Deutschen hätten daraufhin sofort Alarm geschlagen und alle aus den Baracken getrieben. Die Häftlinge mußten sich mit dem Gesicht nach unten auf den Boden legen, während die Wachmannschaften ihre Gewehre auf sie richteten. Die Deutschen befürchteten einen Angriff auf das Lager und hatten für den Fall die Erschießung aller Insassen geplant. Keiner sollte überleben, um berichten zu können, was in Sobibor geschehen war. Bald nach dem Aufstand machten die Deutschen das Lager dem Erdboden gleich und sorgten dafür, daß von den Gaskammern und Krematorien nichts übrig blieb.

Wir nahmen die drei Entflohenen mit uns, die sich, nachdem sie sich von den Strapazen erholt hatten, als ausgezeichnete Kämpfer erwiesen. Alle drei überlebten den Krieg und wanderten nach Israel aus.

Als wir in unser Basislager zurückgekehrt waren, berichteten sie in allen Einzelheiten, wie der Aufstand von Sobibor organisiert worden war. Das Lager war in verschiedene Abteilungen untergliedert. Das Krematorium war von den anderen Bereichen, wo Schneider, Schuster, Zimmerleute, Goldschmiede und andere Handwerker in mehreren Werkstätten arbeiteten, abgetrennt. In einer weiteren Abteilung waren Insassen damit beschäftigt, Kleider, Schmuck, Spielzeug, Haare und Goldzähne der todgeweihten Juden zu sortieren und für den Transport nach Deutschland zu verpacken.

Jeden Tag kamen in Sobibor Züge mit Juden aus ganz Europa an, wobei die Ostjuden eingepfercht in Viehwaggons das Lager erreichten. Viele waren bereits auf dem Transport gestorben. Die Leichen wurden von den Lagerinsassen auf Karren gepackt und direkt zum Krematorium geschafft. Die ankommenden Züge wurden mit ungeheurer Geschwindigkeit abgefertigt. SS-Leute und ukrainisches Wachpersonal prügelten die Ankommenden aus den Waggons und Abteilen heraus und gaben ihnen keine Gelegenheit, sich zu orientieren. So dauerte es keine 20 Minuten, bis mehrere tausend Juden einen Zug verlassen hatten.

Manchmal kamen auch Züge aus westeuropäischen Ländern wie Holland, Belgien oder Frankreich in Sobibor an. Hier saßen die Juden in ganz normalen Abteilwagen, die sehr bequem aussahen.

Diese Juden kamen auch nicht aus einem Ghetto; sie waren gut oder gar vornehm gekleidet und hatten ihr Gepäck dabei. Unterwegs durften sie im Speisewagen essen. Die Kinder besaßen Spielzeug. Diesen Juden hatte man erzählt, sie würden im Osten durch ihre Arbeit die deutsche Kriegsführung unterstützen. Wenn der Zug in den Bahnhof einlief, wurden sie von SS-Männern mit höflichem Lächeln begrüßt und gebeten, ihr Gepäck auf dem Bahnsteig zu lassen. Die Gepäckträger würden sich schon darum kümmern. Die selben SS-Leute hatten wenige Stunden zuvor die Ostjuden aus den Viehwaggons gepeitscht und ihre Hunde auf sie gehetzt.

Die Juden aus Westeuropa dagegen schienen mit dem Empfang sehr zufrieden und wollten bisweilen den ›Gepäckträgern‹ sogar ein Trinkgeld zustecken. Natürlich handelte es sich dabei um Lagerinsassen, die von den Mithäftlingen die ›Bahnsteigbrigade‹ genannt wurden. Diese Insassen durften bei Todesstrafe kein Wort mit den Neuankömmlingen wechseln. Dennoch machten einige durch Kopfnicken auf die rauchenden Krematorien aufmerksam, um den gerade Angekommenen anzudeuten, welches Schicksal sie erwartete. Die Bahnsteigbrigade wußte, daß diejenigen, deren Gepäck sie gerade in Empfang nahmen, binnen einer Stunde tot sein würden.

Im Wartesaal mußten sich die Neuankömmlinge ausziehen, die Männer wurden von den Frauen und Kindern getrennt. Die Kleider bündelte man zusammen, das Haar der Frauen und Kinder wurde von Lagerinsassen geschoren. Danach mußten alle in die Duschräume. Die SS-Leute sagten ihnen, sie würden ihre Kleider hinterher zurückbekommen. Bis dahin war man höflich gewesen, als es dann aber zu den ›Duschräumen‹ ging, setzte das Wachpersonal Knüppel ein und schrie: ›Schneller, schneller!‹ Einige Juden widersetzten sich, und alle hatten furchtbare Angst. Manche wurden direkt vor den ›Duschräumen‹ erschossen, die anderen hineingetrieben. Dann schlossen sich die Türen und das Giftgas begann zu wirken. Nach qualvollen Minuten des Todeskampfes waren alle tot. Ihre Leichen wurden von Lagerinsassen zu den Krematorien gekarrt und dort verbrannt.

Am 14. Oktober 1943 gab es einen Aufstand im Lager, der von zwei Männern organisiert wurde. Der eine war Sascha Petschersky, ein russisch-jüdischer Offizier, der die wenigen russischen Kriegsgefangenen anführte. Der andere war ein polnischer Jude namens Leon Feldhendler. Beide überlebten den Aufstand. Zunächst wußte niemand, wie viele Juden bei dem Aufstand ums Leben gekommen waren. Etwa 600 waren gegen die Zäune gestürmt, viele dabei von MG-Salven niedergestreckt, vom elektrischen Stacheldraht getötet oder von den Minen zerfetzt worden. Wochen später fanden sich kleine Gruppen von jeweils drei oder vier Überlebenden in unserem Lager ein, nachdem sie lange im Wald umhergeirrt waren.

Ich erinnere mich noch an drei Frauen aus Sobibor, die den Aufstand überlebt hatten. Sie kamen etwa einen Monat nach der Revolte zu uns. Sie hießen Edek, Ulla und Katie. Katie stammte aus Holland, war hochgewachsen und hatte rotes Haar. Moniek fühlte sich sogleich zu ihr hingezogen und überredete uns, sie in die Marianka-Gruppe aufzunehmen. Sie bekam dann auch ein Gewehr und führte viele Aktionen mit uns durch. Katie erwies sich als ausgezeichnete Partisanin.

Insgesamt fanden etwa 15 Überlebende aus Sobibor den Weg zu uns. Die meisten kämpften mit uns gegen die Deutschen und überlebten den Krieg.

Wir gehen in die Offensive

In den Herbsmonaten des Jahres 1943 blieben wir nie sehr lange an ein und dem selben Ort, auch nicht in unserem Basislager im Wald von Ochoza. Wir waren jetzt immer für ein paar Wochen unterwegs, um mehrere Sabotageaktionen durchzuführen. Von den Deutschen war auf dem Land nicht mehr viel zu sehen, und so schliefen wir zumeist in den Bauernhäusern, wählten aber für alle Fälle immer solche aus, die nahe am Wald lagen.

Wenn wir in unser Basislager zurückmarschierten, sangen wir polnische, jiddische und russische Partisanenlieder. Moniek hatte immer seine Mundharmonika dabei und begleitete unseren Gesang.

Mittlerweile waren wir gut ausgerüstet, besaßen Handgranaten und ausgezeichnete Gewehre. Für unsere nächtlichen Aktionen hatten wir uns Taschenlampen besorgt. Manche von uns verfügten über Pistolen. Die meisten Sachen stammten aus Gefechten und Scharmützeln mit den Deutschen. Manche unserer Kämpfer trugen sogar deutsche Uniformen. Viele, darunter auch ich, lehnten das ab (lediglich ein Paar gute deutsche Stiefel ließen wir gelten), weil wir dem, was die Uniform für uns bedeutete, nur mit Haß begegnen konnten. Zudem konnte es gefährlich sein, von befreundeten Einheiten für Deutsche gehalten zu werden.

Eines Tages erhielten wir vom Hauptquartier der Armia Ludowa den Auftrag, vier Straßenüberführungen zu sprengen. Die eine befand sich in der Nähe von Lubartow, eine andere, die größte der vier, bei Parczew. Chiel teilte vier Gruppen ein, die sich der verschiedenen Objekte annehmen sollten. Ich führte eine Einheit von etwa 50 Kämpfern an und rückte mit ihnen in Richtung Parczew ab.

Es war fast Mitternacht, als wir die Brücke erreichten. In einem nahegelegenen Dorf besorgten wir uns Pferdewagen, die wir mit Stroh beluden. Außerdem requirierten wir einige Kanister Benzin und wiesen die Dorfbewohner an, die hölzerne Brücke mit Äxten, Sägen und Brechstangen zu beschädigen. Danach kippten wir das Stroh auf die Brücke, übergossen es mit Benzin und zündeten es an.

Die Holzkonstruktion brannte im Nu lichterloh, und die Flammen waren kilometerweit zu sehen. Sicher würden die in Parczew stationierten Deutschen den Brand bemerken und einen Trupp losschicken, der die Sache untersuchen sollte. Wir mußten jetzt schnell den Rückzug antreten, denn die Nacht neigte sich dem Ende zu, und wir hatten noch einige Kilometer vor uns.

Als wir auf der Straße dem Wald entgegenmarschierten, sahen wir einen Lastwagenkonvoi näherkommen. Wir konnten nicht erkennen, wie viele Fahrzeuge es waren und was sie transportierten. Schnell verließen wir die Straße und versteckten uns hinter Buschwerk. Viele Lastwagen fuhren mit großer Geschwindigkeit vorbei. Wir ließen sie passieren und entschlossen uns, die letzten in der Kolonne anzugreifen.

Plötzlich fuhr einer der Lastwagen unweit von uns an den Straßenrand und hielt an. Etwa zehn Deutsche sprangen aus dem Fahrzeug, um es zu untersuchen. Einige machten sich am Motor zu schaffen, den sie mit Taschenlampen ableuchteten. Wir verhielten uns ruhig, weil immer noch Lastwagen vorbeifuhren. Erst als der letzte sich näherte, eröffneten wir das Feuer. Das Fahrzeug schlingerte an den Straßenrand und blieb dort stehen. Wir schossen ohne Unterbrechung fünf Minuten lang auf die beiden Lastwagen. Unser Feuer wurde zunächst erwidert, bis Chanina und ich die Fahrzeuge mit Handgranaten bewarfen. Danach war alles still; die ausgebrannten Wagen glichen verkohlten Gerippen.

Wir zogen uns jetzt schnell zurück, weil einige Lastwagen bereits gewendet hatten und die Soldaten das Feuer auf uns eröffneten. Wir waren keineswegs begierig darauf, den Kampf mit einer Übermacht aufzunehmen. Wir wußten nicht, wie viele Deutsche getötet worden waren, aber wir sahen eine ganze Anzahl von ihnen neben den Lastwagen liegen. Später berichteten uns Leute aus der Gegend, daß die verbrannten Lastwagen noch tagelang auf der Straße standen. Der Konvoi sollte eigentlich die von uns zerstörte Brücke überqueren und mußte dann umgeleitet werden, weil die Reparatur der Brücke einige Tage benötigte. Chiel beglückwünschte uns zu der gelungenen Doppelaktion.

Ein anderes Mal erhielten wir den Auftrag, Spione und Kollaborateure zu beseitigen, die in den umliegenden Dörfern für die Deutschen gearbeitet und ihnen über unsere Tätigkeiten und die der Armia Ludowa Bericht erstattet hatten. Dabei erhielten wir Hilfe von Dorfbewohnern, die insgeheim mit uns zusammenarbeiteten. In Krzywy Bor und Chmielow wie auch in Krasnowka und Zinki erschossen wir *soltys* (Dorfälteste), die mit den Deutschen kollaboriert hatten.

Als wir uns in der Gegend von Zamolodycze aufhielten, machten wir als Marianka-Gruppe den anderen den Vorschlag, an bestimmten Dorfbewohnern Rache zu nehmen. Wir waren etwa einhundert Männer und Frauen, also stark genug, um die Aktion ungefährdet durchführen zu können. Die Bewohner von Zamolodycze hatten die in die Wälder geflohenen Juden, die dem Abtransport ins Ghetto von Wlodawa entgehen wollten, aufgespürt, zusammengetrieben und nach Zamolodycze zurückgebracht. Dann hatten sie sie in das Haus von Fajgas Familie gesperrt, die Deutschen aus Sosnowica geholt und bei der Erschießung zugesehen. Nur Fajga,

Manja, Moniek, Josel, David und ich hatten das Massaker überlebt, weil es uns gelungen war, rechtzeitig zu fliehen.

Fajga, die wegen der Ermordung ihrer Familie viele Tränen vergossen hatte, lag am meisten daran, Rache zu nehmen. Sie kannte alle Leute im Dorf, und diese wiederum kannten sie und ihre Familie und auch die anderen Juden, die man zusammengetrieben hatte. Fajgas Vater war der Dorfschuster, ihr Bruder war Zimmermann gewesen. Als einzige Überlebende verspürte Fajga das brennende Verlangen, den Tod ihrer Familie zu rächen. Sie erinnerte sich an jeden, der dabei gewesen war, als die Juden aus dem Wald geholt wurden. Sie wußte noch genau, wer dabei besonders eifrig und wer nur Mitläufer gewesen war. Die Zahl der letzteren war nicht besonders groß.

Wir gingen im Dorf von Haus zu Haus und nahmen all diejenigen mit, die am aktivsten bei der Verfolgung und Auslieferung der Juden mitgemischt hatten, die anderen verschonten wir. Insgesamt erschossen wir 15 Dorfbewohner. Das war die größte Vergeltungsaktion, die wir jemals gegen Kollaborateure durchführten.

Kurz darauf erhielten wir den Befehl, nach Kaplonosy zu gehen, wo ein großer, von SS und polnischer Polizei bewachter Gutshof als Depot für Vieh und Lebensmittel genutzt wurde. Unser Ziel war es, diesen Hof zu zerstören, die Wachen zu töten und die Vorräte zu verbrennen.

Chiel nahm zur Durchführung dieses Auftrags 60 Partisanen mit, die er in zwei etwa gleich starke Einheiten unterteilte. Die eine, zu der auch ich mitsamt der Marianka-Gruppe gehörte, sollte die Vorratslager angreifen und zerstören. Die zweite sollte sich nahe dem unweit der Lagerhäuser gelegenen Verwaltungsgebäude verstecken, wo die SS untergebracht war. Wir gingen davon aus, daß die Deutschen angesichts der brennenden Lagerhäuser ihre Unterkunft verlassen und zum Schauplatz eilen würden. Dann könnte die zweite Gruppe das verlassene Verwaltungsgebäude stürmen und in Brand setzen.

Alles verlief nach Plan. Die unbewachten Lagerhäuser fingen rasch Feuer, weil überall sehr viel trockenes Stroh herumlag. Die Deutschen stürmten wild um sich schießend aus ihren Quartieren, und wir erwiderten das Feuer. Unterdessen erstürmte die zweite

Gruppe das Verwaltungsgebäude, steckte es in Brand und beschoß die SS-Wachleute. Da bemerkten die Deutschen, daß sie zwischen zwei Partisanengruppen eingekeilt worden waren und rannten in verschiedene Richtungen davon, um der Einkreisung zu entgehen. Wir töteten sechs von ihnen und zehn polnische Polizisten. Der Rest entkam. Der Gutshof brannte völlig aus, wir trafen uns am vereinbarten Treffpunkt und zogen uns zurück. Wir hätten keine Verluste erlitten und waren lediglich von Qualm, Ruß und Rauch geschwärzt.

Auf welche Weise sich der Führungsstab der Armia Ludowa zwischen den feindlichen Linien hin- und herbewegte, blieb uns ein Rätsel. Wie aus dem Nichts tauchten ihre Führer und Kommandeure bei uns auf, blieben eine Weile und verschwanden dann wieder ohne Vorankündigung. Wir wußten weder, woher sie kamen, noch, wohin sie gingen. Selbst die Gestapo schien machtlos, obwohl doch ihre Informanten überall waren und nahezu jeden halbwegs Verdächtigen beobachteten. In jedem Dorf hatte die Armia Ludowa ihre Sympathisanten, die es ermöglichten, daß die Aktionen und Bewegungen der Organisation geheim blieben.

Die Führer der Armia Ludowa respektierten Chiels Partisanentruppe und betrauten uns mit wichtigen Aufgaben. Sie wußten, daß sie sich auf uns verlassen konnten, weil wir weder Heim noch Familie besaßen. Wir konnten nur kämpfen, Vergeltung üben und den Feind schwächen.

Oftmals mußten wir in Sondereinsätzen Führer der Armia Ludowa zu geheimen Treffpunkten eskortieren oder den Russen auf der östlichen Seite des Bug wichtige Dokumente überbringen. Dort war die Partisanenbewegung wesentlich stärker und besser ausgerüstet als bei uns. Die Deutschen hatte man schon aus weiten Gebieten vertrieben und kleine Landebahnen angelegt, auf denen russische Flugzeuge mit Nachschub an Waffen und Lebensmitteln aufsetzen konnten. Zwischen der Führung der Armia Ludowa in Polen und ihrem Moskauer Hauptquartier bestand ständiger Kontakt.

Bei einem dieser Sondereinsätze verloren wir einen sehr guten Mann – Herschel Rubenstein. (Er war, wie schon berichtet, einer der Führer beim Aufstand im Warschauer Ghetto gewesen und später zu uns gestoßen.) In diesem Einsatz nun ging es darum, einige hochrangige Mitglieder der Armia Ludowa auf die östliche Seite des Bug zu bringen. Das Begleitkommando bestand aus 20 von Chiels Partisanen. Herschel Rubenstein und ich gehörten ebenfalls dazu. Ein Dorfbewohner, der den Fluß gut kannte, führte uns ohne große Schwierigkeiten durch die seichten Stellen ans jenseitige Ufer.

Zunächst also ging alles glatt. Am anderen Ufer erwartete uns eine russische Partisanenpatrouille, die uns mit dem Pferdewagen zum 30 Kilometer entfernten Basislager brachte. Damit war unser Auftrag erfüllt, aber wir blieben noch ein paar Tage dort, ehe wir auf unsere Seite des Flusses zurückkehrten. Bei der Gelegenheit aber wurden wir von einer deutschen Patrouille aufgespürt und beschossen. Wir hatten den Fluß schon fast durchquert und konnten nicht mehr zurück. Wir schossen nun unsererseits auf die Deutschen, während wir uns durch das hüfthohe Wasser kämpften. Am Westufer angekommen, konnten wir die Patrouille abschütteln. Wir bemerkten, daß Herschel fehlte. Keiner hatte gesehen, was mit ihm geschehen war. Wahrscheinlich war er von einer Kugel getroffen worden, ins Wasser gefallen und ertrunken. Aufgrund seines gelähmten Arms konnte er nicht schwimmen. Seine Leiche haben wir nicht gefunden. Herschel Rubensteins Tod war für uns ein großer Verlust.

Während wir bei unseren Aktionen die Wälder durchstreiften, trafen wir hin und wieder auf kleinere Gruppen von zwei oder drei Juden. Manche waren aus einem Konzentrationslager ausgebrochen oder hatten ein Versteck verlassen, in dem sie nicht länger bleiben konnten, weil sie von feindlich gesonnenen Bauern entdeckt und vertrieben worden waren. Wir brachten sie dann zu unserem Lager. Wenn sie kampffähig waren, erhielten sie Waffen und wurden in unsere Partisaneneinheit aufgenommen. Die meisten waren jedoch zu schwach und mußten im Tabor mit dem Nötigsten versorgt werden.

Auf einem dieser Streifzüge begegneten wir einem sechsjährigen Jungen, der nahe dem Wald am Straßenrand saß. Er schluchzte vor sich hin und rannte nicht weg, als er uns näherkommen sah. Wir sprachen ihn auf Jiddisch an, und er antwortete in derselben Sprache. Ein freundlicher Bauer in Kodeniec, so erzählte er, habe ihn lange Zeit bei sich versteckt gehalten. Als das unmöglich wurde, habe er ihn zu dieser Stelle gebracht, weil es bekannt war, daß bisweilen jüdische Partisanen hier entlangkamen und ihn vielleicht entdecken würden. Der Kleine hieß Siesske. Wir nahmen ihn mit uns und brachten ihn ins Tabor.

Bei einer anderen Gelegenheit kehrte eine Gruppe unserer Partisanen mit einem etwa zehn Jahre alten Jungen ins Lager zurück, den sie in der Nähe von Skorodnica aufgelesen hatten. Er war für sein Alter ziemlich groß und sehr dünn. Seine Kleidung war zerlumpt. Er hieß Mojsche. Ein freundlich gesonnener Dorfbewohner hatte den Partisanen berichtet, daß alle paar Tage ein jüdischer Junge zu ihm käme und um Essen bettelte. Der Dorfbewohner meinte, der Junge müsse sich irgendwo in den umliegenden Wäldern verstecken. Unsere Leute blieben einige Tage in der Nähe des Dorfes in der Hoffnung, der Junge würde wieder bei dem Bauern auftauchen. Genau das geschah auch. Als sie sich ihm näherten, rannte er weg. Sie riefen auf Jiddisch, er brauche keine Angst zu haben, sie seien jüdische Partisanen. Da kehrte er um. Er erzählte ihnen, er halte sich schon seit ein paar Monaten im Wald versteckt. Er stammte aus Kolacze, wo sich seine Eltern und Geschwister vor den Deutschen verborgen gehalten hatten. Seine Eltern hatten ihn zu einem Bauern gegeben, wo er als Schafhirte arbeitete. Sie hofften, er wäre dadurch in der Lage, sein Leben zu retten. Irgendwann erfuhr er, daß seine Familie von den Deutschen entdeckt und umgebracht worden war. In Panik rannte er auf und davon, ließ die Tiere einfach auf freiem Feld stehen. Er hatte von den jüdischen Partisanen gehört und hoffte, auf sie zu treffen. Wir brachten ihn zunächst ins Tabor und nahmen ihn später auf unsere *bombioschkas* in der Gegend von Kolacze mit, weil er dort alle Bauern kannte. Diejenigen, die ihn unfreundlich behandelt hatten, suchten wir mit Vorliebe auf, um Lebensmittel von ihnen zu fordern.

Das Jom-Kippur-Fest im Herbst 1943 habe ich noch ganz deutlich vor Augen. Wir hatten zwar keinen Kalender, der uns die Feiertage ankündigte, aber die Lagerältesten im Tabor, Abram, Jankel und Nuchem, waren sehr fromm und wußten genau, wann es soweit war.

An diesem Feiertag war unsere ganze Gruppe im Lager versammelt. Am Vorabend von Jom Kippur kamen alle Partisanen und die Menschen aus dem Tabor zusammen, um den Gottesdienst zu feiern und zur Eröffnung dieses Festtages Kol Nidre zu hören, das alte Gebet mit seiner traurigen Melodie. Abram aus Zaliszcze besaß ein umfangreiches Gebetsbuch, das er irgendwie hatte retten können. Es enthielt die Gebete für alle jüdischen Feste. Wir entfachten ein großes Feuer (was ungefährlich war, weil die Deutschen nachts nicht in den Wald kamen), um das dann an die 500 Menschen saßen, während Abram das Kol Nidre anstimmte. Wir erinnerten uns daran, wie wir einst mit unseren Familien dieses heilige Fest begangen hatten und weinten und beteten gleichzeitig. Wir hatten unsere Familien verloren, und die Zukunft war ungewiß.

Als wir so um das Feuer saßen, hörten wir die nächtlichen Geräusche des Waldes, den Ruf der Eulen und die Laute anderer Tiere. Es war kalt und der herbstliche Himmel sternenklar. Wir saßen beisammen, und sahen die Sternschnuppen fallen und sangen das Kol Nidre. Am nächsten Tag war Jom Kippur. Die meisten heiligten den Tag durch Fasten, und Abram rezitierte Gebete.

Unser Lager im Wald von Ochoza wird zerstört

Normalerweise folgten die Deutschen, wenn sie einen Angriff auf uns planten, einem bestimmten Muster. Sie fuhren am Abend vorher zu einem in der Nähe befindlichen Dorf, um dann am Morgen einen begrenzten Teil des Waldgebietes anzugreifen, wobei sie uns zunächst aus größerer Entfernung mit Artillerie beschossen. Meistens wurden wir vorher von befreundeten Dorfbewohnern gewarnt, so daß wir uns in Erwartung einer deutschen Übermacht rechtzeitig zurückziehen konnten.

Im Herbst 1943, kurz nach dem Jom-Kippur-Fest, überraschten uns die Deutschen mit einer Veränderung ihrer Taktik. Eines Morgens rückte ein starker Verband mit Lastwagen und schweren Geschützen direkt aus Lublin an. Alle Partisanen waren unterwegs, das Lager nur von Leuten aus dem Tabor bewacht. Auf dem Rückweg hörten wir schon von den Bauern, daß es bei uns ein Massaker gegeben habe. Insgesamt waren bei dem deutschen Angriff 75 Frauen,

Kinder und Alte aus dem Tabor ums Leben gekommen. Zu dieser Jahreszeit waren die Sümpfe im Wald von Ochoza nahezu trocken und das Gelände dadurch für die Deutschen zugänglicher.

Aus Berichten der Bauern und dem, was die Überlebenden erzählten, machten wir uns ein Bild von den Geschehnissen. Die um den Tabor aufgestellten Wachen hatten Alarm geschlagen, als die Deutschen anrückten. Bei Abwesenheit der Partisanen verfügten die Menschen im Tabor zu Verteidigungszwecken über 40 Gewehre, zumeist alte Waffen französischer, russischer und österreichischer Bauart aus dem Ersten Weltkrieg. Die Führer aus dem Tabor hatten Boten zu den benachbarten Inseln geschickt, um die Bewohner darauf hinzuweisen, daß die Deutschen dabei wären, ein nahegelegenes Feld in einen Hinterhalt umzuwandeln. Sie rieten ihnen, lieber bis zum Dunkelwerden im Sumpfgebiet zu bleiben, um sich dann im Schutz der Nacht in das Waldgebiet von Zahajki abzusetzen.

Am Vormittag griffen die Deutschen von drei Seiten an und ließen einen offensichtlichen Fluchtweg frei, der direkt auf jenes Feld führte. Einige Taborbewohner gerieten in Panik und liefen davon, zumeist auf das offene Feld, wo die Deutschen hinter Heuhaufen und einer Scheune MG-Schützen versteckt hatten, die die Fliehenden kaltblütig niedermähten.

Vielen gelang es dennoch, zu entkommen. Als Chantsche Barbanel mit ihrer dreijährigen Tochter auf dem Arm davonrannte, wurde sie von einer Kugel gestreift, die ihr Haar in Brand setzte. »Laß mich nicht los!«, flehte die Kleine bei diesem Anblick. Chantsche hielt ihre Tochter fest. Beide überlebten zusammen mit Chantsches Mann, Motel, den Angriff und auch den Krieg.

Die vierzig Bewaffneten schwärmten auf der Hauptinsel aus, um eine Verteidigungskette zu bilden. Sie feuerten eine Salve auf die Deutschen ab und hielten dann eine Art Sperrfeuer aufrecht, wodurch die Deutschen zunächst auf Distanz gehalten wurden. Dadurch konnten die Unbewaffneten in die Wälder entkommen. Die Deutschen hatten keine Ahnung, daß es Knaben und alte Männer waren, die ihnen erbitterten Widerstand leisteten.

Viele von denen, die nicht in Panik gerieten, folgten dem vorab erteilten Rat und versteckten sich im Unterholz und im Sumpf. Die Schießerei hielt den ganzen Tag an. Die 40 bewaffneten Juden zogen sich allmählich zurück, um den Fliehenden Rückendeckung zu geben. In Anbetracht ihres Alters, ihrer Unerfahrenheit im Kampf, ihrer schlechten Bewaffnung sowie der Übermacht des Feindes leisteten sie taktisch vorbildliche Arbeit. Ihr Einsatz rettete vielen Taborbewohnern das Leben und fügte den Deutschen nicht unerhebliche Verluste zu. Für die meisten war es die erste Gelegenheit, die an ihren Familien begangenen Grausamkeiten zu rächen, für viele allerdings zugleich auch die letzte, denn als der Tag sich dem Ende zuneigte, waren die meisten von ihnen tot. Am Abend zogen sich die Deutschen unter Mitnahme ihrer Toten und Verwundeten zurück. Die Juden begruben ihre Toten. Dann begaben sie sich in das Wald- und Sumpfgebiet, um die Überlebenden zusammenzutrommeln. Anschließend wechselten sie in den Wald von Zahajki hinüber.

Als wir das Lager erreichten, war kein Mensch mehr da. Wir fanden nur zerbrochenes Geschirr, auf dem Boden verstreute Kleidungsstücke und umgestürzte Unterstände. Als wir das Sumpfgebiet durchsuchten, stießen wir auf noch mehr tote Juden, die wir begruben. Auch trafen wir unterwegs auf weitere Überlebende. Wir blieben noch etwas länger im Wald von Ochoza, um auf die anderen Partisanengruppen zu warten, die noch nicht zurückgekehrt waren. Unterdessen fanden wir heraus, daß ein polnischer Förster aus Kaplonosy die Deutschen zu unserem Lager geführt hatte. Auch erfuhren wir, daß die Besatzung der deutschen Garnison in Wyryki, einer nahe des Bug gelegenen Ortschaft, an dem Überfall beteiligt gewesen war. Wir suchten den Förster in Kaplonosy auf und erschossen ihn. Einige Zeit später ergab sich die Gelegenheit zu einem Überfall auf die Garnison in Wyryki, wobei viele Deutsche den Tod fanden. Nachdem alle Einheiten von Chiels Truppe wieder beisammen waren, setzten wir uns mit den Überlebenden, die wir noch getroffen hatten, in den Wald von Makoszka ab. Später stießen auch die anderen Überlebenden aus dem Tabor wieder zu uns.

Wir zerstören die Garnison von Ostrow Lubelski

Der Wald von Makoszka bedeckte ein ausgedehntes Areal. Die deutschen Garnisonsbesatzungen der umliegenden Ortschaften wagten sich nur mit Unterstützung starker Verbände aus anderen Regionen dort hinein. Wenn wir rechtzeitig von solchen Truppenbewegungen erfuhren, zogen wir uns zurück. Wurden wir von den Deutschen überrascht, nahmen wir den Kampf auf, der nicht immer zu unseren Gunsten entschieden werden konnte.

Die Ortschaft Ostrow Lubelski lag in der Nähe des Waldes, südlich von Parczew. Sie beherbergte eine größere deutsch-polnische Garnison mit über einhundert Mann Besatzung, die einen versteckten Krieg gegen die Partisanen führte, indem sie ihnen an den Straßen längs des Waldes auflauerte, um sich nach getaner Arbeit in ihren gut befestigten Stützpunkt zurückzuziehen.

Unsere Truppe zählte zu der Zeit etwa 250 bewaffnete Kämpfer, von denen viele mit Maschinenpistolen ausgerüstet waren. Wir bekamen den Befehl, die Garnison und das Rathaus von Ostrow Lubielski zu zerstören. Bei diesem Vorhaben erhielten wir Unterstützung von knapp einhundert Partisanen der Armia Ludowa. Wir brachen am späten Nachmittag auf. Jeder hatte größere Mengen an Munition und zwei Handgranaten dabei. Bevor wir den Wald verließen, teilte Chiel die Gruppe in zwei Einheiten auf, von denen die eine die Garnisonsgebäude erstürmen und zerstören sollte, während die andere die Aufgabe hatte, die Verwaltungsunterlagen im Rathaus zu vernichten, das Gebäude niederzubrennen und polnische Kollaborateure ausfindig zu machen.

Dennis, der junge Partisan aus Sosnowica und ein Verwandter von Chiel, trug ein schweres Maschinengewehr, das er auch bediente. Unterstützung erhielt er von dem 15jährigen Sam, der die Munition schleppte. Wir hatten ihm den Spitznamen ›Polymiot‹ gegeben, denn so heißt ein MG auf russisch, für das er die Munition trug.

Vom Wald aus war es noch eine ganze Strecke bis zur Stadt. Mit Holz beladene Wagen fuhren an uns vorbei. Als die Bauern uns sahen, gaben sie den Pferden die Peitsche, um schneller fortzukommen. Dann kam eine ganze Reihe von unbeladenen Pferdewagen die Straße herunter. Wir hielten sie an und legten den letzten Teil der Strecke fahrenderweise zurück. Schon konnten wir in der Ferne die Turmspitze der Kirche von Ostrow Lubielski sehen. Als wir den Stadtrand erreichten, teilten wir uns in die vorher festgelegten Gruppen auf. Ich gehörte zu denen, die die Garnison angreifen sollten.

Gleich nach Sonnenuntergang begannen wir mit der Aktion. Wir stürmten die deutsche Kommandozentrale und feuerten dabei unsere Gewehre ab. Ich erinnere mich noch, wie Chiel während des Angriffs schrie: »Laßt die Mörder nicht entwischen!« Die Deutschen verbarrikadierten sich im Gebäude und beschossen uns durch die Fenster. Wir warfen uns zu Boden und krochen nahe genug heran, um Handgranaten hineinwerfen zu können. Als ich eine Granate durch ein Fenster warf, bemerkte ich, wie die Deutschen ihr Gewehrfeuer auf Moniek und Chanina konzentrierten, die sich hinter mir befanden. Moniek fiel zu Boden und ließ sein Gewehr fallen. Er schien tödlich getroffen zu sein. Die Deutschen hörten auf, in seine Richtung zu schießen, während Chanina weiter feuerte. Ich sprang hoch und warf meine zweite Handgranate in das Fenster zu meiner Rechten. Sie explodierte und zog eine ganze Folge von Explosionen nach sich. Mauerteile fielen herunter.

Dennis feuerte wie wild mit seinem MG, als die Deutschen das Gebäude fluchtartig verließen. Chanina schrie mir zu, daß Moniek getötet worden sei, aber ich hatte das Gefühl, er tat nur so. Ich wußte, daß Moniek gut schauspielern konnte und rief zurück, Chanina solle nicht mit dem Schießen aufhören. Tatsächlich war Moniek nichts geschehen.

Die Deutschen hatten keine Chance zur Gegenwehr. Wir waren zu viele und überrannten ihre Defensive innerhalb kürzester Zeit. Wir brannten das Rathaus und die deutsche Befehlszentrale nieder. Binnen einer knappen Stunde war die Garnison zerstört. Während dieser Aktion trieben wir einige Kollaborateure zusammen und erschossen sie. Dann sammelten wir uns und traten schnellstens den Rückzug an. Den größten Teil der Besatzung (darunter auch einige polnische Polizisten) hatten wir getötet. Was von den Verteidigern noch übrig war, floh aufs Land.

Wir werden eingekreist und entkommen

Von unseren Informanten aus der Gegend um Parczew erfuhren wir, daß die Deutschen einen größeren Angriff auf die Partisanen im Wald von Makoszka planten. Sie zogen in den Dörfern um Parczew umfangreiche Truppeneinheiten mit Artillerie und Panzerwagen zusammen – ein sicheres Zeichen für ihr Vorhaben. Eines Abends erhielten wir vom Führungskommando der Armia Ludowa den Befehl, uns so schnell wie möglich aus dem Wald zurückzuziehen. Neben unserer Gruppe gab es dort noch eine Einheit der Armia Ludowa und eine russische Partisaneneinheit, die aus jeweils etwa 80 Mann bestanden. Der Befehl galt auch für sie.

Wir sammelten schleunigst die Bewohner des Tabor um uns und teilten ihnen mit, daß ein deutscher Angriff unmittelbar bevorstünde. Sie sollten sich in den Wald von Ochoza aufmachen. Die meisten befolgten den Rat und bereiteten sich zum Abmarsch vor; einige aber, vor allem die aus Parczew und den umliegenden Dörfern, zögerten, weil sie glaubten, in der Tiefe des Waldes von Makoszka Schutz zu finden. Der überwiegende Teil aber zog, angeführt von den Ältesten und mit Gewehren versehen, in den Wald von Ochoza.

In der Morgendämmerung griffen die Deutschen an. Sie wurden von den Russen immer mehr nach Westen gedrängt und mußten befürchten, von den Partisanen am Rückzug gehindert zu werden. Diese Gefahr wollten sie nun beseitigen.

Sie riegelten unser Waldgebiet ab und läuteten ihre Aktion mit gewaltigem Artilleriebeschuß ein. Wir versuchten, den Belagerungsring zu durchbrechen. Aber das Sperrfeuer der Deutschen war zu heftig, und wir mußten uns wieder zurückziehen. Nun mußten wir nach einem anderen Fluchtweg suchen.

Die Deutschen wagten sich nicht allzuweit in den Wald vor, weil sie dort aufgrund unseres Gegenfeuers eine umfassende Streitmacht vermuteten. Aber sie riegelten den Wald weiterhin konsequent ab und ließen sogar ein paar Flugzeuge kreisen, von denen aus wir zwar im dichten Unterholz nicht zu sehen waren, deren Bomben aber die Bäume in Brand setzten. Die Schießerei ging den ganzen Tag über weiter. Wiederholt versuchten wir, den Belagerungsring zu durchbrechen, doch jedesmal wurden wir zurückgeschlagen.

Zusammen waren wir weit über 400 Kämpfer: 300 jüdische Partisanen, dazu das russische Kontingent, das zum Bataillon Woroschilow gehörte und mit guten Maschinengewehren ausgerüstet war, sowie die etwa 80 Polen der Armia Ludowa, die allesamt frisch rekrutiert, aber sehr tapfer waren.

Wir versuchten uns der Einkesselung zu entziehen, indem wir in andere Bereiche des Waldes auswichen, und hofften, daß die Deutschen am Abend den Rückzug antreten würden, weil sie noch nie in der Dunkelheit gegen uns gekämpft hatten. Als es zu dämmern begann, bewegten wir uns in Richtung Uhnin, das am Rande des Waldes von Makoszka lag. Von dort aus wollten wir nach Süden hin der Belagerung entkommen.

Doch als wir den Ausbruch wagten, wurde sofort auf uns geschossen. Wir erwiderten das Feuer. Dann hörten wir, wie man uns per Lautsprecher auf Russisch aufforderte, wir sollten uns ergeben. Wir hörten die folgenden Worte: »Wir sind Russen. Unser Führer ist General Wlassow. Wir haben es gut bei den Deutschen. Ergebt euch und schließt euch uns an. Wir wollen keine Juden, aber die Russen sind unsere Brüder.«

Hier also standen die ›Wlassowzy‹, ehemalige russische Kriegsgefangene, die unter dem Kommando eines ehemaligen russischen Offiziers, der sich General Wlassow nannte, bereit waren, auf deutscher Seite zu kämpfen. Allerdings war ihr Ruf als Kämpfer und Soldaten nicht der beste. Uns packte angesichts dieser Überläufer ein furchtbarer Zorn, und unsere russischen Partisanen pflanzten sofort Bajonette auf ihre Gewehre. Dann warfen wir uns mit Handgranaten und Maschinenpistolen ins Gefecht. Es wurde dunkel, und damit wuchsen unsere Chancen, den Durchbruch zu erzwingen. »Vaterlandsverräter!« schrien unsere Russen, als wir direkt auf den Feind zuliefen. Es dauerte nur einige spannungsgeladene Minuten und wir überrannten den Gegner im Kampf Mann gegen Mann. Die

Wlassowis wurden niedergemetzelt, wobei sich die russischen Partisanen mit ihren Bajonetten besonders hervortaten und mehr daran
interessiert schienen, jeden gegnerischen Soldaten einzeln aufzu-
spießen als die Gegend zu verlassen. Als der Kampf vorüber war,
hatte die Dunkelheit eingesetzt, und da wir nur wenige Verluste zu
verzeichnen hatten, sahen wir zu, daß wir uns so weit wie möglich
vom Ort des Geschehens entfernten. Die wenigen Menschen aus
dem Tabor, die in der Nacht zuvor nicht hatten fliehen wollen, folgten uns. Gegen Morgen erreichten wir den Wald von Ochoza, wo
wir die meisten Taborbewohner wiedertrafen.

Die folgenden Wochen im Wald von Ochoza waren für uns sehr
schwierig. Häufig wurden wir von deutschen Einheiten angegriffen
und mußten ständig in Bewegung bleiben, auch um die Menschen
aus dem Tabor zu schützen. Schließlich berichteten uns Informanten, daß sich umfangreiche deutsche Truppen um den Wald von
Ochoza zusammenzögen. Die Gründe dafür wußten wir nicht. Vielleicht verfolgten uns die Deutschen, oder aber sie terrorisierten die
umliegenden Ortschaften auf der Suche nach Nahrungsmitteln,
oder sie wollten einfach nur diejenigen töten, die die ›Banditen‹
(ihre Bezeichnung für Partisanen) unterstützten. Mittlerweile nahmen deutsche Soldaten den Dorfbewohnern ohne offiziellen Befehl
einfach weg, was sie an brauchbaren Gegenständen finden konnten.
Wir erhielten den Rat, uns aus der Gegend zurückzuziehen, um
einen Zusammenstoß mit regulären Einheiten der deutschen Armee
zu vermeiden.

Zu dieser Zeit war eine Abteilung des Oberkommandos der
Armia Ludowa im Wald von Ochoza stationiert. Chiel und einige
andere suchten die Abteilung auf, um neue Instruktionen zu erhalten und sich einen Überblick über die Lage zu verschaffen. Bolek
Alef und Mietek Mocha, zwei Führungspersönlichkeiten der Armia
Ludowa, empfingen unsere Abordnung, und in gemeinsamen Bera-
tungen wurde der Entschluß gefaßt, sich zunächst einmal ruhig zu
verhalten und die Truppenbewegungen der Deutschen in den nächsten Tagen zu beobachten. Wir wußten, daß jederzeit ein Angriff
drohen könnte, weil die Deutschen große Truppenteile zusammengezogen hatten. Einen Frontalangriff galt es auf jeden Fall zu vermeiden.

Unsere Gruppe faßte schließlich den Entschluß, sich in östlicher Richtung davonzumachen und möglicherweise den Bug zu überqueren, um auf die russische Seite zu gelangen. Die vielen Kämpfe hatten uns erschöpft. Wir wußten, daß östlich des Bug große Gebiete von russischen Partisanen kontrolliert wurden. Dort hätten wir die Gelegenheit, uns von den ständigen deutschen Angriffen zu erholen. Die Führung der Armia Ludowa war damit allerdings nicht einverstanden. Unterdessen gelangten immer mehr deutsche Truppen in die umliegenden Dörfer. Deshalb beschlossen wir, unseren Plan in die Tat umzusetzen und sagten den Taborbewohnern, sie könnten mitkommen, wenn sie wollten. Die meisten stimmten zu, der Rest zerstreute sich im Wald.

In einem kleinen Dorf unweit des Bug suchten wir in der Nacht einen befreundeten Geistlichen auf, der uns zu einer Stelle führte, wo man den Fluß zu Fuß durchqueren konnte. Das Wasser war dort hüfthoch, und wir durchwateten es, indem wir die Waffen über unseren Köpfen hielten. Wir wollten jedoch nicht in der Nähe des Flusses bleiben, weil sonst die Gefahr bestand, daß uns eine deutsche Patrouille aufspürte. So marschierten wir noch einige Kilometer in die Wälder hinein. Als es hell wurde, waren wir immer noch naß und durchgefroren. Es war Spätherbst. Wir ließen uns im Wald nieder, um unsere Kleider zu trocknen. Keiner wußte, wie es nun weitergehen sollte.

Einige Stunden später entdeckte uns ein russischer Partisan und ritt zu uns herüber, um zu erkunden, wer wir seien. Wir gaben ihm Auskunft, und er verschwand wieder, um Bericht zu erstatten. Etwa eine halbe Stunde später kam eine Gruppe von zehn Leuten und wollte unseren Anführer sprechen. Sieben oder acht Leute von uns, darunter Chiel, Lonka aus Parczew (der schon seit der Gründung der Partisaneneinheit mit Chiel zusammenarbeitete), Jurek aus Zaliszcze, Symcha und ich folgten der Gruppe zu dem russischen Partisanenführer, dessen Lager nicht weit von unserem Rastplatz entfernt lag. Wir berichteten ihm die Geschehnisse der letzten Wochen, erzählten von unserem Kampf gegen die Deutschen und die Kollaborateure der Wlassow-Armee und erklärtem ihm, warum wir uns dafür entschieden hätten, den Bug zu überqueren und für eine Weile auf der russischen Seite zu bleiben.

Sie führten uns tiefer in den Wald und baten uns, dort zu warten. Einige Stunden später kam ein berittener Bataillonskommandeur zu uns. Er war jung und sehr freundlich. Er hatte von den Taten der Armia Ludowa gehört und zeigte sich erfreut darüber, daß wir uns vor den Deutschen hatten retten können.

Unser unmittelbares Problem waren Nahrungsmittel. Die russischen Partisanen verfügten nicht über genügend Vorräte, um uns alle zu versorgen. Sie brachten uns Brot und Kartoffeln, sagten uns aber, wir sollten nicht zu den ansässigen Bauern gehen, weil sie sehr arm seien. Nach einigen Tagen suchte der Bataillonskommandeur uns auf, um uns davon in Kenntnis zu setzen, daß wir als polnische Staatsbürger eigentlich nicht hier bleiben könnten, sondern nach Polen zurückkehren müßten. Da wir nun aber einmal hier seien, um uns von den Kämpfen gegen die Deutschen zu erholen, könnten wir zwei Wochen in dieser Gegend bleiben. Das reichte uns ohnehin, weil es kaum etwas zu essen gab. Die Russen erkannten unser Problem und lösten es auf einzigartige Weise. In der Nähe gab es einen Teich, in dem Karpfen gezüchtet wurden. Die Fische waren bereits zu normaler Größe herangewachsen. Kurzerhand ließen die russischen Partisanen etwas Wasser aus dem Teich, damit wir die Karpfen leichter fangen konnten und gestatteten uns, so viele nehmen, wie wir brauchten. So aßen wir zwei Wochen lang Karpfen in jeder erdenklichen Form – gekocht, gebraten und gegrillt. Wir hatten den Geschmack noch jahrelang im Mund, aber wir freuten uns über die Bereitwilligkeit unserer Gastgeber, alles, was sie besaßen, mit uns zu teilen.

Als wir wieder die polnische Seite des Bug erreicht hatten, waren wir froh, wieder auf unserem eigenen Territorium zu sein. Wir erfuhren, daß die Deutschen in der Zeit, die wir bei den Russen verbracht hatten, die Wälder und Ortschaften nach Partisanen durchsucht hatten. Als wir zurückkehrten, waren sie jedoch fort. Sie konnten nicht so viele Streitkräfte auf dem Land binden, während die russische Front so hart umkämpft war.

Wären wir zu lange bei den russischen Partisanen geblieben, hätten wir unsere Identität als jüdische Partisaneneinheit verloren. Wir wären von den verschiedenen Gruppen absorbiert worden. Dergleichen widerfuhr kleineren jüdischen Kampfeinheiten wie etwa den Überresten von Mojsche Lichtensteins Gruppe, der es gelungen war, auf die russische Seite des Bug zu gelangen. In Rußland gab es keine selbständigen jüdischen Partisaneneinheiten. Außerdem waren wir zurückgekehrt, weil wir das Gebiet besser kannten. Die Menschen waren uns vertraut, und wir galten als wichtiger und anerkannter Teil der Armia Ludowa. Außerdem fühlten wir uns für die Menschen aus dem Tabor verantwortlich, die uns nicht auf die russische Seite gefolgt waren.

Zurück im Wald von Ochoza, nahmen wir wieder den Kontakt zur Armia Ludowa auf und fanden auch unsere Gruppe aus dem Tabor, die vor Ort geblieben war. Immerhin war es richtig gewesen, den Bug zu überqueren und für eine Weile auf russischer Seite zu bleiben, weil wir so den Aktivitäten der deutschen Armee aus dem Weg gegangen waren.

Das Massaker der Armia Krajowa

Wir hörten, daß ein russisches Flugzeug in der Nähe von Siedlce Waffen für die Armia Ludowa abgeworfen habe, von denen einige für uns bestimmt seien. Das war höchstwahrscheinlich ein Versehen, denn Siedlce war sehr weit nordwestlich von uns gelegen. Die dort operierenden Mitglieder der Armia Ludowa versteckten die Waffen für uns, während wir die Instruktion erhielten, sie uns abzuholen. Etwa 15 Leute wurden dafür ausgewählt, fünf aus unserer Gruppe und zehn Kämpfer der Armia Ludowa. Von uns waren es Abram aus Zmiarka, Dennis aus Sosnowica, Eli aus Parczew und zwei weitere, an deren Namen ich mich nicht erinnere. Anführer war Janek von der Armia Ludowa.

Janek und einige unserer Leute waren mit dem Gebiet, das durchquert werden mußte, vertraut. Etwa 20 Kilometer vor Siedlce suchten sie ein Bauernhaus auf, um sich auszuruhen. Den Bewohnern befahlen sie, das Haus nicht zu verlassen, da sie nicht sicher waren, ob es sich vielleicht um Kollaborateure oder Mitglieder der Armia Krajowa handelte. Aber ein kleiner Junge schlich sich über den Dachboden nach draußen und erzählte den Nachbarn, daß sich eine Gruppe schwer bewaffneter Partisanen in ihrem Haus aufhalte. Kurze Zeit später wurde das Haus von etwa einhundert bewaffneten Kämpfern der Armia Krajowa umstellt. Sie forderten die Partisanen im Haus auf, einen Unterhändler nach draußen zu schicken, anderenfalls würden sie das Haus stürmen.

Janek trat vor die Tür und sagte ihnen, er sei mit einer Einheit der Armia Ludowa aus dem Wald von Makoszka unterwegs. Der Anführer der Gegenseite erwiderte, die Armia Ludowa arbeite mit Juden und Kommunisten zusammen und sei folglich ein Feind der Armia Krajowa. Janek hielt dagegen, sie alle seien doch polnische Patrioten und ihr einziger Feind die Deutschen.

An diesem Punkt forderte der Anführer der Armia Krajowa, daß die im Haus befindlichen Partisanen ihre Waffen abliefern und das Gebiet schnellstens verlassen sollten. Er gab ihnen fünf Minuten. Die jüdischen Kämpfer waren ganz entschieden dagegen, die Waffen abzugeben. Abram meinte, die Armia Krajowa sei genau so schlimm wie die Nazis. Wenn die Partisanen ihre Waffen ablieferten, würde man sie umbringen. Er sei dafür, das Feuer zu eröffnen und davonzulaufen. Janek und seine Leute zögerten. Sie konnten sich nicht vorstellen, daß die Armia Krajowa so weit gehen würde.

Dennis hielt dagegen und fragte, warum die Gegenseite unbedingt ihre Waffen haben wolle, wo sie doch selbst gut ausgerüstet wäre. Derweil verstrich die Zeit, und die fünf Minuten waren um. Janek warf sein Gewehr nach draußen, und ein weiterer Kämpfer der Armia Ludowa folgte ihm. In diesem Augenblick eröffneten die fünf jüdischen Partisanen das Feuer und stürmten aus dem Haus. Die Armia Krajowa ging sofort zum Gegenangriff über.

Von den 15 Partisanen, die in Richtung Siedlce aufgebrochen waren, kehrten nur zwei zurück – Abram, der an der Hand verwundet, und Eli, der am Fuß verletzt worden war. Angehörige der Armia Ludowa berichteten uns später, daß die 13 getöteten Partisanen in einem Massengrab verscharrt worden wären.

Wir waren wie gelähmt, als wir von dieser schrecklichen Mordtat erfuhren. Wir fanden heraus, daß der Besitzer des Hauses, in dem unsere Partisanen umstellt worden waren, der Gebietskommandeur der Armia Krajowa war. Viele von uns waren bereit, den

Ort des Geschehens aufzusuchen und Vergeltung für das gräßliche Verbrechen zu üben. Die Führung der Armia Ludowa war jedoch dagegen. Sie verwies darauf, daß die Deutschen sich die Hände reiben würden, wenn die Partisanen sich gegenseitig zerfleischten.

In Grabowka veranstaltete unsere Gruppe von 300 jüdischen Partisanen zusammen mit einer großen Anzahl Kämpfer der Armia Ludowa ein Treffen, um gegen die von der Armia Krajowa begangenen Morde zu protestieren. An diesem Treffen nahmen auch regionale Führer der Armia Ludowa teil, darunter Wanka Kirpicznik. Zudem trafen viele Sympathisanten aus den Nachbardörfern ein. Alle Führer der Armia Ludowa verdammten die Mordtat, warnten uns aber davor, diese wiederum mit Morden zu vergelten. Wir sollten die Zusammenarbeit mit der Armia Krajowa so lange fortsetzen, bis wir die Deutschen vertrieben hätten. Nach dem Krieg werde man sich der Mörder annehmen. Ich erfuhr später, daß die polnische Regierung nach Kriegsende den für das Massaker verantwortlichen Führer der Armia Krajowa tatsächlich zur Rechenschaft zog. Er wurde vor Gericht gestellt, des Mordes an 13 Partisanen schuldig gesprochen und zu einer langen Haftstrafe verurteilt.

Dieser Vorfall war nicht unser einziger tödlicher Zusammenstoß mit der Armia Krajowa. Vier oder fünf Monate später, im Frühling 1944, begab sich eine kleine Gruppe von Chiels Leuten nach Marianka, um dort Lebensmittel zu besorgen. Unter ihnen war Chaim Barbanel, sein Bruder Chanina, Geniek (ein Verwandter der Barbanels), Jankel (genannt Vujo) und Welwale der Patzan. Auf dem Rückweg lauerte ihnen eine Einheit der Armia Krajowa auf. In dem darauf folgenden Gefecht wurde Chaim getötet. Die anderen entkamen und berichteten uns, was geschehen war. Mit Chaim hatten wir einen sehr mutigen Kämpfer verloren, und es liegt eine traurige Ironie darin, daß er nach so vielen Gefechten mit den Deutschen nicht von ihnen, sondern von polnischen Landsleuten getötet wurde. Obwohl wir gegen einen gemeinsamen Feind Krieg führten, nahm die Armia Krajowa jede Gelegenheit wahr, Juden umzubringen. Manchmal hatte es den Anschein, als sei das ihr eigentliches Interesse.

Später erfuhren wir, wer hinter dem Anschlag auf unsere Gruppe steckte. Er bezahlte dafür mit dem Leben.

Versorgung aus der Luft

Im Spätherbst 1943 waren wir in Stary Grzychowy unweit von Rudka stationiert. In Rudka war das regionale Kommando der Armia Ludowa untergebracht. Oftmals machten Chiel und ich uns dorthin auf den Weg, um die neuesten Nachrichten von der russischen Front zu hören und über unsere weiteren militärischen Aktivitäten zu beraten. Bei einem dieser Treffen teilte man uns mit, daß ein russisches Flugzeug per Fallschirm Waffen abwerfen werde, die für uns und die Armia Ludowa bestimmt seien. Woanders war das schon öfter geschehen, aber noch nie in unserer Gegend. Chiel und ich mußten es sogar vor den eigenen Leuten bis zum Tag des Abwurfs geheimhalten. Unsere Gruppe sollte dann die abgeworfene Ladung einsammeln.

Einige Tage später gab Chiel nach Sonnenuntergang den Befehl, zwei Wagen mit trockenem Holz und drei Wagen mit Stroh zu beladen. Eine größere Gruppe von uns zog mit den Wagen einige Kilometer weit in den Wald bis zu einer großen Lichtung. Alle fragten sich, was das solle. Chiel sagte ihnen, sie sollten das Holz in Bündeln rund um die Lichtung verteilen und auf einen Abwurf warten. Einige Stunden lang saßen wir da, ohne daß etwas geschah. Abram Bocian unterhielt uns währenddessen mit seinen Scherzen und Späßen.

Ungefähr um zehn Uhr abends zündeten wir das Holz an und beobachteten den Himmel. Die Nacht war klar und kalt. Um Mitternacht wurden wir ungeduldig und glaubten nicht mehr, daß noch irgend etwas geschehen werde. Das Holz war heruntergebrannt. Da auf einmal hörten wir in der Ferne das Geräusch von Flugzeugmotoren. Wir warfen Stroh und Holz auf die Glut, und die Flammen loderten wieder empor. Das Flugzeug umkreiste die Lichtung und flog dabei immer niedriger. Chiel feuerte eine Signalrakete ab, die die Lichtung noch mehr erhellte.

Dann sahen wir, wie ein Fallschirm sich öffnete und mit seiner Last langsam niederschwebte. Einige rannten darauf zu. Er landete ein paar hundert Meter von den Feuern entfernt. Dann schwebten noch fünf weitere Pakete zu uns herab. Wir warteten indes noch auf einen Mann und eine Frau, die ebenfalls per Fallschirm zu uns gelangen sollten.

Schließlich landete der Mann tatsächlich mitten auf der Lichtung. Von der Frau war jedoch nichts zu sehen. Als der Partisan landete, hielt er einen Revolver in der einen und ein Messer in der anderen Hand. Mit dem Messer durchschnitt er die Leinen, die ihn mit dem Fallschirm verbanden, mit dem Revolver hielt er uns zunächst auf Distanz. Er sagte ein Losungswort, auf das Chiel entsprechend antwortete. Danach steckte er den Revolver weg, und wir kamen näher. Er sagte uns, daß Tanja, die Partisanin, unmittelbar nach ihm gesprungen sei.

Einige von uns schirrten die Pferde los und ritten in verschiedene Richtungen davon. Wir durchsuchten den Wald und riefen immer wieder den Namen der Partisanin. Schließlich hörte ich in einiger Entfernung etwas rascheln. Ich rief Chanina, und gemeinsam fanden wir, wonach wir suchten. Tanjas Fallschirm hatte sich in einem hohen Baum verfangen. Wir halfen ihr, hinunterzuklettern und sahen, daß sie unverletzt war. Sie trug eine russische Militäruniform mit einem runden Kosakenhut aus Pelz. Nachdem die Losungsworte gewechselt worden waren, brachten wir sie zu unserer Gruppe auf die Lichtung.

Danach kehrten wir ins Lager zurück und packten die abgeworfenen Gegenstände aus. Zunächst waren da 15 brandneue Maschinenpistolen, die Pepescha genannt wurden, dazu jede Menge Munition. Die Magazine dieser Pistolen faßten jeweils 75 Kugeln. Ein weiteres Paket enthielt sechs Maschinenpistolen größeren Kalibers, die *Dichterowy* hießen. Sie besaßen eine größere Reichweite als die Pepeschas und richteten größeren Schaden an. Das dritte Paket barg verschiedene Schachteln mit deutscher Munition, die wir gut brauchen konnten, weil wir vielfach mit deutschen Gewehren und Pistolen operierten, die wir im Kampf erobert hatten. Dann fanden wir noch Minen und Sprengstoff, womit Brücken, Gebäude und Züge in die Luft gejagt werden konnten. Dazu gehörten auch englische Plastikminen, die mit einem Zeitzünder ausgestattet waren. Warf man sie auf eine Lokomotive, so klebten sie am Metall fest und konnten nicht entfernt werden, ohne zu explodieren. Ein ziemlich umfängliches Paket enthielt fünf PTR-Panzergranatwerfer, die jeder ungefähr drei Meter lang und 40 Pfund schwer waren. Hinzu kamen noch entsprechende Granaten, die genug Kraft hatten, um das Metall eines Panzers zu durchschlagen. Später benutzten wir diese Granatwerfer des öfteren, um deutsche Flugzeuge zu beschießen. Das letzte Paket enthielt Propagandamaterial in polnischer und ukrainischer Sprache, das an die Dorfbevölkerung verteilt werden sollte. Wir teilten uns den Inhalt der Pakete mit der Armia Ludowa und brachten die beiden Fallschirmspringer ins Hauptquartier.

Dieser Abwurf hob unsere Kampfmoral ganz beträchtlich. Nach all den Verlusten, die wir erlitten hatten und nach all den Grausamkeiten, die der Feind unseren Familien angetan hatte, spürten wir zum ersten Mal die helfende Hand einer befreundeten Macht, die uns ermutigte, unseren Kampf fortzusetzen. Zwar kamen später noch weitere Abwürfe, und es landeten noch mehr russische Fallschirmspringer in unserem Gebiet, aber nichts ließ sich mit der Aufregung und Hoffnung vergleichen, die mit diesem ersten Abwurf verbunden war. Wir fühlten uns als wichtiger Bestandteil des Kampfes der Alliierten gegen die Deutschen.

Für die Waffen und Minen fanden wir reichlich Verwendung. Chiel gab den Befehl, einen Zug in die Luft zu sprengen, der in einiger Entfernung von unserem Lager auf der Strecke Lukow-Lublin in Richtung Osten fuhr. Er mußte unweit eines Waldgebiets eine Brücke überqueren. Fünf von uns, darunter auch ich, wurden mit den neuen Maschinenpistolen ausgestattet. Außerdem machten wir uns sachkundig, wie die Minen zu handhaben waren. Sie konnten von einer Person getragen werden und entfalteten eine sehr viel größere Zerstörungskraft als die Mörsergranate, die wir bei unserem ersten Anschlag benutzt hatten. Zudem wurden sie mittels Fernsteuerung, durch einen Zeitzünder oder einfach durch Kontaktwirkung gezündet. Man brauchte also keine Zündschnur mehr.

Die Brücke war unbewacht. Wir brachten die Minen so an, daß sie durch das Gewicht der Waggons explodieren mußten und konnten dann in sicherer Entfernung das Ergebnis abwarten. Später erzählten uns Sympathisanten der Armia Ludowa, daß die Brücke in sich zusammenfiel, während die Lokomotive mit einigen Waggons ins Wasser stürzte. Der Rest des Zuges entgleiste und stürzte die Böschung hinab. Eine andere Gruppe wurde von Chiel mit den neuen Minen zur Eisenbahnstrecke Chelm-Wlodawa geschickt. Bei ihrer Rückkehr berichteten sie, sie hätten einen deutschen Truppentransport in die Luft gesprengt. Die Explosion hätte einige Waggons entgleisen lassen und zahlreiche deutsche Soldaten getötet.

Der Winter von 1943-44

Weihnachten 1943 waren wir in den Wäldern nahe Kodeniec stationiert. Einige Dorfbewohner luden uns zu einem Weihnachtsessen ein. Seit die russische Armee nach der Schlacht von Stalingrad in die Offensive gegangen war, hatten die Dorfbewohner das Gefühl, daß die Deutschen nicht unschlagbar wären und den Krieg sogar verlieren könnten. Daher waren einige besorgt, sie könnten später der Kollaboration bezichtigt und, für den Fall, daß sie Juden und entflohene russische Kriegsgefangene an die Deutschen ausgeliefert hatten, für ihre Verbrechen zur Rechenschaft gezogen werden. Insofern war die Landbevölkerung jetzt fast ausnahmslos freundlich zu uns.

Auf dem Lande gab es jetzt nur noch wenige deutsche Soldaten, da alle verfügbaren Kräfte für den Frontkampf im Osten gebraucht wurden. Wir konnten uns also unbesorgt in den Dörfern einquartieren und zogen uns nur in die Wälder zurück, wenn größere deutsche Truppenkontingente im Anmarsch waren. In diesem Falle gingen wir dem offenen Kampf aus dem Wege, denn der Feind konnte Verstärkung heranholen, wir dagegen nicht. Unsere Strategie bestand darin, unerwartet anzugreifen, ein Höchstmaß an Zerstörung anzurichten und wieder zu verschwinden. Unser größter Pluspunkt war dabei natürlich der dichte Wald, der mancherorts schlichtweg undurchdringlich war.

Pro Haus waren etwa zehn bis zwölf von uns zum Festmahl geladen worden. Die Bewohner bereiteten alles sorgfältig vor und schenkten auch selbstgebrannten Schnaps aus, der einen sehr hohen Alkoholgehalt hatte. So war es kein Wunder, daß einige von uns zuviel davon tranken und bald berauscht waren. In die Festlichkeit hinein platzte ein Bote mit der Nachricht, daß sich ein großer deutscher Truppenverband der Gegend nähere. Chiel gab den Befehl zum Rückzug in den Wald, aber die Betrunkenen konnten kaum noch laufen, und wir mußten sie auf Pferdewagen ins Lager transportieren.

Wir erfuhren später, daß diese Truppen Dorf für Dorf – Lubien, Wyryki, Zahajki, Hola, Zamlodycze und andere – nach ›Banditen‹ durchsuchten. Nach uns allerdings fahndeten sie nicht, was unter den gegeben Umständen auch besser für uns war.

Neben unserer Sabotagearbeit sollten wir auch noch die von den Russen zusammen mit den Waffen abgeworfenen Propagandaflugblätter verteilen. Darin wurden die Bauern aufgefordert, das für die Deutschen vorgesehene Vieh sowie auch andere Produkte zu vernichten. Zudem wurde für die Mitgliedschaft in der Armia Ludowa geworben. Der Krieg, so hieß es, würde nicht mehr lange dauern, und wenn die polnische Bevölkerung der russischen Armee beim Zurückschlagen der deutschen Armee behilflich wäre, könnte auch Polen bald wieder frei sein.

Wir versuchten, ein gutes Verhältnis zu den Dorfbewohnern aufzubauen und besorgten uns von ihnen – und auch hier nur von den etwas vermögenderen – lediglich das Nötigste. Die Armen und Ärmsten suchten wir nicht auf. So kam einmal ein Einwohner von Zahajki zu uns und beschwerte sich darüber, daß einige Juden bei ihm gewesen seien und nicht nur Lebensmittel, sondern auch Kleidung und Hausrat mitgenommen hätten, den sie gar nicht hätten brauchen können. Chiel versicherte dem Zahajkiner, daß er solchen Verhaltensweisen einen Riegel vorschieben werde. Wir gingen zum Tabor im Wald von Ochoza und fanden heraus, daß Jugendliche hinter der Sache steckten. Sie waren mehr oder weniger elternlos im Wald aufgewachsen und wußten es nicht besser. Wir sagten ihnen, beim nächsten Mal würden sie bestraft, und wir ermahnten die Lagerältesten, auf die Jugendlichen besser achtzugeben. Wir würden sie schon mit allem Nötigen versorgen.

Im Winter arbeiteten die Bauern nicht auf den Feldern, und die Abende waren lang. Die Frauen trafen sich meist in einem Haus, um bestimmte Arbeiten zu verrichten und miteinander zu plauschen. Die jungen Mädchen trafen sich ebenfalls, brachten ihre Spinnräder mit, um den im Herbst geernteten Flachs zu Garn zu spinnen. Aus diesem Garn wurde grobes Leinen gewebt, das dann zur Herstellung von Hemden und Hosen diente.

Diese Zusammenkünfte wurden mit einem ukrainischen Ausdruck *pratky* genannt. Während der Arbeit wurde gesungen, man erzählte Geschichten und flirtete ein bißchen mit den Jungen, die sich auch am Abend versammelten. Die Mädchen versuchten Eindruck damit zu machen, wie schnell sie spinnen konnten.

Eine andere Arbeit bestand darin, die Kiele von Gänsefedern abzubrechen, so daß mit dem weichen Teil Kissen und Inletts gefüllt werden konnten. Das war eine lange und ermüdende Tätigkeit. Nachdem die Mädchen in einem Haus sämtliche Federn auf diese Weise verarbeitet hatten, gingen sie zur nächsten Familie, und so halfen sie sich alle gegenseitig, bis die ganze Arbeit getan war.

Am Sonntag veranstaltete die Dorfjugend Tanzvergnügen, sogenannte *zabawy*. Einige unserer Kameraden nahmen an solchen Tanzfesten teil, und wir mußten darauf achten, daß sie sich nicht mit einem der Dorfmädchen verdünnisierten oder zuviel Alkohol tranken. Wir fühlten uns füreinander verantwortlich und durften nie vergessen, daß wir immer noch im Wald lebten, umgeben von einem tödlichen Feind.

Ende 1943 erhielten wir den Befehl, einen großen Gutshof in der Nähe von Jedlanka zu zerstören, der den Deutschen als Vorratslager für Vieh und Getreide aus den umliegenden Dörfern diente.

Damals waren wir im Wald von Makoszka stationiert. Chiel bestimmte etwa 50 Partisanen für die Teilnahme an der Aktion. Dazu gehörten die Marianka-Gruppe, Jurek aus Zaliszcze, Abram Bocian, Sucha Korn, Jurek aus Wyryki, Lonka aus Parczew, Wujo, ich und andere.

Nach erfolgreich abgeschlossener Mission waren wir gerade im Begriff, den Rückzug anzutreten, als wir auf der Straße einen Lastwagen näherkommen sahen. Wir versteckten uns schnell im Wald zu beiden Seiten der Straße und beschossen das Fahrzeug, als es nahe genug herangekommen war, mit unseren Maschinenpistolen. Der Lastwagen hielt an. In ihm fuhren vier deutsche Soldaten und eine junge Frau. Einer der Deutschen war bei unserem Angriff verwundet worden. Wir verhörten sie und fanden heraus, daß einer der

Soldaten kein Deutscher war. Er hieß Janek, war mit einem deutschen MG bewaffnet und trug eine deutsche Uniform. Bei der jungen Frau handelte es sich um seine Freundin. Er flehte uns an, ihn nicht zu töten. Äußerst erregt erzählte er uns, er habe genug von der deutschen Armee und schon oft desertieren wollen, bisher dazu jedoch keine Gelegenheit gefunden. Er bat uns inständig, ihm eine Chance zu geben, damit er zeigen könne, wie sehr er die Deutschen hasse. Er schwor auf Tschechisch, daß er ein guter Partisan sein und gegen die Deutschen kämpfen werde. Wir verstanden, was er sagte, da das Tschechische der polnischen und russischen Sprache ähnlich ist. Erneut bat er unter Tränen um sein Leben. Normalerweise trauten wir Kollaborateuren in einer solchen Situation nicht, aber in diesem Fall glaubte ich, daß wir Janek eine Chance geben könnten. Ich besprach die Angelegenheit mit den anderen, und wir kamen überein, Janek und seine Freundin mitzunehmen, aber nicht aus den Augen zu lassen. Wir entluden den Lastwagen – Kisten mit Parfüm, Seife und anderen Toilettenartikeln. Danach führten wir die Deutschen in den Wald und erschossen sie. Ihre Waffen nahmen wir natürlich mit. Dann kehrten wir in unser Lager zurück. Den Inhalt der Kisten verteilten wir an die Bewohnerinnen der umliegenden Ortschaften.

Janek erwies sich als vertrauenswürdiger Partisan und guter Kämpfer. Er konnte uns mit seinem MG und seiner deutschen Uniform gute Dienste leisten, weil die Deutschen bei einem Überfall unsererseits nicht sofort erkannten, daß er nicht zu ihnen gehörte. Janek kämpfte in vielen Gefechten auf unserer Seite und überlebte den Krieg.

Im Winter 1943/44 hatten Chiels Partisanen ihr Lager in Koniuchy aufgeschlagen, das etwa 15 Kilometer vom Wald von Ochoza entfernt lag. Wir sollten dort mehrere Tage lang bleiben. Sechs von uns, darunter auch ich, wurden auf eine *bombioschka* in einen anderen Ort geschickt, wo es einen Gutshof und mehrere wohlhabende Bauern gab. Ein Mann aus unserer Gruppe, Schmuel, kannte den Ort. Schmuel war der Sohn von Jankel aus Holowna, der im Tabor lebte.

Wir brauchten die halbe Nacht, um dorthin zu gelangen. Als wir ins Dorf kamen, beschlagnahmten wir zunächst einen Wagen nebst

Pferd, den wir dann mit Fleisch, Brot und anderen Lebensmitteln aus dem Gutshof und kleineren Bauernhöfen beluden. Auf dem Rückweg wurde aus dem rieselnden Schneefall ein gewaltiger Schneesturm, so daß wir die Hand nicht mehr vor Augen sehen konnten und unser Gesicht schützen mußten.

Als wir Koniuchy wieder erreichten, dämmerte es bereits. Sturm und Schnee ließen ein wenig nach, und wir bemerkten, daß uns aus dem Dorf ein Mann entgegengelaufen kam. Er teilte uns mit, daß in der Nacht ein starkes deutsches Kontingent ins Dorf eingerückt sei und unsere Gruppe sich zurückgezogen habe, weil der Feind in der Übermacht gewesen sei. Chiel habe ihm aufgetragen, uns die Nachricht zu überbringen.

Wir ließen den Wagen mit den Vorräten einfach auf der Straße stehen und rannten in Richtung Wald. Einige hundert Meter vor uns lag ein spärlich bewaldetes Gebiet, hinter dem erst der eigentliche, dichte Wald begann. Als es heller wurde, bemerkten uns einige Deutsche, schossen in unsere Richtung und starteten eine Verfolgungsjagd. Im tiefen Schnee fiel das Laufen schwer. Wir erwiderten das Feuer der Deutschen, um sie aufzuhalten. Irgendwann merkte ich, daß meine warme Jacke mich beim Laufen behinderte. Also zog ich sie aus, ließ sie fallen und lief weiter.

Zuguterletzt erreichten wir den Wald, ohne weiteren Schaden genommen zu haben. Schmuel kannte zwar die Gegend, wußte aber natürlich ebenso wenig wie wir, wohin sich Chiel und seine Leute verzogen hatten. Wir hofften, sie im Wald von Ochoza zu finden. Schmuel führte uns, und nach 24 Stunden hatten wir unser Ziel erreicht. Tatsächlich war Chiel dort, wo wir ihn vermutet hatten. Wir wurden freudig begrüßt, weil die anderen sich schon Sorgen um uns gemacht hatten. Chiel entschuldigte sich für seinen schnellen Aufbruch, aber er habe, so erklärte er, den Kampf gegen eine solche Übermacht nicht wagen wollen.

Anfang Januar 1944 traf eine neue Gruppe jüdischer Partisanen in unserem Gebiet ein. Sie kam aus dem Wald von Janowski, der auf der westlichen Seite des Wieprz lag, und war von Mietek Mocha, dem Führer der Armia Ludowa im Bereich Lublin, zu uns geschickt worden. Die Gruppe bestand aus etwa 40 Kämpfern, von denen die meisten ehemalige jüdische Kriegsgefangene waren. Sie hatten bei

Kriegsausbruch in der polnischen Armee gedient und waren von den Deutschen gefangengenommen worden. Anfänglich wurden sie zusammen mit den anderen polnischen Soldaten in Kriegsgefangenenlagern interniert gehalten. Als dann die Vernichtung der Juden begann, kamen sie in ein Arbeitslager bei Lublin und wurden behandelt wie die anderen Juden auch, mußten schwerste Zwangsarbeit leisten, erlitten Hunger, Folter und Tod.

Als die Deutschen 1941 Rußland angriffen und Hunderttausende von Kriegsgefangenen machten, mußten diese Juden im Bereich Lublin Baracken für die russischen Gefangenen bauen. Dabei kamen sie in Berührung mit der polnischen Untergrundbewegung. Für viel Geld versprach man ihnen Waffen, die sie aber nie erhielten. Immerhin verhalf ihnen die Untergrundbewegung zur Flucht in die Wälder, wo sie von den Deutschen und der Armia Krajowa gejagt wurden und viele Verluste zu beklagen hatten. Schließlich gelang es ihnen, sich Waffen zu besorgen und im Wald von Janowski eine Partisaneneinheit zu bilden.

Später stießen noch andere jüdische Flüchtlinge aus den Ghettos zu ihnen, und 1943 schlossen sie sich der Armia Ludowa als jüdische Partisaneneinheit an. Da die meisten von ihnen eine militärische Ausbildung genossen hatten, konnten sie gezielte Sabotageakte gegen die Deutschen unternehmen. Allerdings bestand die Bevölkerung in ihrem Gebiet zum überwiegenden Teil aus antisemitisch eingestellten Polen (während es bei uns Ukrainer waren), die die Deutschen über den jeweiligen Aufenthalt der jüdischen Partisanen informierten. Überdies wurde das Gebiet von der Armia Krajowa und den NSZ beherrscht.

Mietek Mocha war der Auffassung, daß diese Gruppe in unserer Gegend mehr ausrichten könnte. Also schickte er sie nach Osten, dorthin, wo es mehr jüdische Partisanen und eine stärkere Armia Ludowa gab. Auf dem Weg zu uns mußten sie den Wieprz überqueren. Dabei wurden sie von den Deutschen angegriffen und erlitten wiederum Verluste.

Es waren durchweg harte, kampferfahrene, disziplinierte und zugleich freundliche Menschen. Angeführt wurden sie von Mietek Gruber, Franek Blaichmann und einem Partisanen namens Dworzecki. Sie waren erstaunt über den Umfang unserer Gruppe und über die relative Freiheit, mit der wir uns in unserem Gebiet bewegen konnten. Inzwischen hatten wir nämlich fast alle kleineren deutschen Außenposten liquidiert. Erfreut waren sie auch über die freundliche Haltung, die die Bevölkerung uns gegenüber entgegenbrachte.

Wir nannten diese Partisaneneinheit die Lubartow-Gruppe, weil sie aus der Stadt Lubartow kam. Sie war bald in unsere Gruppe integriert, und ihre qualifizierten Kenntnisse über Sprengstoffe erwiesen sich als überaus nützlich. Dworzecki war auf diesem Gebiet der anerkannte Experte.

Das Frühjahr 1944

Im Frühjahr 1944 war unsere Gruppe jüdischer Partisanen auf etwa 400 Kämpfer angewachsen. Dazu kam noch einmal die gleiche Anzahl von Nichtkombattanten im Tabor. Zu der Zeit nahmen die militärischen Aktivitäten im Wald von Ochoza zu. Russische Partisaneneinheiten kamen von jenseits des Bug. Ihre Gruppen trugen den Namen der Gründungsväter der russischen Revolution und der Roten Armee. Einige nannten sich die Woroschilowki, die Budjonnis, die Tschapajowejs oder die Tscharnejs. Nachdem sie sich eine Weile in unserer Gegend aufgehalten hatten, stießen sie weiter nach Westen vor, den sich vor der Roten Armee zurückziehenden Deutschen immer ein Stück voraus.

Eine dieser Partisaneneinheiten, die unter dem Kommando von General Kolpak stand, war außergewöhnlich groß. Eigentlich war es schon fast eine Armee, denn die 10 000 Mann, die durch unser Gebiet zogen, machten noch nicht einmal die ganze Einheit aus, die unter Kolpaks Kommando stand. Manche befanden sich noch auf der östlichen Seite des Bug. Sie waren schwer bewaffnet, besaßen Artillerie, Flammenwerfer und Panzerabwehrgranaten. Sie zogen südwärts in Richtung Karpaten und zerstörten unterwegs alles, was ihnen an deutschen Streitkräften in die Quere kam. Wenn sie irgendwo Rast machten, mußten sie sich über Dutzende von Dörfern und Ortschaften verteilen. Als die Vorhut von General Kolpaks Streitmacht eintraf, waren wir in Rudka stationiert. Chiel und einige andere unserer Leute ritten zum Hauptquartier des Generals. Kolpak sagte ihnen, daß die Rote Armee beschleunigt auf dem Vormarsch sei, die zurückweichenden Deutschen aber noch eine Menge Schaden anrichten könnten. Chiel solle vorsichtig sein, gerade weil seine Gruppe verglichen mit Kolpaks Einheit eher klein sei. Der General bot uns dann noch einige neue schwere Maschinengewehre sowie Medikamente und Verbandszeug an (was Chiel dankbar annahm) und wünschte uns viel Glück. Nach einem Tag Ruhepause zog Kolpaks Armee mit Pferd und Wagen und zu Fuß weiter. Die Pferde zogen leichte Geschütze und mit Munition und Vorräten beladene Wagen. Wir fragten uns, wie sich eine so große Streitmacht so offen bewegen konnte, da der Feind doch noch keineswegs vertrieben war.

Als Kolpaks Soldaten durch das Dorf marschierten, sahen wir, aus wie vielen Nationalitäten seine Einheit bestand. Dunkelhäutige, hellhäutige, asiatische Gesichter – alles war vertreten. Am bemerkenswertesten war jedoch das Alter der Kämpfer, von denen viele bestenfalls 15 bis 19 Jahre alt waren. Bekleidet auf abenteuerliche Art, trugen sie bisweilen ein Gemisch aus deutschen Uniformteilen und Zivilkleidung.

Gerüchteweise hörten wir, daß auch viele Juden in Kolpaks Armee dienen sollten. Wir schauten uns die vorbeimarschierenden Kämpfer genau an und versuchten, jüdische Gesichter auszumachen, was nicht besonders schwer war. Imer dann, wenn wir eins zu erkennen glaubten, riefen wir:»Amchu?« und erhielten eine bestätigende Antwort. Dann wurden uns die Namen der Städte zugerufen, aus denen der Betreffende stammte. Es waren viele polnische dabei.

Unter den Berittenen der Truppe machte ich einen Jungen auf einem kleinen Pferd aus, der etwa 13 Jahre alt sein mochte. Er hatte ein kurzes Kavalleriegewehr umgehängt und trug eine Pistole an der Seite. Sein Lederjackett hatte einen Pelzkragen. Er ritt in einer Gruppe großer, kräftig gebauter Kameraden, die allesamt etwas älter waren als er, und rauchte eine Zigarette. Als ich ihn genauer betrachtete, fing mein Herz plötzlich an wie wild zu klopfen. Dieser Junge sah aus wie der kleine Itzik. Ich lief zu ihm hinüber und rief seinen Namen. Er sah mich und schrie: »Onkel Herschel!«, sprang vom Pferd, umarmte und küßte mich. Er konnte mir nicht viel erzählen, da seine Kolonne weiterritt, sagte mir aber, daß General Kolpak wie ein Vater zu ihm sei und ihn zum Kavalleristen gemacht habe. Er prahlte ein bißchen damit, wie sie die Deutschen jagten und versicherte, er sei ein glücklicher Mensch. Dann sprang er wieder auf sein Pferd und ritt mit seinen Kameraden davon, wobei er mir zum Abschied zuwinkte.

Einige Zeit später war ein Teil unserer Einheit in Bojki stationiert. Dort befanden sich auch eine regionale Gruppe der Armia Ludowa und ein paar russische Partisanen. Manche spielten auf ihrer Mundharmonika, und die jungen Dorfmädchen tanzten dazu vor den Häusern.

Als in großer Eile ein Kurier ins Dorf geritten kam, hörte die Musik auf. Der Kurier teilte uns mit, daß er einer Einheit von einhundert Partisanen der Armia Krajowa angehöre, die auf dem Gut Wielka Zawiepszowka von einer größeren Truppe deutscher Soldaten eingekreist worden sei. Das Gut lag in der Nähe von Wolka, etwa zwölf Kilometer von uns entfernt. Seine Einheit, so der Partisan weiter, stehe unter schwerem Beschuß und brauche dringend unsere Hilfe.

Bolek Alef, ein jüdischer Partisanen-Kommandant, schlug vor, daß wir jüdischen Partisanen der Armia Krajowa zu Hilfe eilen sollten. Es würde ihnen zeigen, wie gut wir kämpfen konnten und daß wir bereit wären, mit ihnen zusammenzuarbeiten. Bei uns regten sich jedoch erhebliche Widerstände gegen ein solches Ansinnen, weil wir weder den Antisemitismus der Armia-Krajowa-Partisanen noch die 13 von ihnen bei Siedlce ermordeten Partisanen vergessen hatten. Aber weil Bolek Alef beharrlich auf seinem Vorschlag bestand, willigten wir schließlich ein.

Wir griffen zu unseren Waffen und fuhren mit Pferdewagen in Richtung Wielka Zawiepszowka. Bolek Alef schloß sich uns an und mit ihm etwa 200 schwer bewaffnete Kämpfer. Als wir uns dem Dorf Wolka näherten, hörten wir Schießereien. Wir teilten unsere Einheit in drei Gruppen auf und besetzten drei strategische Punkte hinter der deutschen Einheit, die die Armia Krajowa-Gruppe umzingelt hatte. Dann gingen wir gemeinsam zum Angriff über, wodurch wir die Deutschen vollständig überraschten. Sie waren uns zahlenmäßig ungefähr ebenbürtig, fanden sich nun aber zwischen dem Feuer der Verteidiger und dem aus unseren Maschinengewehren und -pistolen. Schon kurze Zeit später lagen viele Deutsche tot am Boden, die übrigen flohen ins Gelände. Das war ein großer Sieg für die Partisanen, und der Kommandeur der Armia Krajowa dankte uns für unsere Hilfe. Sie war auch bitter nötig gewesen, denn den Partisanen ging schon die Munition aus, und sie wären in Kürze von den Deutschen überrannt worden. Wir gaben ihm klar und deutlich zu verstehen, daß seine Truppe von Chiels jüdischer Partisaneneinheit gerettet worden war. Das sollte die Armia Krajowa allerdings nicht von weiteren Übergriffen gegen bewaffnete und unbewaffnete Juden abhalten.

Später erfuhren wir, daß die Armia Krajowa auf dem Gutshof gerade dabei war, ein Fest zu feiern, als die Deutschen losschlugen. Warum sie es überhaupt getan hatten, blieb uns ein Rätsel. Unserer Erfahrung nach gingen sich Deutsche und Armia Krajowa in unserem Gebiet aus dem Weg und zogen es vor, die Armia Ludowa und jüdische Partisanen anzugreifen.

Anfang Mai 1944 empfingen wir eine Nachricht vom Hauptquartier der Armia Ludowa, daß uns der Oberkommandierende, General Rola Zymierski, einen Besuch abstatten werde. Wir sollten davon nicht nur unsere Leute, sondern auch die anderen Einheiten der Armia Ludowa und sympathisierende Dorfbewohner in Kenntnis setzen. Man bat uns, möglichst viele Leute zusammenzutrommeln, um den General gebührend zu empfangen. Einige Tage lang übten wir Marschieren und Kampflieder, danach mußten wir beides noch in Einklang bringen. Michael aus der Lubartow-Gruppe kannte sich gut mit derlei Gepflogenheiten aus und leitete unsere Übungen. Wir wollten den General, der eine Parade aller Partisaneneinheiten abnehmen würde, nachhaltig beeindrucken.

Außerdem waren wir neugierig auf das, was er uns zu sagen haben würde. Zum festgelegten Zeitpunkt versammelten wir uns auf einer großen Lichtung im Wald. General Zymierski traf mit einigen hochrangigen Offizieren und zwei Photographen ein. Die Offiziere hatten eine Verlautbarung des Hauptquartiers dabei, die an uns alle verteilt wurde. Sie enthielt die neuesten Nachrichten vom Kriegsgeschehen und informierte über die Grausamkeiten, die von den zurückdrängenden deutschen Einheiten gegen die Zivilbevölkerung verübt wurden. Uns interessierten ganz besonders die vor kurzem erfolgreich durchgeführte Offensive der Roten Armee am Bug und die Berichte über die heroischen Kämpfe der Armia Ludowa in ganz Polen.

Obwohl die Partisanen alles andere als uniformiert auftraten, hinterließen sie mit ihrer Parade einen guten Eindruck. Nach diversen Ansprachen begrüßte der General alle Partisanen mit Händedruck. Er nahm sich auch viel Zeit, um mit Chiels jüdischen Kämpfern zu sprechen und fragte, ob sie etwas von ihren Verwandten gehört hätten. Er wußte natürlich von dem Völkermord, den die Deutschen an den Juden begingen.

General Zymierski gab allen Partisanen den Rat, das Gebiet zu verlassen und sich nach Westen in Richtung Weichsel zu begeben. Er wies uns warnend darauf hin, daß der Hauptteil der deutschen Armee durch unsere Region zurückmarschieren würde und uns dabei leicht aufreiben und auslöschen könnte. Der polnische Teil der Armia Ludowa stimmte dieser Strategie zu, vor allem deshalb, weil diese Westbewegung mit dem russischen Oberkommando abgesprochen war. Starke polnische Verbände sollten der Front vorauseilen und der deutschen Armee Schaden zufügen, wo immer es möglich war.

Wir sprachen die Angelegenheit mit Chiel durch. Wir wußten, daß man uns im Weichselgebiet nicht mit offenen Armen empfangen würde, weil dort die Armia Krajowa und die NSZ die stärkeren Partisanengruppen stellten. Zudem wußten wir, wie antisemitisch die Bevölkerung dort eingestellt war. Überdies waren die Ufer der Weichsel nur spärlich bewaldet und für unsere Art der Kampfführung wenig geeignet. Und letztlich wollten wir auch die Menschen aus dem Tabor nicht im Stich lassen, für die wir uns nach wie vor verantwortlich fühlten.

Chiel trug unsere Bedenken den Führern der Armia Ludowa – Mietek Mocha, Hauptmann Zemsta und Bolek Alef – vor. Sie verstanden, in was für einer Lage wir uns befanden und stimmten uns zu. Wir waren mit diesem Gebiet vertraut, die Bevölkerung war uns freundlich gesonnen, die dichten und undurchdringlichen Wälder boten ausgezeichnete Fluchtmöglichkeiten, zudem unterstützten wir, im Unterschied zu anderen Partisaneneinheiten, eine große Anzahl von Nichtkombattanten.

Mietek Mocha und die anderen Führer bereiteten sich darauf vor, mit etwa eintausend polnischen und russischen Partisanen gen Westen abzurücken. Sie führten viele neue Waffen mit, die ihnen die Russen per ›Luftpost‹ geschickt hatten. Sie baten Chiel, ihnen einige unserer Kämpfer, die das Gebiet im Westen kannten, als Begleiter zu überlassen. Chiel benannten 30 Leute, darunter Jurek aus Zaliszcze mit seiner Freundin Rostka, Franek Blaichmann, Nikolai Beresin und Hanka.

Nach etwa zwei Wochen kehrten Jurek, Nikolai und die Frauen zurück. Die anderen fanden sich nach und nach in kleinen Gruppen ein. Sie berichteten, daß die Streitmacht der Armia Ludowa von einem umfangreichen deutschen Truppenkontingent angegriffen worden sei. Die Armia Krajowa und die NSZ hätten die Deutschen informiert. Diese beiden Gruppen zogen es offenbar vor, ganz ungeniert mit den Deutschen zu kollaborieren, statt der Armia Ludowa – geschweige denn uns – zu helfen.

Die Einheit der Armia Ludowa hatte den Wieprz überquert und war gegen das Dorf Dombrowa vorgerückt. Früh am Morgen, als die Gruppe in einem kleinen, nicht sehr dichten Wald kampierte, brachten ihre Vorhutmelder die Nachricht, daß eine umfangreiche Truppe von Deutschen mit Artillerie und Lastwagen aus Richtung Lublin auf sie zu käme. Die Deutschen wußten genau, wo die Armia Ludowa ihr Lager hatte, denn sie hatten von den Krajowa-Leuten einen Tip bekommen.

Die Gruppe bezog sofort Verteidigungspositionen, um dem drohenden Angriff zu begegnen. Die Deutschen versuchten, das Waldgebiet zu stürmen und die Partisanen zu überrennen. Daraus entwickelte sich ein länger andauerndes Gefecht, in dessen Verlauf die Deutschen zurückgeschlagen wurden. Dann tauchten deutsche Kampfflugzeuge auf und bombardierten den Wald. Die Partisanen beschossen die Flieger mit Panzerabwehrgranaten und holten zwei von ihnen herunter. Als es dunkel wurde, hörten die Luftangriffe auf. Nun versuchten die Partisanen, das Waldgebiet so schnell wie möglich zu verlassen. Sie begruben ihre Toten und marschierten in Richtung Romblow. Die Armia Ludowa und die russischen Partisanen bezogen im Wald um Romblow getrennte Verteidigungsstellungen. Als die Deutschen frontal angriffen, waren die Einheiten der Armia Ludowa in dem am heftigsten umkämpften Gebiet. Auf Seiten der Deutschen wurden reguläre Truppen und SS-Einheiten eingesetzt. Dieser Frontalangriff erwies sich jedoch als gravierender Fehler, denn die Partisanen waren gut bewaffnet. Die Deutschen wurden erneut zurückgeschlagen und erlitten schwere Verluste. Sie setzten wiederum Kampfflieger und Artillerie ein, wobei viele Wagen, in denen die Partisanen Vorräte, Waffen und Munition transportierten, getroffen wurden. Bei dieser Schlacht verloren Hunderte von Deutschen und etwa 30 Partisanen das Leben.

Am Abend entschieden sich die Führer der Partisanen für eine neue Strategie, um weitere Verluste zu vermeiden. Sie spalteten sich in noch kleinere Gruppen auf, die getrennt voneinander versuchen sollten, den Belagerungsring der Deutschen in der Dunkelheit zu durchbrechen. Mietek Mocha und Bolek Alef gingen mit ihren Leuten getrennte Wege und schlugen sich zum Wald von Janowski durch. Auch die Russen konnten entkommen, während Hauptmann Zemstas Gruppe den Entschluß faßte, in Richtung Osten zu uns zurückzukehren. Sie entkamen dem Gebiet um Romblow und machten nach einigen Stunden Nachtmarsch Halt in einem Dorf. Dort wurden sie offenbar erneut von Mitgliedern der Armia Krajowa verraten. Die Deutschen umzingelten sie, und Hauptmann Zemsta wurde von einer Kugel am Kopf getroffen, als er aus einem Haus flüchtete. Jurek und Rostka sahen, wie er zu Boden fiel. Nikolai Beresin wurde an der Hand verwundet. Die meisten Mitglieder von Hauptmann Zemstas Gruppe kämpften sich den Weg frei und konnten sich nach und nach zu uns durchschlagen, um von den Ereignissen zu berichten. Als wir das hörten, waren wir froh, vor Ort geblieben zu sein.

Allerdings wurde die Armia Krajowa nun, da die meisten Einheiten der Armia Ludowa und der russischen Partisanen nach Westen abgerückt waren, immer aggressiver, wobei ihre Aktionen sich nicht gegen die Deutschen, sondern gegen die jüdischen Partisanen richteten. Sie streckten ihre Fühler aus, um zu testen, ob wir bereit seien, mit ihnen zusammenzuarbeitenn, aber wir wußten, daß ihnen nicht zu trauen war.

Im Juni 1944 lud die Armia Krajowa Wanka Kirpicznik, der nicht mit der Armia Ludowa nach Westen gegangen war, zu einem Treffen in der Nähe von Ostrow Lubelski ein. Dort sollte besprochen werden, wie die beiden Partisanenbewegungen im Kampf gegen die Deutschen geeint werden könnten. Wanka bat Chiel um einige unserer Leute, die ihn zu dem Treffen begleiten sollten. Chiel fragte auch mich, aber ich lehnte ab und beschwor Wanka, nicht dorthin zu gehen. Es könnte sich durchaus um eine Falle handeln. War es nicht Ziel der Armia Krajowa, uns zu zerstören? Hatten sie nicht eine Woche vor der Einladung Chaim Barbanel aufgelauert und ihn getötet? Hatten sie nicht bei Siedlce 13 jüdische Partisanen und Mitglieder der Armia Ludowa getötet und zehn von unseren Leuten, die westlich von Krasnystaw einen Auftrag ausführen sollten? Wanka aber meinte, aufgrund unserer Rettungsaktion von Wielka Zawiepszowka könnte die Armia Krajowa jetzt vielleicht kooperationsbereiter sein. Außerdem wollte er Einzelheiten ihres Plans erfahren. Wanka war ein starrköpfiger, fanatischer Idealist und Patriot. Er wollte jede Chance einer Zusammenarbeit gegen die Deutschen ausloten.

Er verließ uns mit 20 Partisanen, von denen einige zu unserer Gruppe gehörten, darunter auch Welwale der Patzan, der bei seiner Rückkehr berichtete, was geschehen war. Die Gruppe geriet nahe Ostrow Lubielski in eine Falle der Deutschen. Möglicherweise hatte die Armia Krajowa den Deutschen entsprechende Hinweise gegeben. Sie kämpften sich frei, ohne große Verluste zu erleiden, aber Wanka wurde bei dem Überfall getötet.

Wanka stammte aus der Gegend um Wlodawa und war, wie Mietek Mocha, vor dem Krieg Kommunist gewesen. Er organisierte als erster Partisanengruppen in dem Gebiet von Wlodawa. Als ich ihn das erste Mal traf, arbeitete ich noch für Stefan in Lubien. Das war 1941 gewesen, nach dem Einmarsch der Deutschen in Rußland. Er suchte in den Wäldern nach geflohenen russischen Kriegsgefangenen, um sie zu einer Partisaneneinheit zu formieren. Später erfuhr ich, daß er es gewesen war, der aus Fjodors Gruppe ehemaliger russischer Kriegsgefangener im Wald von Makoszka eine Partisaneneinheit gemacht hatte. Als wir uns im Wald von Skorodnica begegneten, führte er uns zu Chiels Gruppe im Wald von Ochoza. Damals hatten wir beide uns wiedererkannt. Während meiner zahlreichen Kontakte zur Führerschaft der Armia Ludowa waren Wanka und ich enge Freunde geworden.

Nach seinem Tod wurde das Erste Bataillon der Armia Ludowa, das er geführt und zu dem Chiels Gruppe gehört hatte, in ›Bataillon Jan Holod‹ umbenannt. Jan Holod war sein richtiger Name. Sein Tod war ein großer Verlust – für die Armia Ludowa und für mich persönlich.

Eine offene Feldschlacht

Mitte Juni 1944 gab es gute Nachrichten. Die Rote Armee marschierte auf den Bug zu. Im Radio hörten wir, daß die westlichen Alliierten durch die Überquerung des Kanals eine zweite Front eröffnet hatten und nun die Deutschen in Frankreich bekämpften.

Als wir im Wald von Makoszka stationiert waren, erfuhren wir, daß eine Einheit von etwa 200 russischen Partisanen von jenseits des Bug herübergekommen und jetzt in der größeren Ortschaft Wola Wereszczynska stationiert war. Da die meisten Einheiten der Armia Ludowa und die russischen Partisanen uns in Richtung Westen verlassen hatten, wollten wir mit der neuen Gruppe, die von General Baranowski angeführt wurde, Kontakt aufnehmen. Wir zählten 400 Kämpfer und Kämpferinnen. Aus Sicherheitsgründen ließen wir die Taborbewohner in unserem Lager im Wald von Ochoza zurück.

Nachdem wir uns in der Gruppe beratschlagt hatten, entschied sich Chiel dafür, die Russen in Wola Wereszczynska aufzusuchen. Solange wir vom Hauptquartier der Armia Ludowa keine Nachricht über weitere Operationen bekamen, könnte die Nähe einer befreundeten Streitmacht für uns von Vorteil sein. Also suchten wir den General auf. Er war kurz und stämmig, trug Bauernhosen und begrüßte uns herzlich, da er schon von uns gehört hatte. Er stellte uns seiner Frau vor und schenkte uns ein Gläschen ein. Dann kam er mit uns, um den Rest unserer Truppe in Augenschein zu nehmen. Er war von unserer Disziplin ebenso beeindruckt wie von unseren Waffen.

Wir schlugen unser Lager am entgegengesetzten (östlichen) Ende des Dorfes auf. Ganz in der Nähe, so erfuhren wir, gab es noch eine weitere, etwa 200 Mann starke, russische Partisaneneinheit, die nach ihrem Befehlshaber die Tscharnej-Einheit hieß. Sie war etwa acht Kilometer von Wola Wereszczynska entfernt stationiert.

General Baranowski legte Wert auf äußerste Disziplin. Er regierte seine Leute mit eiserner Faust und bestrafte sie bei der geringsten Insubordination wie in einer normalen Armee. Eines Tages kam eine Frau aus einem Nachbardorf in das Hauptquartier und gab an, sie sei von einem seiner Partisanen, der Lebensmittel besorgen sollte, vergewaltigt worden. Er ließ alle seine Männer antreten und forderte die Frau auf, den Vergewaltiger zu identifizieren. Das tat sie, und Baranowski ließ nach einer kurzen militärgerichtlichen Verhandlung den Mann zum Tode verurteilen und erschießen.

Darüber hinaus war er nicht nur ein militärischer, sondern auch ein praktisch denkender Mensch. Er teilte Gruppen ein, die Kleidung, Uniformen und Schuhe reparieren mußten. Außerdem ließ er eine Sauna bauen, damit die Männer sich waschen und ihre Kleidung desinfizieren konnten.

Seine Gruppe war auf der anderen Seite des Bug sicherer gewesen, weil dort große Gebiete unter der Kontrolle der Partisanen standen. Die Partisanen betrachteten diese ›befreiten‹ Gebiete als ihr eigenes Territorium, und die Beschaffung von Nahrung und Kleidung war so organisiert, daß die Dorfbewohner nicht darunter zu leiden hatten.

Hier bei uns war alles ganz anders. Nicht nur wegen der Deutschen, sondern auch wegen der Verfolgung durch die Armia Krajowa mußten wir dauernd die Orte wechseln. Auf einem unserer Treffen mit Chiel schlug ich vor, wir sollten den General bewegen, in ein anderes Gebiet überzuwechseln. Vor unserer Ankunft war seine Einheit schon einige Wochen lang in der Ortschaft gewesen, und wir hatten es mittlerweile auch schon 14 Tage lang ausgehalten. Ich war mir sicher, daß die Deutschen wußten, wo wir uns aufhielten und uns bald eine Schlacht liefern würden. Unsere Gruppe hatte Frontalangriffe des Feindes immer zu vermeiden gesucht.

Chiel stimmte mir zu und besprach die mögliche Truppenverlagerung mit General Baranowski. Der jedoch hatte eigene Vorstellungen und wohl auch bestimmte Befehle. »Wenn sie kommen, werden wir den Kampf aufnehmen«, sagte er. Uns behagte das gar nicht, aber wir wollten den Russen in puncto Tapferkeit nicht nachstehen. Zudem konnte der General Chiel davon überzeugen, daß unsere vereinten Kräfte von insgesamt 600 Partisanen einem deutschen Angriff standhalten würden.

Einige Tage später erhielten wir von einem unserer Informanten die Nachricht, daß aus Wlodawa eine umfangreiche Einheit deutscher Soldaten sich unserem Dorf nähere. Sie waren, so hieß es, mit Artillerie und schweren Maschinengewehren ausgerüstet. Am nächsten Morgen kreiste ein deutsches Flugzeug über dem Dorf. Symcha Barbanel und Boris ritten Streife im Umkreis des Dorfes. Sie wurden vom Flugzeug aus mit MG-Feuer bestrichen, aber nicht getroffen. Allerdings geriet Symchas Pferd in Panik und warf ihn ab. Boris sprang vom Pferd, und beide suchten schleunigst Deckung.

Da die Deutschen unsere Streitkräfte entdeckt hatten, war es nur noch eine Frage der Zeit, bis sie angriffen. Baranowskis Partisanen richteten sich am Westende des Dorfes, in der Nähe eines Friedhofs, in Verteidigungsstellungen ein, indem sie Schützengräben aushoben. Das Gleiche machten wir auf unserer Seite. Wir konnten ja nicht wissen, von wo aus die Deutschen angreifen würden.

Früh am nächsten Morgen bat mich Chiel, auf einen hohen Feuerwehrturm zu steigen, der ein paar hundert Meter von unseren Schützengräben entfernt war. Von dort aus konnte ich weit ins Land hinein sehen und die heranrückenden Deutschen rechtzeitig entdecken. Das Dorf war an drei Seiten von Wald umgeben, der etwa einen Kilometer entfernt lag. Die vierte Seite führte auf offene Felder. Von meinem Beobachtungsposten aus sah ich schon nach kurzer Zeit, wie sich eine Gruppe von Deutschen aus dem Wald löste, das von Chiels Partisanen besetzte Dorfende erreichte und dann innehielt. Nach einer Weile zogen sie sich wieder in die Wälder zurück, so als hätten sie ihre Aufgabe, den Zugang zum Dorf zu erkunden, erfüllt. Ich rief zu Chanina, der unten am Turm stand, herunter, was ich gesehen hatte. Er eilte fort, um die Nachricht an die Gruppe weiterzugeben. Wir wußten jetzt, daß der Angriff unmittelbar bevorstand, und Chiel informierte General Baranowski, daß die Deutschen bei uns angreifen würden. Der General schickte uns sofort Verstärkung.

Schon nach kurzer Zeit sah ich eine große Anzahl von Deutschen (es mögen an die tausend gewesen sein) aus dem Wald dringen. Dabei beschossen sie das Dorf mit Artillerie- und MG-Feuer. Ich hatte meinen Ausguck mittlerweile verlassen und war wieder bei meiner Gruppe. Einige von uns standen in den Schützengräben, einige hielten sich hinter Häusern und Scheunen, andere hinter Bäumen versteckt.

Wir ließen unsere Waffen schweigen, solange die Deutschen sich dem Dorf näherten und eröffneten das Feuer erst, als einige hundert von ihnen am Dorfrand auftauchten und sich auf unsere Stellungen zubewegten. Das Gefecht war intensiv und dauerte lange. Unsere Maschinengewehre glühten. Wir warfen Granaten und setzten sogar unsere Panzerabwehrkanone gegen die Angreifer ein. Wir saßen mehr oder weniger in der Zwickmühle, aber die Deutschen waren unserem Feuer ungeschützt ausgesetzt und zogen sich schließlich in den Wald zurück, wobei sie ihre Toten und Verwundeten auf dem Schlachtfeld ließen. Wir dagegen hatten, im Schutz unserer Deckungen, nur wenige Verluste erlitten.

Wir wußten jedoch, daß dies nur der Anfang war. Schon bald rollte eine neue Angriffswelle aus dem Wald auf uns zu. Zugleich kreisten fünf deutsche Flugzeuge über dem Dorf und bombardierten und beschossen unsere Stellungen. Viele der Häuser, in denen wir uns versteckt hielten, flogen in die Luft. Damit hatten wir nicht gerechnet, und so schlossen wir zu den Russen am anderen Ende des Dorfes auf. Mittlerweile stand das Dorf in Flammen, was den Rückzug erschwerte. Wir eilten geduckt von Haus zu Haus und von Baum zu Baum, immer auf der Suche nach Schutz vor den Schüssen und Bomben.

Als ich auf die russischen Stellungen zurannte, ging direkt vor mir eine Bombe nieder und riß ein großes Loch in den Boden. Zum Glück explodierte sie nicht. Aber die Wucht des Aufpralls warf mich nieder und ich muß einige Sekunden lang bewußtlos gewesen sein. Schließlich aber riß ich mich zusammen und lief weiter.

Als wir den Friedhof erreicht hatten, wo die Russen sich verschanzt hielten, bildeten wir mit ihnen eine Verteidigungslinie. Wir beschossen die Flugzeuge mit unseren Gewehren und MGs, erreichten damit aber nichts. Da wir über einige Panzerabwehrraketen verfügten, die allerdings für horizontale Schußbahnen gedacht waren, fragten wir Nikoli, einen ehemaligen Marineangehörigen, der als einziger die Versenkung eines Kriegsschiffes bei Sewastopol überlebt hatte, ob man nicht versuchen sollte, mit diesen Raketen auf die Flugzeuge zu zielen. Es brauchte einige Männer, um die Kanone nach oben zu richten. Nikoli traf ein Flugzeug, das Feuer fing und abstürzte. Ein weiteres landete, ebenfalls getroffen, weiter weg im Wald.

In diesem Augenblick erreichte die zweite Angriffswelle der Deutschen das östliche Ende des Dorfes. Schnell waren sie am Friedhof angelangt und starteten einen Frontalangriff auf unsere vereinten Kräfte. General Baranowski lief durch die russischen Schützengräben und gab Befehl, das Feuer aufrechtzuerhalten und sich währenddessen zum westlichen Ende des Dorfes und dann in die Wälder zurückzuziehen. Chiel rief uns aufmunternde Worte zu. Wir sollten ebenfalls weiterschießen, nicht in Panik geraten und uns geordnet in die Wälder zurückziehen. Zwischen dem westlichen Ende des Dorfes und dem Wald lag ein Weizenfeld, das wir überqueren mußten. Dies war der gefährlichste Moment, weil wir den Angriffen der Flugzeuge ausgesetzt waren. Auf dem Weg zum Wald verloren wir etwa 18 Partisanen, die meisten davon Russen.

Wir sammelten uns am Waldrand und bildeten erneut eine Verteidigungslinie. Während die Deutschen uns über das Feld folgten, versteckten wir uns im Unterholz. In der Zwischenzeit hatten wir einen Boten zu Tscharnejs Partisaneneinheit geschickt. Bald trafen von dort 100 Mann zur Verstärkung ein. Jetzt erwarteten wir mit 700 Kämpfern die Deutschen. Sie waren noch etwa 300 Meter von uns entfernt und nicht in der Lage, uns zu orten, als wir das Feuer eröffneten.

Es war ein Massaker. Die Feuerkraft aus unseren Geschützen mähte die Deutschen nieder, die auf dem Feld ein gutes Ziel boten.

Sie zogen sich an den Dorfrand zurück. Zum zweiten Mal an diesem Tag mußten sie schwere Verluste hinnehmen und wurden zum Rückzug gezwungen. Diesmal schienen sie desorientiert und demoralisiert zu sein, so als hätten sie einen derartigen Widerstand seitens der Partisanen nicht erwartet. Die Flugzeuge kreisten jetzt über dem Wald und warfen weiterhin Bomben ab, die uns jedoch keinen Schaden zufügten, da wir im dichten Unterholz nicht auszumachen waren.

Die Schlacht, in deren Verlauf mehr als einhundert Deutsche getötet oder verwundet wurden, dauerte den ganzen Tag an. Die Deutschen holten ihre Toten und Verwundeten mit kleinen Transportflugzeugen ab. Trotz des intensiven Feuergefechts hatten unsere Einheiten nur relativ leichte Verluste zu verzeichnen. Als es dunkel wurde, zogen die Deutschen ab, und wir marschierten in Richtung des Waldes von Makoszka.

Dort angekommen, trafen wir auf kleine Gruppen von jüdischen, russischen und polnischen Partisanen. Viele waren Überbleibsel der vereinigten Streitmacht aus russischen Partisanen und solchen der Armia Ludowa, die im Mai westwärts gezogen war. Sie hatten gegen eine deutsche Übermacht bei Romblow eine offene Feldschlacht geführt und verloren. Danach hatten sie sich in kleinere Gruppen aufgespalten und waren in unser Gebiet zurückgekehrt.

General Baranowski marschierte mit seinen Leuten in den nahegelegenen Wald von Bor. Später erfuhren wir, daß er ein ungarischer Jude war, der als General in der russischen Armee gedient hatte.

Befreiung

Anfang Juli 1944 erhielten wir erneut Verstärkung per Fallschirm. Diesmal handelte es sich jedoch nicht um Waffen, sondern um 80 Mitglieder des polnischen Bataillons Kosciuszko, das in Rußland gebildet worden war und an der Seite der Roten Armee gekämpft hatte. Es waren keine Partisanen, sondern reguläre Armeeangehörige, die polnische Uniformen und die traditionelle vierspitzige Mütze mit dem Adler auf der Vorderseite trugen. Ihre Montur entsprach der Vorkriegsuniform, allerdings fehlte dem Adler jetzt die Krone. Diese Soldaten waren sehr gut ausgerüstet und verfügten sogar über ein Funkgerät. Einige von ihnen, darunter ihr Anführer, Hauptmann Trucker, waren Juden. Die polnischen Dorfbewohner waren bei diesem Anblick von Soldaten in polnischen Uniformen überglücklich. Sie bekreuzigten sich, umarmten und küßten die Neuankömmlinge, die in unserem Gebiet blieben und unter dem Kommando der Armia Ludowa kämpften.

Da die meisten Partisanen der Armia Ludowa schon vor einiger Zeit nach Westen abgerückt waren, wurden neue Einheiten gebildet, die unter dem Befehl von Hauptmann Korchinsky standen, einem altgedienten Partisanen der Armia Ludowa, der im Spanischen Bürgerkrieg gekämpft hatte. Zudem waren weitere russische Partisanengruppen von jenseits des Bug eingetroffen, um den Rückzug der Deutschen zu stören. Insgesamt bestand unsere Streitmacht jetzt aus 800 Kämpfern, zu denen Chiels jüdische Partisanen, die 80 polnischen Fallschirmspringer, Hauptmann Korchinskys Armia-Ludowa-Einheit und die russischen Partisanen von General Baranowski gehörten. Alle diese Einheiten arbeiteten jetzt zusammen, um ihre Schlagkraft zu maximieren. Die Taborbewohner blieben weiterhin gut versteckt in unserem Lager im Wald von Ochoza.

Lange Kolonnen deutscher Lastwagen und Panzer zogen westwärts, während die Front immer näher rückte. Die Deutschen fluteten in Massen zurück. Sie benutzten nicht nur die Haupt- sondern auch die Nebenstraßen, fuhren über Felder und auf Waldwegen. Zwei bis drei Wochen lang überfielen wir ihre Kolonnen mit schöner Regelmäßigkeit, vor allem auf den Waldwegen, wobei uns unsere Panzerabwehrgeschütze von großem Nutzen waren. Viele deutsche Panzer gingen in Flammen auf. Wenn dann die Panzerbesatzung ihr Gefährt fluchtartig verließ, wurde sie von uns unter Beschuß genommen.

Unsere jüdische Partisaneneinheit blieb zusammen und kämpfte mit aller Macht. Wir griffen die Deutschen im Wald ganz aus der Nähe an, überraschten sie damit und zwangen sie zum kopflosen Rückzug.

An viele unserer Kämpfer kann ich mich noch deutlich erinnern. Sam (mit dem Spitznamen ›Polymiot‹) schrie jedesmal laut »Hurra!«, wenn er einen deutschen Panzer getroffen hatte. Jakubovitsch, der irgendwann seine Armeemütze aus Khakistoff verloren hatte, die er immer zu tragen pflegte, konnte die Antipanzergeschütze ebenfalls mit größter Präzision einsetzen. Welwale der Patzan demonstrierte gerne, wie gut er Handgranaten zu werfen verstand. Wir alle griffen die auf dem Rückzug befindlichen Deutschen voller Zorn und mit dem unbändigen Drang nach Vergeltung an – Chiel, Jefim, Jurek aus Zaliszcze und seine Freundin Rostka, die Brüder Janek, Jurek und Abram aus Wyryki, Chiels Bruder Abram und seine Freundin Dora, Adam aus Parczew, Sucha Korn, Abram aus Zmiarka, Buchali und Lonka Feferkorn aus Parczew, Abram Bocian, Zalman aus Parczew, und natürlich unsere Marianka-Gruppe mit Symcha, Chanina, Moniek, Herschel und seiner Frau Chana, Chaim Weismann, Motel Barbanel und seiner Frau Chance, Fajga aus Zamolodycze, Chance aus Kodeniec (die Tante von Jurek aus Zaliszcze), die vier Brüder aus Zahajki und Boris. Die von Mietek Gruber und Franek Blaichmann angeführte Lubartow-Gruppe kämpfte mit großer Tapferkeit an unserer Seite. Die Partisaninnen standen uns Männern an Kampfesmut in nichts nach: die Schwestern Pesia und Temi aus dem Arbeitslager Adampol, Tzescha (die Schwester von Janek aus Wyryki) und Cypora und ihre Schwester aus Holowna. Die Frauen konnten nicht nur schießen, sondern versorgten auch die Verwundeten. Es gab noch zahllose andere Kämpfer, an deren Namen ich mich nicht mehr erinnere.

Unser Hauptziel bestand darin, den Rückzug der Deutschen zu blockieren, so daß sie der vorrückenden Roten Armee in die Hände fielen. Die Deutschen begriffen schnell, welche Bedrohung unsere Angriffe darstellten, und so wurden wir an einem Julimorgen von mehreren Divisionen der deutschen Armee angegriffen. Um uns jegliche Rückzugsmöglichkeit zu nehmen, umstellten sie den Wald von Makoszka. Vielleicht glaubten sie, uns durch ihre schiere Übermacht vernichten zu können. Wir erwiderten ihr Feuer und zogen uns noch tiefer in den Wald zurück. Stunde um Stunde verging, ohne daß der Kampf beendet wurde. Die Deutschen rückten nicht weiter in den Wald vor, so daß wir uns nach jedem Angriff wieder zurückziehen konnten. Gegen Abend spalteten wir uns in kleinere Gruppen auf und versuchten, den Belagerungsring im Schutz der Nacht zu durchbrechen.

General Baranowski und seine Partisanen verließen uns in Richtung Bor, während unsere Einheit und die andere Gruppe der Armia Ludowa auf Befehle aus dem Hauptquartier wartete. Dort, einige Kilometer von uns entfernt, sollten sich Hauptmann Korchinsky und Hauptmann Mara befinden, die eigentlich hätten zu uns stoßen und beratschlagen sollen, wie der Belagerungsring durchbrochen werden könnte. Als am Abend immer noch niemand aufgetaucht war, ritt Chiel mit einigen anderen zum Hauptquartier, wo sie jedoch nur einen Mann vorfanden, der eine Nachricht für uns hatte. Wir sollten uns in Richtung Ostrow Lubelski bewegen und dort versuchen, der Belagerung zu entkommen. Wenn uns das gelänge, sollten wir uns den russischen Partisanen im Wald von Bor anschließen.

Wir ließen unsere Vorräte zurück, damit wir im Falle eines erneuten Angriffs bewegungsfähiger waren. Allerdings trennten sich unsere Panzerabwehrexperten nur ungern von ihren Geschützen, obwohl es nicht einfach war, sie durch den dichten Wald zu schleppen. Nach einigen Stunden Marsch erreichten wir den Wald in der Nähe des Gebietes von Ostrow Lubelski. Aber irgendwie war es den Deutschen gelungen, uns ausfindig zu machen, und sie belegten uns mit erheblichem Sperrfeuer aus Artilleriegeschützen. Das Sperrfeuer kam aus der Nähe von Ostrow Lubelski, wo wir uns eigentlich durch die deutschen Linien hatten stehlen wollen. Mittlerweile war es stockdunkel, und die Deutschen konnten uns kaum erkennen. Sie beschossen uns, ohne indes Schaden anzurichten. Allerdings war es jetzt unmöglich geworden, dem Belagerungsring an dieser Stelle zu entkommen.

Wir suchten nach einer anderen Durchbruchsmöglichkeit, und als wir den Waldrand erreicht hatten, wurden Symcha, ich und ein paar andere als Späher nach draußen geschickt, dort jedoch sofort von den Deutschen bemerkt und beschossen. Sofort zogen wir uns wieder zurück und probierten es anderenorts, aber der Belagerungsring erwies sich als zu dicht. Mittlerweile hatten wir kaum noch Hoffnung auf einen Ausweg.

Wir bildeten kleinere Einheiten, von denen jede eine andere Richtung einschlug. Ich führte eine Gruppe mit etwa 30 Partisanen an, von denen die meisten zur Marianka-Gruppe gehörten, zudem waren einige Kämpfer aus Parczew und Wlodawa dabei. Die Männer mußten ihre Panzerabwehrgeschütze jetzt endgültig im Wald zurücklassen, und wir machten uns im Schutz der Dunkelheit in Richtung Ninin auf. Wie es den anderen Gruppen erging, wußten wir natürlich nicht.

Auch bei Ninin trafen wir wieder auf deutsches Sperrfeuer. Bei Tagesanbruch entschieden wir uns, im Wald versteckt zu bleiben. Wir erkannten jetzt, daß der gesamte Wald umstellt war und waren müde, hungrig und durstig.

Glücklicherweise befanden wir uns in einem Gebiet, wo wir für Notfälle *slonina* vergraben hatten. Wir waren in der Lage, die Verstecke aufzuspüren, und fanden das gesalzene Schweinefleisch noch durchweg genießbar vor. Allerdings wurde unser Durst dadurch nicht eben geringer, aber das ließ sich jetzt nicht ändern.

Wir wußten, daß die Deutschen insgesamt auf dem Rückzug waren und dies Gebiet irgendwann verlassen würden, aber den Zeitpunkt konnten wir natürlich nicht erahnen. Am besten, so meinten wir, wäre es, uns in das Waldgebiet nahe Parczew zu bewegen. Dort führte eine wichtige Verbindungsstraße durch den Forst und die deutsche Front bewegte sich offenbar in westlicher Richtung durch das Gebiet. An Angriff war für uns jetzt nicht mehr zu denken – wir waren zwischen Front- und Reservetruppen eingekeilt und mußten in einem Umfeld überleben, wo es von feindlichen Soldaten nur so wimmelte.

Abram Bocian und die anderen aus Parczew kannten die Region gut. Sie schlugen vor, bei Nacht den Wald zu verlassen und die Straße zu überqueren. Danach könnten wir uns in einigen vereinzelt stehenden Bauernhäusern am Rand von Parczew verstecken.

Das war ein ebenso phantastischer wie gefährlicher Plan, aber es schien keine andere Möglichkeit zu geben, sich aus der Umklammerung durch die Deutschen zu befreien. Drei Tage lang waren wir jetzt durch den Wald geirrt und immer wieder beschossen worden – jetzt waren wir zum Umfallen erschöpft und mußten irgend eine Gelegenheit beim Schopf packen. Unsere einzige Hoffnung war es, daß die Deutschen uns nicht zutrauen würden, daß wir uns an den Rand von Parczew vorwagten. Wenn es uns gelang, in ein nahe der Straße gelegenes Haus zu kommen, könnten wir uns den Tag über dort verstecken, um dann in ein Dorf in der Nähe von Parczew zu gelangen, ohne Parczew selbst betreten zu müssen. Danach könnten wir versuchen, zum Wald von Bor zu gelangen.

Vom Waldrand bei Parczew aus sahen wir deutsche Militärtransporte in langen Kolonnen auf der Verbindungsstraße westwärts ziehen. Auf der anderen Straßenseite erstreckten sich, so schätzten wir, Felder in der Länge von einem Kilometer, die dann also noch zwischen uns und dem nächsten Bauernhof lagen. Die Deutschen machten sich nicht die Mühe, diese Seite des Waldes zu bewachen; vermutlich gingen sie davon aus, daß es die Partisanen nicht wagen würden, so nahe bei ihren Streitkräften ins Offene zu gelangen. Wir versteckten uns in der Nähe der Straße in einem Graben hinter Gebüsch und warteten auf eine größere Lücke zwischen den Kolonnen. Obwohl es ganz dunkel war, fuhren die Deutschen ohne Licht. Es regnete heftig, und wir waren schon völlig durchnäßt. Die Transporte rollten ohne Pause weiter. Wir erkannten, daß unsere Lage nicht die beste war. Dennoch mußten wir etwas unternehmen, bevor es hell wurde und die Deutschen uns sehen konnten.

Plötzlich hörten wir ein Flugzeug über uns. Es warf Leuchtbomben ab, die wie ein Kandelaber mit vielen Glühbirnen wirkten. Sie blieben etwa eine Viertelstunde in der Luft und leuchteten die Szenerie taghell aus. Wir duckten uns noch tiefer, um nicht entdeckt zu werden. Dann erstarben die Lichter, und der Verkehr ließ für einen Moment nach. Wir überquerten blitzschnell die Straße, dann das freie Feld und betraten das erste Haus, auf das wir stießen. Es war ein Bauernhaus, und die Bewohner waren sichtlich verängstigt, als wir hereinstürmten. Wir sagten ihnen, daß wir Partisanen seien und nichts Böses im Sinn hätten, befahlen ihnen aber, das Haus nicht zu verlassen. Bald würde es hell werden. Wir behielten die Hausbewohner im Auge und postierten an jedem Fenster einen Mann, so daß niemand hinausgelangen konnte. Wir hatten Angst davor, verraten zu werden.

Das Vieh im Stall nebenan wurde unruhig, weil es auf die Weide wollte, aber wir ließen es nicht zu, daß sich jemand darum kümmerte. Nach einiger Zeit klopfte ein Nachbar an die Tür, der fragen wollte, was mit dem Vieh los sei. Wir ließen ihn ins Haus herein, aber nicht wieder hinaus. Bald danach kam seine Frau, die sich fragte, wo ihr Mann geblieben sei, und als schließlich die Kinder vor der Tür standen, um nach ihren Eltern zu fragen, holten wir auch sie herein und waren nun 40 Personen im Haus – 30 Partisanen mit mittlerweile zehn Leuten, die wir bewachten.

Wir spähten aus dem Fenster und sahen deutsche Soldaten davonlaufen. Sie rannten auf der Straße, auf Feldwegen, überall. Dann wurde es ruhig. Am Nachmittag kam ein anderer Nachbar ins Haus und berichtete uns, die Deutschen hätten Parczew verlassen. Russische Soldaten würden bald in die Stadt einrücken. Wir glaubten ihm nicht. Wir konnten uns nicht vorstellen, daß das Ende der deutschen Besatzung gekommen war.

Wir schauten weiterhin aus den Fenstern und sahen, wie ein russischer Panzer die Hauptstraße entlangfuhr. Ihm folgten Soldaten zu Fuß mit einer Feldküche. Danach, in einiger Entfernung, eine lange Reihe von Panzern, die allesamt den Stern der Roten Armee trugen.

Wir verließen das Haus und rannten auf die Straße zu. Wir winkten aufgeregt und schwenkten unsere Arme durch die Luft. Der erste Panzer fuhr an die Seite und hielt an. Ein Russe stieg aus und bewegte sich, gefolgt von ein paar Soldaten, in unsere Richtung. Da sie uns bewaffnet sahen, blieben sie in einiger Entfernung stehen und fragten, wer wir wären. Jüdische Partisanen, antworteten wir, die gegen die Deutschen gekämpft hätten. Sie bemerkten, daß wir russische Waffen besaßen und kamen zu uns herüber. Wir umarmten und küßten sie und weinten vor Freude. Sie nahmen uns mit zu einem Jeep am Ende der Kolonne, wo sich ihr Befehlshaber befand. Er begrüßte uns herzlich und meinte, für uns wäre der Krieg vorbei, nur sie müßten die Deutschen noch nach Deutschland zurücktreiben.

Das war für uns ein Augenblick unbändiger Freude und zugleich unsäglichen Leids. Wir mußten an all diejenigen denken, die vernichtet worden waren, und an unsere Lieben, die diesen Augenblick nicht erleben durften.

Chaim Weismann weinte unaufhörlich. Er hatte seine ganze Familie durch deutsche Angriffe in den Wäldern verloren. Nur Bebale war ihm noch geblieben, die soviele Gefechte überstanden und wie eine Mutter für ihn gesorgt hatte. Aber in diesen letzten Tagen, als wir versuchten, der Belagerung zu entkommen, verloren wir sie bei einem deutschen Angriff und sahen sie nie wieder. Nun war Chaim ganz allein. Er hatte seine Frau und jedes seiner fünf Kinder verloren.

Die Russen versorgten uns aus ihrer Feldküche, wofür wir sehr dankbar waren. Dann kletterten wir auf ihre Panzer und rollten mit unseren russischen Befreiern nach Parczew hinein. Dort ließen sie uns zurück, um weiter westwärts zu fahren, den flüchtenden Deutschen hinterher. Wir aber zogen durch die Straßen von Parczew. Einige Einwohner erkannten unsere aus diesem Ort stammenden Partisanen und verliehen ihrer Überraschung darüber Ausdruck, daß es noch Juden gab, die am Leben geblieben waren. Bocian nahm uns mit zu dem Haus, in dem er einst gewohnt hatte. Dort lebte jetzt eine polnische Familie, die gar nicht erfreut war, ihn zu sehen. Auch die anderen Parczewer Partisanen – Lonka, Buchali, Edek, Adam und Sucha Korn – suchten ihre ehemaligen Wohnstätten auf.

In Parczew erfuhren wir, daß die einzige Widerstandsgruppe, die während der letzten heftigen Kampfhandlungen ernsthafte Verluste erlitten hatte, eine unter Hauptmann Maras Kommando stehende Einheit der Armia Ludowa gewesen war. Wir hatten uns diesen Partisanen anschließen und zusammen in das Gebiet von Ostrow Lubelski hinüberwechseln sollen. Sie hatten den Wald von Makoszka vor uns verlassen und waren entdeckt und angegriffen worden, als sie versuchten, eine Eisenbahnlinie zu überqueren. Bei ihrem Rückzug in die Wälder verloren sie mehr als zwölf Mann, darunter auch ihren Anführer. Hauptmann Korchinskys Gruppe kam umgeschoren davon.

Der nächste Tag war der 22. Juli. Wir verließen Parczew und zogen in Richtung Kodeniec weiter. Dort trafen wir Chiel mit dem Rest unserer Gruppe, darunter die Taborbewohner. Auch unsere Gruppe hatte nur geringe Verluste erlitten. Chiels Einheit umfaßte an die 400 Partisanen, dazu kam noch einmal die gleiche Anzahl von Taborbewohnern.

Von Kodeniec aus ging es mit russischen Armeelastwagen weiter nach Lublin. Unterwegs sahen wir die Überreste der letzten heftigen Kämpfe – ausgebrannte deutsche Lastwagen, Panzer und Autos, viele davon umgekippt. Überall lagen die Leichen deutscher Soldaten.

Lublin wurde zur zeitweiligen polnischen Hauptstadt und zum Standort des Hauptquartiers der russischen und polnischen Armee. Warschau und das Generalgouvernement befanden sich noch in deutscher Hand und konnten erst 1945 vollständig befreit werden. Lublin selbst war nicht allzu schwer beschädigt worden, aber der Krieg hatte überall in der Stadt seine Spuren hinterlassen – kaputte Häuser und zurückgelassenes deutsches Kriegsgerät. Die Stadtverwaltung von Lublin wies uns Partisanen einige zuvor von den Deutschen genutzte Gebäude als Quartiere an und versorgte uns mit Lebensmittelrationen.

Bald darauf trafen jüdische Überlebende aus den befreiten Gebieten in Lublin ein. Sie kamen aus den Todeslagern, aus den Wäldern, aus Bunkern und anderen Verstecken. Außerdem nahm die Stadt viele jüdische Kinder auf, die während der Okkupation von polnischen Dorfbewohnern versteckt worden waren. Wir taten unser Bestes, um diesen Überlebenden zu helfen und requirierten zu diesem Zweck zwei weitere Gebäude in der Lubartowski-Straße. Bei dem einen handelte es sich um das I.L. Peretz-Gebäude, das vor dem Krieg dem jüdischen Schriftstellerverband gehört hatte. Hierhin kamen die Erwachsenen, in ein angrenzendes Gebäude die Kinder. Die Stadt stellte uns Betten und Lebensmittel zur Verfügung. Wir riefen auch die ersten jüdischen Komitees ins Leben, die die Interessen der Überlebenden vertreten sollten. Unsere Gruppe beteiligte sich an den Aktivitäten dieser Komitees, wobei es vor allem darum ging, die Bemühungen der verschiedenen Hilfsorganisationen zu koordinieren. Täglich kamen Überlebende zu uns, um nach ihren Familien zu fragen, in der Hoffnung, daß irgend jemand überlebt habe. Die Komitees erstellten eine Liste der zuerst Eingetroffenen, anhand derer diejenigen, die später kamen, nach Verwandten suchen und sich ebenfalls eintragen lassen konnten.

Bald nach der Befreiung wurden internationale Hilfsorganisationen aktiv. Das *American Jewish Joint Distribution Committee*, das Rote Kreuz und die jüdische Emigrantenhilfsorganisation HIAS schickten Lebensmittel, Medikamente und andere dringend benötigte Dinge, die unter den Überlebenden verteilt wurden. Unsere Komitees arbeiteten mit diesen Organisationen zusammen, um sie bei ihren Hilfsmaßnahmen zu unterstützen.

Die meisten aus Konzentrationslagern befreiten Überlebenden waren junge Leute, während die älteren aus den Wäldern und Verstecken kamen. Viele stammten nicht nur aus Polen, sondern aus anderen europäischen Ländern, die ebenfalls von Deutschland besetzt worden waren: Frankreich, Belgien, Holland, Ungarn. Einige kamen sogar aus Deutschland selbst.

Die meisten Überlebenden hatten keinerlei Familienangehörige mehr. So suchten sie sich gegenseitig Halt zu geben, eine Art Ersatzfamilie zu gründen, was ihnen trotz unterschiedlicher Sprachen und Kulturen oftmals auch gelang.

In Lublin traf ich meinen Vetter aus Gorzkow, Sindel Honigmann mit seiner Frau Betty und ihrer sechsjährigen Tochter Fella. 1942 wurden Betty und Fella mit dem Zug vom Ghetto in Izbica nach Sobibor transportiert. Betty entdeckte in einer Ecke des Waggons eine Lücke, durch die sie ihre damals vierjährige Tochter während der Fahrt nach draußen schob. Dann zwängte sie sich selbst hindurch und sprang aus dem Zug. Sie fand ihre Tochter, der wie durch ein Wunder nichts passiert war. Beide gingen nach Gorzkow zurück, wo sie bis Kriegsende jeweils für kurze Zeit bei verschiedenen Bauern versteckt wurden. Bettys Mann jedoch war nach Sobibor gekommen, wo er, weil er groß und kräftig war, einer Arbeitseinheit zugeteilt wurde, die in den umliegenden Wäldern Bäume fällen mußten. Eines Tages wurden er und seine beiden Freunde, Schlomo Podchlebnik und Mojsche Merenschtein, der aus Gorzkow stammte, von den Wachen zum Wasserholen begleitet. Es gelang ihnen, die beiden ukrainischen Wachmänner zu überwältigen und zu töten. Dann flohen sie in die Wälder. Das alles hatte sich noch vor dem Aufstand in Sobibor abgespielt. Die drei gingen nach Gorzkow zurück und überlebten in den nahegelegenen Sümpfen und Wäldern. Nach der Befreiung fand die Familie wieder zusammen und kam nach Lublin.

Ich wollte unbedingt nach Gorzkow, um herauszufinden, was aus meiner Familie geworden war. Eines Tages traf ich einen Bauern namens Fidecki, der dort unser Nachbar gewesen war. Ich kannte ihn gut und vertraute ihm. Er riet mir dringend davon ab, nach Gorzkow zu gehen, weil es für Juden gefährlich sei, sich dort blicken zu lassen. Er erzählte mir, was mit den Juden in Gorzkow geschehen war.

Im Sommer 1942 hatten die Deutschen Tausende von Juden aus vielen Gegenden Polens in Gorzkow zusammengepfercht und sie in die Häuser der Gorzkower Juden gesteckt. Wer nicht mehr hineinpaßte, mußte draußen bleiben. Als immer mehr Juden in Gorzkow eintrafen, wurden sie von den Deutschen nach Izbica gebracht, wo ein Ghetto eingerichtet wurde. Den Weg dorthin – etwa zehn Kilometer – mußten die Juden zu Fuß zurücklegen. Als auch das Ghetto in Izbica überfüllt war, begannen die Deutschen mit Zugtransporten ins Todeslager von Sobibor.

Fidecki berichtete auch, was mit meinen Brüdern Mojsche und Motel geschehen war. Sie wurden mit den anderen Juden in Gorzkow zusammengetrieben und nach Izbica gebracht. Sie konnten jedoch aus dem Ghetto entkommen und nach Gorzkow zurückgelangen. Dann versteckten sie sich in den Wäldern und den in jener Gegend häufig vorkommenden Kalkgruben. Eines Nachts gingen sie zu einem ehemaligen Nachbarn, den sie um Lebensmittel bitten wollten. Der Nachbar bat sie, in der Scheune zu warten, bis er ihnen etwas bringen würde. Er holte jedoch eine Bande von Antisemiten, die Mojsche und Motel mit Knüppeln zu Tode prügelten. Vielen anderen Juden, so Fidecki, sei es ähnlich ergangen.

Was meinen Vater und meine ganze Verwandtschaft – meine Schwester, meinen Großvater mit seiner Frau und zwei Kindern, meine Tanten, Onkel und ihre Familien – betrifft, so weiß ich nur, daß, aber nicht wie sie umgekommen sind. Vielleicht endeten sie in den Gaskammern von Sobibor. Doch werde ich nie vergessen, wie Mojsche und Motel ihren Tod fanden. Ich sehe die Szene immer noch im Traum vor mir, und der Schmerz, den mir diese Erinnerung bereitet, ist nach all den Jahren unvermindert, und das wird auch so bleiben.

Enttäuschung und Emigration

Jahrelang hatten wir uns als jüdische Partisanen in den Wäldern versteckt und gegen die Deutschen gekämpft – nicht nur um zu überleben, sondern auch, weil wir Polen von den Deutschen befreien wollten. Wir hatten mit den polnischen Partisanen der Armia Ludowa gemeinsam für dieses Ziel gekämpft, und wir fanden dabei die Unterstützung vieler Dorfbewohner in unserem Operationsgebiet. Als unsere Region endlich befreit war, hegten wir die Hoffnung, als Helden begrüßt zu werden, die erfolgreich am Kampf um die Freiheit Polens teilgenommen hatten. Aber wir erfuhren das genaue Gegenteil und mußten mit großer Bestürzung feststellen, daß die Haltung der Polen den Juden gegenüber nach dem Krieg nicht anders war als davor.

Die neu gebildete polnische Regierung bot den jüdischen Partisanen Stellen im öffentlichen Verwaltungsbereich in Lublin oder bei der Polizei an. Doch brachten uns hier die antisemitisch eingestellten Kollegen Verachtung und Haß entgegen. In einigen Fällen wurden wir sogar von Banden angegriffen, die sich aus ehemaligen Einheiten der Armia Krajowa rekrutierten.

Manche versuchten, sich dem Leben unter der neuen Regierung anzupassen. Ich jedoch gewann immer stärker den Eindruck, daß es für uns Juden in Polen nichts mehr zu gewinnen gab. Im ersten Jahr nach der Befreiung wurden Hunderte von Juden, die die Konzentrationslager, die Verstecke in den Wäldern und anderswo überlebt hatten, einzeln oder bei Pogromen seitens der polnischen Bevölkerung getötet. Eines der dramatischsten Ereignisse spielte sich 1946 in Kielce ab, wo ein rasender Mob an einem einzigen Tag zahlreiche Juden tötete oder verwundete. Auch in Krakau, Chelm und Rzeszow kam es zu antisemitischen Ausschreitungen und Pogromen.

Man gab uns dadurch sehr deutlich zu verstehen, daß unser Überleben für viele Polen ein Problem darstellte. Sie hatten gehofft und angenommen, der Vernichtungsfeldzug der Deutschen habe alle polnischen Juden beseitigt. Zudem fürchteten sie, daß die Überlebenden ihre Häuser und Geschäfte, die jetzt oftmals in polnischer Hand waren, zurückfordern würden. So wurden die Rückkehrer in ihren Heimatorten häufig mit unverhohlener Feindseligkeit empfangen.

Abram Bocian und einige andere Juden aus Parczew gingen dorthin zurück. Sie fühlten sich sicher, weil sie mit einigen Lokalgrößen der kommunistischen Regierung und mit dem dortigen Polizeichef gut bekannt waren. Zudem gingen sie davon aus, daß man sie als Ex-Partisanen zuvorkommend behandeln und ihnen zumindest Teile ihres einstigen Besitzes zurückerstatten werde. Schon ein paar Tage später wurden sie von Antisemiten angegriffen. Dabei verlor Abram Bocian sein Leben – er wurde erschossen. Abram Bocian, der Held, der so tapfer gegen die Deutschen, die seine Familie umgebracht hatten, gekämpft und uns noch in den gefährlichsten Situationen zum Lachen gebracht hatte, wurde nicht von einer deutschen Kugel getroffen, sondern von Polen in seinem Heimatort getötet.

Ähnliches ereignete sich auch anderenorts in Polen, wie etwa in Lublin, wo jüdische Überlebende von Antisemiten umgebracht wurden. Unter den Opfern befand sich auch Leon Feldhendler, einer der beiden Organisatoren des Aufstands im Todeslager Sobibor. Ursprünglich stammte er aus Zolkiewka, einem kleinen Ort in der Nähe von Gorzkow. Ein anderer Überlebender des Krieges, der später dem polnischen Antisemitismus zum Opfer fiel, war ein junger Mann namens Blank aus Izbica, ebenfalls bei Gorzkow. Er bewohnte wieder sein altes Haus. In der Nacht drangen Antisemiten dort ein und erschossen ihn.

Sogar Chiel Grynszpan wurde zum Angriffsziel derartiger Gewaltakte. Er arbeitete als Polizist in Hrubieszow, südöstlich von Lublin in der Nähe des Bug. Eine Gruppe ehemaliger Armia-Krajowa-Partisanen schickte ihm eine Paketbombe. Sie ging hoch, als er das Paket aufmachte. Er wurde verletzt, überlebte den Anschlag jedoch.

Angesichts dieser Anschläge und eingedenk der Tatsache, daß sie keinerlei Familienangehörige mehr besaßen, beschlossen viele polnische Juden zu emigrieren. Als Polen vollständig befreit war, zogen sie deshalb zunächst in Städte nahe der polnisch-deutschen Grenze, wie etwa Lodz, Wroclaw (Breslau) und Szczecin (Stettin).

Ihr Ziel war es, nach Deutschland und dann in den amerikanischen Sektor von Berlin zu gelangen, wo die US-Regierung über die UNRRA (eine Organisation der Vereinten Nationen zur Verwaltung der Flüchtlingsfrage) Lager für *displaced persons* – sogenannte DP-Camps – eingerichtet hatte. Von dort aus wollten wir weiter nach Palästina oder in den Westen. Wir konnten uns kein neues Leben in Polen vorstellen.

Viele meiner Freunde und Bekannten aus der Partisanenzeit schlossen sich diesem Zug nach Westen an. Die polnisch-deutsche Grenze überquerten wir ohne Zwischenfälle, und als wir im amerikanischen Sektor von Berlin angekommen waren, ließen wir uns in das dortige Flüchtlingslager einweisen. Schon nach kurzer Zeit war das Lager voll mit überlebenden Juden. So gelangte ich mit vielen meiner Freunde weiter westwärts. Man schickte uns in ein Lager bei Wassenberg, einem Ort, der etwa 30 Kilometer westlich von Düsseldorf lag.

Dort erfuhr ich, daß meine Brüder Meyer und Irving den Krieg überlebt hatten. Zwei Monate später trafen auch sie im Lager ein. Wir waren alle zutiefst gerührt, denn wir hatten uns seit Kriegsbeginn nicht mehr gesehen. Im September 1939 hatte Meyer das Angebot der Russen an die polnischen Juden in der russisch besetzten Zone westlich des Bug angenommen und war mit den Russen hinter den Bug zurückgewichen, weil dieser jetzt gemäß dem deutsch-sowjetischen Nichtangriffspakt die Grenze zwischen Deutschland und Rußland bildete. Kurz danach entschied Stalin, die Juden aus dem militärisch relevanten Grenzgebiet fortzubringen. Sie kamen zunächst nach Sibirien, in eine Gegend östlich von Nowosibirsk, später nach Taschkent. Dort waren sie vor dem Kriegsgeschehen sicher und konnten nach Beendigung aller Feindseligkeiten nach Polen zurückkehren, wo sie jedoch zumeist erfahren mußten, daß ihre Familien getötet worden waren. Irving hatte den Krieg in Höhlen bei Lublin überstanden. Nahrung hatte er sich von befreundeten Bauern besorgt.

Einige Überlebende aus unserem Lager, die nach Palästina auswandern wollten, wurden unterwegs von der britischen Marine abgefangen und auf Zypern in Internierungslager gesteckt. Vielen gelang die Auswanderung in die Vereinigten Staaten und in andere westliche Länder. Im Februar 1947 bestiegen die Honigmanns, meine Brüder und ich in Hamburg einen kleinen Truppentransporter, der uns nach Amerika bringen sollte. Die Überfahrt war rauh und stürmisch und dauerte zehn Tage.

Viele mögen es für selbstverständlich halten, in einem freien Land wie den Vereinigten Staaten zu leben, nicht jedoch die Überlebenden des Holocaust. Wir wurden hier mit einer Freundlichkeit empfangen, die wir nicht erwartet hatten. Bei unserem Versuch, ein neues Leben zu beginnen, wurden wir in jeder Hinsicht unterstützt. Viele meiner Freunde kamen auch in die USA, andere ließen sich in Israel, Kanada, Brasilien, Argentinien, Australien oder Frankreich nieder, aber nicht einer von ihnen ist in Polen geblieben. Wir halten immer noch Kontakt zueinander, nehmen an Familienfesten teil und reden über unser wundersames Überleben im Krieg, auch wenn es schmerzliche Erinnerungen sind, die wir austauschen. Was ich im Krieg erfahren habe, hat sich unauslöschlich in mein Gedächtnis eingegraben und wird mir, solange ich lebe, vor Augen stehen.

Epilog

Harold Werner starb am 4. Dezember 1989, nach langjährigem Kampf gegen eine schwere Krankheit. Während der letzten zwei Jahre war er oft im Krankenhaus, wo er sich darauf konzentrierte, dies Buch seiner Frau Dorothy zu diktieren. Im November 1989 beendete er seine Arbeit an dem Buch und übergab es seiner Frau und seinen Kindern zur Veröffentlichung. Er starb zwei Wochen darauf.

Namenglossar

Spitzname und/oder Vorname	Vollständiger Name
Adam aus Parczew	Adam Winder
Chanina Barbanel	Henry Barbanel
Chasia	Ann Lederman
David (›der Lange‹) aus Sosnowica	David Friedman
Dora	Dora Grynszpan
Fajga	Fajga Rosenblum
Franek Blaichmann	Frank Blaichman
Herschel und seine Frau Chana aus Skorodnica	Herschel und Chana Berkowitz
Mietek Gruber	Samuel Gruber
Moniek	Mojsche Rotstein
Mortche und Jurek aus Zaliszcze	Morris und Joe Holm
Polymiot	Sam Goldwasser
Rostka	Rostka Holm
Symcha Barbanel	Sam Abarbanel
Cesia aus Wyryki	Cesia Blaichman
Welwale der Patzan	Welwale Litwak
Janek, Jurek und Abram aus Wyryki	Jack, Yurek und Abram Pomerance
Jankale aus Wlodawa	Jack Lederman
Jefim	Joe Rolnick

Germaine Tillion

Frauenkonzentrationslager Ravensbrück

Das Buch ist das wichtigste Dokument und die bedeutendste wissenschaftliche Untersuchung über das einzige Frauenkonzentrationslager des Nazireichs. Verfaßt von einer Wissenschaftlerin, die als Mitglied der französischen Résistance deportiert und inhaftiert wurde, ist es ein einzigartiges Buch in der Literatur über das KZ-System.

»Germaine Tillion gelingt es, das zu zeigen, was sich weder erklären noch rechtfertigen läßt: das Absurde der Unmenschlichkeit der kleinen Exekutorinnen. Portraits von einfachen Leuten, die belegen, daß man sich, mit der Mentalität des braven Beamten ausgestattet, sehr einfach in ›Schlächter‹ verwandeln kann … Selten findet man … ein Buch, das in diesem Punkt so nüchtern und gerade aufgrund dieser Tatsache so überzeugend ist.« Le Devoir

Aus dem Französischen von Barbara Glassmann
410 Seiten, Paperback, ISBN 3-924245-72-X
DM 48,–/ sFr 44,50/ öS 350,–

zuKLAMPEN!

Postfach 1963 • D-21309 Lüneburg
Tel. 04131/733030 • Fax 04131/733033

e-mail: zu-Klampen-Verlag@t-online.de

Soma Morgenstern

Flucht in Frankreich

Morgenstern spricht in diesem Romanbericht von den
Lebensbedingungen des elendsten Abschnitts seiner
Exilzeit: von der Internierung in mehreren französischen Lagern während des Zweiten Weltkriegs und der
riskanten Flucht über Marseille nach Casablanca.

*»Der sich da so anekdotisch wie spöttisch an die ersten
Tage seines Lagerlebens erinnert, ist der ukrainische
Schriftsteller Petrykowsky, das Alter ego von Soma
Morgenstern. Mit diesem halbliterarischen Text schrieb
sich der deutschsprachige Ostjude seine Odyssee durch
Frankreich von der gequälten Emigrantenseele. ... Er
rekapituliert die Geschehnisse im bissigen Erzählton
eines analysierenden Galgenhumoristen. Das macht
seinen Textzwitter zu einem ebenso originellen wie
erhellenden Zeugnis von Exil und Vertreibung in unserem desaströsen Jahrhundert.«* Die Zeit

Herausgegeben von Ingolf Schulte
430 Seiten, Leinen, ISBN 3-924245-42-8
DM 78,–/ sFr 71,–/ öS 569,–

zuKLAMPEN!
Postfach 1963 • D-21309 Lüneburg
Tel. 04131/733030 • Fax 04131/733033

e-mail: zu-Klampen-Verlag@t-online.de